LA RENTA BÁSICA UNIVERSAL: FUNDAMENTOS, DEBATES Y HERRAMIENTAS DE LUCHA CONTRA LA EXCLUSIÓN SOCIAL

PUBLICATION GUIDELINES:

Social Work Series is an independent, bilingual collection published by Aranzadi LA LEY, that publishes books in both Spanish and English. Adhering to the standards of excellence established by the scientific conuntmity, all books submitted to our Social Work Series will be peer reviewed. All original manuscripts will be reviewed by at least two external referees, whose suggestions and recommendations will be sent to the author(s) to make the pertinent modifications when needed. Aranzadi LA LEY ensures the anonymity of both author(s) and referees. The Social Work Series Board of Editors will examine all the manuscripts submitted and, based on the external evaluations, decide to accept or reject the submission. Authors will be notified if their manuscript has been accepted or rejected within a maximum period of six months.

NORMAS DE PUBLICACIÓN:

La colección de Trabajo Social es una colección independiente, bilingüe, que publica libros tanto en inglés como en español. Siguiendo las normas de excelencia aceptadas por la comunidad científica, la aceptación de libros se rige por el sistema de evaluaciones externas por pares. Todos las originales serán revisados por al menos dos evaluadores externos a la entidad editora, cuyas sugerencias serán enviadas a los autores, para que realicen, en caso de ser necesario, las modificaciones pertinentes. Se mantendrá el anonimato tanto de autor como de los evaluadores. El consejo editorial internacional de la colección de Trabajo Social analizará los originales, y, en función de las evaluaciones externas, decidirá sobre su publicación. En un plazo máximo de seis meses, se informará al autor sobre la aceptación o rechazo de su contribución.

LUIS MIGUEL RONDÓN GARCÍA
Director

LA RENTA BÁSICA UNIVERSAL: FUNDAMENTOS, DEBATES Y HERRAMIENTAS DE LUCHA CONTRA LA EXCLUSIÓN SOCIAL

Autores

Jesús Barreal Pernas
Arturo Cosano Ramos
Francisco Cosano Rivas
Silvia Escobar Fuentes
José David Gutiérrez Sánchez
Almudena Macías León
Pere Mercadé Melé
Francisco Manuel Morales
José Moreno Jiménez
Carmen Romo Parra
Luis Miguel Rondón García
Rosa Raquel Ruiz Trascastro

Editorial Aranzadi, S.A.U.
C/ Collado Mediano, 9
28231 Las Rozas (Madrid)
Tel: 91 602 01 82
e-mail: clienteslaley@aranzadilaley.es
https://www.aranzadilaley.es/aranzadi

Primera edición: 2024

Depósito Legal: M-14172-2024
ISBN versión impresa: 978-84-1163-488-5
ISBN versión electrónica: 978-84-1163-489-2
Incluye soporte electrónico

Diseño, Preimpresión e Impresión: Editorial Aranzadi, S.A.U.
Printed in Spain

Índice General

Página

Página

Página

Prólogo

La renta básica universal: fundamentos, debates y herramientas de lucha contra la exclusión social

Ana Rosa del Águila
Catedrática de Organización de Empresas
Decana – Facultad de Estudios Sociales y del Trabajo
Universidad de Málaga

Los Objetivos de Desarrollo Sostenible de la Agenda 2030 de las Naciones Unidas realizan una radiografía de los retos que deben marcar las políticas a nivel local, regional, nacional o supranacional, y las acciones que deben ser implementadas en los ámbitos tanto públicos como privados, para lograr una prosperidad justa e inclusiva. Entre esos retos el fin de la pobreza, la igualdad de género y la reducción de las desigualdades, son ejes fundamentales en los que se debe trabajar por parte de las autoridades y la sociedad en su conjunto. En este marco los sistemas de garantía de rentas mínimas, donde se incluiría la renta básica universal, se han ido arbitrando como herramientas que pueden ayudar a contribuir positivamente a lograr dichos objetivos.

Esta obra, con un enfoque multidisciplinar y científico, introduce a los lectores en una revisión histórica del concepto de pobreza como origen de la exclusión social, como proceso multidimensional, y se va adentrando en el sistema de garantía de rentas mínimas, como eje central, instrumento que viene a contribuir a la lucha contra la pobreza y la exclusión social. Se analiza su impacto real y se plantean líneas de avance futuro para las administraciones públicas, en particular.

La obra ayuda al lector a entender la verdadera «jungla» terminológica y normativa que caracteriza a los sistemas de garantía de ingresos mínimos. Se analizan estos sistemas desde un enfoque europeo, nacional, y autonómico, y pone además el foco en la perspectiva de género, en las minorías étnicas, como la comunidad gitana, así como en la inteligencia artificial.

A lo largo de sus páginas el texto plantea como la pobreza ocasiona desánimo y pesimismo en quienes la sufren, situación que deriva en un círculo vicioso que perpetua la situación de pobreza.

Si bien no existe un modelo único, los sistemas de garantía de rentas mínimas, según el país o la comunidad autónoma, analizados en esta obra, plantean diferencias. Dentro de estos sistemas, en España la renta básica, Ingreso Mínimo Vital (IMV), y la Renta Mínima de Inserción (RMI), son dos de los instrumentos previstos para la lucha contra la exclusión social, dirigidos en particular a los colectivos más vulnerables.

Los autores ayudan al lector a discriminar entre los conceptos renta básica universal y renta básica. En el caso de la primera los beneficiarios lo son a título individual, y ésta no depende de la situación económica del beneficiario ni de su situación laboral. Hay que tener en cuenta que su desarrollo aún se circunscribe a proyectos piloto en diferentes países de nuestro entorno.

Por su parte, la renta básica, se aborda a nivel de hogar o unidad familiar, y sí depende de la situación económica y laboral, es asistencial y dirigida hacia colectivos vulnerables en exclusión social.

En España se cuenta con un sistema de garantía de ingresos mínimos, a modo de paraguas de protección social. En el mismo se incluyen, como se ha citado, el IMV, como mecanismo de renta básica, y las RMI de las comunidades autónomas, asociadas a la aceptación de ofertas de empleo y formación. Los autores abordan la necesidad de realizar ajustes entre ambos mecanismos y evidencian la complejidad administrativa tanto para profesionales de la administración pública como para los usuarios en relación con el IMV, en particular.

Además, la obra se detiene en tres temáticas particulares, como son la perspectiva de género, las minorías étnicas y el impacto de la inteligencia artificial (IA).

En relación a la primera, se plantea la feminización de la pobreza. La mujer tiene más posibilidades de caer en ella, su nivel de pobreza puede ser mayor y se identifican determinadas ineficiencias en las políticas de género. Y es que cuando se analiza el binomio mujer-pobreza, existe una doble brecha, la de género y la pobreza. Los retos en materia de políticas de la Unión Europea son analizados en este sentido y se plantea, además, la necesidad de revisar las estadísticas oficiales al respecto.

En relación a los colectivos aún más vulnerables, si cabe, como las etnias, se aborda el caso particular de los programas de renta mínima de inserción y la minoría étnica gitana. El 90 por ciento vive por debajo de los umbrales de pobreza, siendo la mayor minoría étnica transeuropea. A pesar de existir un marco estratégico europeo y una estrategia nacional para la igualdad, inclusión y participación del pueblo gitano, no parece que se logren los frutos esperados con los sistemas de renta mínima en la reducción de la pobreza y la exclusión social del colectivo, tanto a nivel europeo como en España.

Se aborda además un tema de gran actualidad como la IA y la irrupción de esta como ayuda/apoyo a la gestión de la renta básica, no para tomar la decisión final de carácter administrativo, pero sí para agilizar la presión burocrática administrativa a los profesionales y usuarios.

En suma, los/as autores/as han llevado a cabo una aproximación a las percepciones de beneficiarios, técnicos y directivos implicados en la gestión del IMV a través de un estudio de carácter cualitativo basado en entrevistas. Esta información es de especial utilidad para los gestores públicos, en el proceso de mejora del sistema.

A lo largo del texto se identifica cómo a pesar de las distintas políticas y sistemas desplegados en los distintos países, no se logra reducir significativamente el índice de pobreza de la ciudadanía. Se evidencia como los sistemas de rentas mínimas, como políticas pasivas de redistribución de rentas, deben ir acompañadas de políticas laborales, activas, para la inclusión y formación para el empleo, de no ser así, se corre el riesgo de cronificar la exclusión social.

En conclusión, este trabajo académico está llamado a convertirse en una referencia sobre los sistemas de garantía de rentas mínimas. Responde a preguntas que pueden plantearse tanto la academia, los profesionales, así como los gestores de políticas públicas, sobre un indudable tema de gran actualidad, que dará mucho que hablar en un futuro no lejano. Está además relacionado con los grandes cambios que se esperan en el mercado laboral asociados a la nueva ola tecnológica, y que, de no actuarse desde los ámbitos mencionados, puede agravar la situación actual de los más vulnerables y/o generar nuevas desigualdades. Queda camino por recorrer, y este libro plantea cuestiones para debatir, y trabajar por y para la inclusión social y por la erradicación de la pobreza a nivel global.

Presentación

Antes de comenzar con los prolegómenos de este libro que versan en torno al análisis de la renta básica y/o renta universal, queremos hacer referencia al eje transversal que gira en torno al binomio inclusión/exclusión. Nos referimos a la igualdad de oportunidades como esencia que fundamenta las medidas de lucha contra la pobreza y la exclusión social en toda sociedad avanzada que se precie.

En esta senda en la que nos adentramos nos surge el siguiente interrogante inicial. ¿Qué entendemos por igualdad de oportunidades? Pues bien, no es fácil plasmar en un ramillete de ideas de una forma inteligible y didáctica un concepto tan amplio que contiene tantas aristas. Pero a modo de aproximación, podemos definir la igualdad de oportunidades como el punto de partida para construir una sociedad justa que ofrece los mecanismos necesarios para que todas las personas alcancen unos niveles aceptables de bienestar social y puedan disfrutar de sus derechos sociales en igualdad de condiciones con el resto de personas o grupos que componen el corolario de la estructura social. Esto a su vez, implica aminorar los pluses añadidos subyacentes de exclusión por razones de género, identidad, orientación, edad o religión, con medidas específicas dirigidas a estos sectores sociales.

Es de sobra conocido que la igualdad es una noción reciente en la literatura científica al tratarse de un producto social del siglo XX. En este sentido, en lenguaje Aristotélico, la igualdad de oportunidades es el término basado en la filosofía de búsqueda de una sociedad justa que proponga las mismas posibilidades a todos los individuos sin discriminar. Sin embargo, la igualdad es un derecho, pero no hay poder humano que alcance jamás a convertirla en hecho. Como decía Honoré de Balzac, el único Estado estable es aquel en que todos los ciudadanos son iguales ante la ley. Pero claro está, la igualdad de oportunidades implica una igualdad de resultados, es decir, que las personas accedan a los vectores de inclusión social más allá de escalas sociales medias y bajas, que lleguen al piso más alto del ascensor pudiendo marcar el botón de arriba sin fisuras, como lo hace cualquier ciudadano que si cuenta con los medios y posición social para lograrlo. Y qué decir tiene que ser ciudadano o ciudadana implica disfrutar de los derechos tanto civiles como sociales en condiciones de igualdad real en virtud de los valores del Estado Social que son ampliamente compartidos por la sociedad en estos momentos.

Pues bien, después de esta reflexión metafísica consideramos que la igualdad es una conquista, un valor inherente a la sociedad sin fisuras e inalienable en tiempo y espacios actuales. A estas alturas de evolución histórica no es necesario plantear o volver a indagar sobre esta idea ya consensuada con varias generaciones de derechos sociales plasmados en los pactos de bienestar de las estructuras supranacionales. En realidad hace falta ir a la acción, unas políticas sociales que den respuestas a estas demandas de forma efectiva, porque son clásicas reivindicaciones que siempre están a la vanguardia porque nunca se llevan a cabo con la suficiente voluntad política e institucional o el compromiso que ello requiere a largo plazo. Es algo tan simple como construir una nueva sociedad basada en la justicia social y la equidad, que reconozca a todas las personas en el mismo punto de partida, sin distinciones, sin que la posición social, económica o la denostada meritocracia limite el desarrollo o promoción social de los individuos que la componen.

En habidas cuentas, la igualdad de oportunidades es un ideal basado en el principio de que una sociedad es libre y justa cuando todas las personas tienen acceso a los mismos derechos, sin importar el rango económico, el género, las identidades o la procedencia geográfica del individuo. Dicho de otro modo, como todavía no es una realidad este tipo ideal sigue trabajándose en diferentes esferas para que las sociedades actuales se construyan alcanzando el máximo bienestar y felicidad social. En suma, la idea central versa sobre la importancia de trabajar y comprender la igualdad en todos los niveles. Esto es aplicable a todas las esferas de la vida pública más allá de los Servicios Sociales: la educación, el empleo, las políticas de renta, y el acceso al trabajo. No es algo específico que competa a un único departamento de la administración.

Otra idea esencial que consideramos básica en estos prolegómenos, es que la primera igualdad es la equidad. Una base de la equidad previamente establecida con los medios adecuados que eliminen los privilegios, las barreras de antaño para paliar que existan unos grupos privilegiados frente a los oprimidos, porque como indicó con acierto en su momento Platón, una sociedad con desigualdad es en realidad dos sociedades que conviven de forma atomizada en un mismo espacio. Se trata de lo contrario al nepotismo, desempeñando un papel de determinar si una estructura social es o no legítima en la centuria de un avanzado siglo XXI.

Para finalizar con las generalizaciones anteriores, resulta claro que la igualdad formal de oportunidades es una falta de discriminación directa (injusta). Requiere que la discriminación deliberada sea relevante y meritocrática, por ejemplo, abriendo espacios para las personas que tienen menos oportunidades, a los grupos en situación de exclusión, rompiendo cristales, y evitando que siempre promocionen los mismos a una velocidad distinta al resto. Se adopta que debe estar acompañada de un tejido social articulado en bisagras entre el mercado de trabajo, las instituciones y el tercer sector que construya los caminos, las aceras, los puentes, que eliminen los obstáculos. Esto puede lograrse mediante el trabajo en red para llegar de la misma manera al punto final, aunque el vehículo *a priori* circule a la misma velocidad en toda la ciudadanía. Decimos esto, porque en ocasiones, muchos quedan en el camino por estas barreras a veces invisibles o por no tener un seguimiento completo. Pensemos en las oficinas de desempleo que deberían ser departamentos de empleo con una trayectoria de inclusión definida individualiza y grupal que permita la ascensión social. A su vez, los recursos públicos que se ofrecen no siempre llegan a todas y todos por el efecto mateo, accediendo en ocasiones los que más conocen los recursos, los que tienen más información, mecanismos de contacto, que no siempre se traduce en los que más los necesitan. No podemos olvidar tampoco la importancia de la motivación, el apoyo social y el acompañamiento. Sin este impulso iniciar no es fácil que el individuo desarrolle sus potencialidades.

En virtud de las ideas anteriores, concluimos que la igualdad sustantiva de oportunidades es la ausencia de discriminación indirecta. Para lograrse es necesario que la sociedad sea justa, que no se limite a ninguna persona ciudadana acceder al empleo, la formación o la educación, porque no tenga los medios sociales adecuados o por sus características adscriptivas. Pero claro está, la desigualdad sustantiva suele ser más difícil de abordar, porque es injusto e ineficaz que factores extraños gobiernen la vida de las personas partiendo de una desigualdad manifiesta asociada a los factores sociales de referencia.

Para finalizar, algunas de las manifestaciones anteriores fundamentan las bases y coordenadas que serán tratadas en el texto en su conjunto. A lo largo de los capítulos se analizará en profundidad los hechos sociales descritos agrupados en dos grandes bloques. En el primer bloque se analiza desde un punto de vista estructural y contextual, el impacto de la desigualdad social y la pobreza en la sociedad actual, con capítulos que explican la génesis de la pobreza a lo largo de la historia, la exclusión social, indagando en los factores exclusivos o pluses añadidos por razón de género y etnia. Para continuar, el segundo bloque se centra de forma más específica en las rentas activas de inserción como medida de respuesta de los gobiernos para garantizar la inclusión social activa. Para ello se indaga en torno al debate inconcluso sobre el modelo de renta mínima o renta universal, es decir, si la oferta que se realiza si es dirigida a la ciudadanía es restringida sujeta a derechos sociales objetivos (renta mínima). O por el contrario si es una prestación dirigida a todas las personas por el mero hecho de encontrarse en situación de exclusión como derecho subjetivo o universal (renta universal).

En este mismo orden como cierre, se incluye un estudio previo estadístico del estado de la cuestión en España y Europa, junto a algunas aportaciones que pueden realizar desde la perspectiva innovadora con la introducción de la inteligencia artificial. Además, se describen algunos apuntes procedentes del saber empírico de la práctica profesional en aras a la mejora de estas prestaciones y de los aspectos técnicos a modo de anexo, como resultado de la investigación cualitativa llevada a cabo por el grupo de investigación previa a este libro.

A tenor de todas estas reflexiones y contenidos, el libro puede resultar de gran utilidad para académicos, profesionales de las ciencias jurídicas y sociales, así como personas interesadas en el estudio de la exclusión social y la renta social desde una perspectiva integral e internacional. De hecho, todas las ideas subyacentes emanan de un proyecto de investigación financiado con fondos FEDER denominado: Nuevos retos de la sociedad andaluza en el contexto actual: el impacto de la renta mínima de inserción social como estrategia de lucha contra la exclusión (UMA20-FEDERJA-130).

Bloque I

El impacto de la desigualdad social y la pobreza en la exclusión social de las sociedades contemporáneas

Capítulo I

Pobreza, exclusión social y renta mínima. Una tríada insoslayable

LUIS MIGUEL RONDÓN GARCÍA

SUMARIO: 1.1. LA GÉNESIS DE LA POBREZA DESDE LA MIRADA DEL PENSAMIENTO SOCIAL. 1.2. LA NOCIÓN DE POBREZA Y EL DISCURSO SOCIAL. 1.3. LA EXCLUSIÓN SOCIAL. MEDIDAS DE LUCHA CONTRA LA DESIGUALDAD. 1.4. LA LUCHA CONTRA LA EXCLUSIÓN SOCIAL EN EL MARCO INTERNACIONAL. 1.5. CONCLUSIONES. REFERENCIAS BIBLIOGRÁFICAS.

1.1. LA GÉNESIS DE LA POBREZA DESDE LA MIRADA DEL PENSAMIENTO SOCIAL

Como punto de partida de este capítulo partimos de la siguiente premisa: la pobreza es una situación en la cual no es posible satisfacer las necesidades físicas, psicológicas ni sociales básicas de una persona, pero no tiene por qué ser crónica ni heredarse de unas generaciones a otras. Decimos esto porque la pobreza sigue siendo la asignatura pendiente de los estados modernos y una de las promesas incumplidas de los pactos de bienestar social tanto nacionales como transnacionales. Según el Banco Mundial (2023) el número de personas que viven en la pobreza extrema —con menos de USD 2,15 al día— disminuyó constantemente en los últimos años. Sin embargo, esta tendencia se interrumpió en 2020, cuando la pobreza aumentó debido a las alteraciones causadas por la crisis de la COVID-19 y los efectos no deseados del cambio climático, frenando la desaceleración de la pobreza.

Si nos adentramos en una revisión histórica desde las primeras manifestaciones que obran en la historia documental de la acción social sobre esta epidemia social, podríamos destacar que la visión de la pobreza ha evolucionado a lo largo de la historia del pensamiento social y de la teoría de las ideas. Esta evolución ha sido dicotómica a lo largo de un constructo que se reduce a dos bisagras: pobres, censurados socialmente, tratados como un objeto; y pobres, sujetos con derechos, dentro de un vaivén de avances y retrocesos continuos en función de los regímenes políticos y del tratamiento a este malestar social por parte de los gobernantes según el grado de compromiso que han tenido sobre la cuestión social en sus mandatos. Así, en el análisis diacrónico, desde los primeros pensadores hasta los más contemporáneos, durante todo el período histórico de más de cuatro milenios, la gran mayoría de los intelectuales de la época, mandatarios y estamentos privilegiados condenaban al pobre por su situación, argumentando a la etiología individual como principal causa de la pobreza sin atender a la responsabilidad colectiva o de la propia sociedad, en la distribución de los recursos, bienes y riqueza. Bien es verdad que las voces discordantes siempre han existido, aunque tímidas durante los siglos XVI al XIX, tomando más consistencia a la visión más social bien entrado el siglo XIX debido a la repercusión social de las revoluciones liberal e industrial que dieron lugar a las transformaciones sociales que transitan hacia la sociedad moderna y los derechos civiles que transitaron al final del período hacia los derechos sociales. A estas voces le han puesto sintonía siempre las consideraciones de los intelectuales, de la sociedad civil, de los grupos sociales y los movimientos de respuesta que emergieron en este nuevo modelo de sociedad moderna. Pero como telón de fondo de este escenario, la pobreza o la opulencia han generado connotaciones que dan parte a en enjuiciamiento sesgado de la realidad, en ocasiones, con efectos perniciosos en los destinatarios y debates subyacentes cargados de juicios de valor de tinte ideológico e incluso religioso.

En este orden de ideas, se denota que la presencia de la pobreza ha sido una constante en la literatura del mundo en general y en el mundo artístico en particular. Podemos encontrar en las obras más importantes continuas alusiones a la pobreza, limosna y caridad. Incluso en la expresión artística de la pintura existen imágenes gráficas en torno a la pobreza, la miseria o la opulencia que expresan esta realidad social. Todo ello se proyecta en la permanente referencia a la pobreza en la vida cotidiana de las sociedades, que ha sido además alimentada por las creencias religiosas y políticas, las leyes y costumbres sociales. Piénsese que existe una larga tradición jurídica —en España y en otros países europeos— regulando los derechos, actividades y sanciones de los necesitados. Se denota desde el punto de vista político que la carencia de bienes o recursos fue durante casi todo el XIX un factor excluyente del derecho al voto. La pobreza era entonces condición determinante de la afiliación política y del acceso a la condición de ciudadano/a, entendido como un objeto relegado a ciudadanía de segunda clase. Del mismo modo, la legislación ha regulado, desde hace varios siglos, la posibilidad de pleitear gratuitamente quien carezca de medios; y a ello se le ha llamado el beneficio de pobreza o de justicia gratuita.

La legislación, en efecto, ha prestado atención casi continuada a las situaciones de pobreza o necesidad. Tanto para legalizar las actividades de beneficencia, caridad o ayuda, como para imponer la represión y sanciones por las manifestaciones externas de esa pobreza que tienen su máximo exponencial en la mendicidad. La existencia de normativa jurídica, con denominaciones tan singulares como pobres «de solemnidad» quienes son oficialmente reconocidos como tales, o pobres «vergonzantes»: personas que por su clase o posición social y obligaciones no pueden pedir limosna de puerta en puerta y lo hacen de modo que sea con el mayor secreto posible, tienen su expresión máxima a la hora de delimitar el tema y las acepciones peyorativas alrededor del término pobreza (Alemán, Alonso y Fernández, 2010).

Dentro de este marco, si retrocedemos dos centurias en la génesis de este tema, la visión moral de la pobreza estaba muy presente. Durante la sociedad teocéntrica de en los siglos XVI y XVII todo giraba en torno a Dios y la pobreza era filosofada como de orden divino, estableciendo al pobre como un militante de la iglesia que conjuga su militancia a través de la caridad cristiana, y al rico que da limosna como una virtud moral para conseguir la plenitud tras la muerte, donde en un futuro ulterior será recompensando por ayudar al pobre. Ayuda al próximo como a ti mismo era el axioma predominante del cristianismo. Pero las ideas evolucionaron con el transcurso del tiempo, cuando se incorporó una visión más antropocéntrica tras el renacimiento y la nueva sociedad emergente, dando más importancia al hombre como tal, a sus circunstancias personales y sociales, sin renunciar a la carga moral e ideológica de la filosofía cristiana. Estas ideas tuvieron un gran calado en las instituciones benéficas de la época, cimentando la arquitectura organizacional en los principios y valores de la caridad y beneficencia e iniciando los primeros estudios sobre la pobreza junto a las primeras formas de cristalización que regularon y organizaron la caridad. Aunque bien es verdad que de forma objetiva y aséptica no podemos dejar pasar el papel de la iglesia y su compromiso con la pobreza, que ha evolucionado en las manifestaciones institucionales a través de organizaciones sociales que transitan de la beneficencia a la asistencia social pública, auspiciando el verdadero despunte hacia la idea de los servicios sociales modernos ya bien entrado el siglo XX, apuntando las bases para el tratamiento estructural de la misma. La Organización Social de Caridad (COS), Cáritas, los primeros albergues, hospicios y casas de pobres fueron buen ejemplo de ello. De hecho, en la última etapa, es bastante elocuente la conexión de la acción social con los valores denominados justicia social, dignidad e igualdad de todas las personas, que son inherentes a su vez a los derechos sociales del estado social. Aquí destacamos frases tan elocuentes como las recientes declaraciones del Papa Francisco: En esta tesitura se comprende el pedido de Jesús a sus discípulos: «¡Dadles vosotros de comer!» (Mc 6,37), lo cual implica tanto la cooperación para resolver las causas estructurales de la pobreza y promover el desarrollo integral de los pobres, como los gestos más simples y cotidianos de solidaridad ante las miserias muy concretas (Mc 6,37).

Volviendo al debate sobre la pobreza, de forma más pragmática, siempre ha coexistido en la esencia del pensamiento social en torno a la pobreza un debate recurrente a lo largo de los últimos cinco siglos: el dilema entre un pobre verdadero y un pobre falso. Y sobre todo el rechazo al pobre forastero y de solemnidad. Mientras algunos sectores asociaban la pobreza a la ociosidad, el orden público o la propia responsabilidad individual; otros lo atribuían a la desigualdad social manifiesta, a las consecuencias de las barreras que fabrican los privilegiados frente a los oprimidos, es decir, al clásico análisis de los privilegios de unos pocos sobre la mayoría o a la propia dicotomía entre rico y pobre. Estas últimas ideas contextualizadas en una sociedad tan estamental de la época eran de gran valor y sobre todo bastante progresistas. Resultan muy simbólicos epítetos como: La pobreza no viene por la disminución de las riquezas, sino por la multiplicación de los deseos (Platón). El hambre es la compañera inseparable del perezoso (Hesíodo). No poder soportar la pobreza es una vergüenza, y no saber rechazarla por medio del trabajo es más vergonzoso todavía (Pericles). Y ya entrada la sociedad del trabajo, donde el hecho de no trabajar estaba muy censurado, Montesquieu, expresó la visión del sentir en ese momento cuando afirmó que el pobre es pobre no ya cuando carece de todo, sino cuando no trabaja. En el lado opuesto, desde las teorías del conflicto, la filosofía de Marx define la antítesis de este planteamiento y se refiere siempre a la necesidad de un cambio social para cambiar las condiciones estructurales que originan la pobreza: El obrero se convierte en indigente y la indigencia crece más rápidamente todavía que la población y la riqueza (Karl Marx).

Prospectivamente, en la época del nacimiento del estado moderno influenciado por estos acontecimientos, se muestra el inicio de una nueva etapa en la historia del pensamiento que evoluciona hacia la dimensión social de la pobreza, atendiendo a los orígenes de la misma y a los desajustes sociales como la raíz de estos problemas sociales y de sus derivadas. Precisamente en el siglo XX, con la llegada de sociedad postmoderna y la idea del estado social, hubo un cierto consenso y compromiso institucional en torno a la concepción social de la pobreza como una situación sujeta al Estado de Derecho, un derecho social que tienen los ciudadanos por el mero hecho de serlo. Sin duda, la configuración del Sistema Público de Servicios Sociales como instrumento de esta política social inherente a su definición, ha sido con sus luces y sombras la mejor respuesta a estas necesidades sociales de toda la historia social.

En este nuevo contexto, con los cambios sociales de la centuria del siglo XX, comienza el reconocimiento de los derechos sociales de los ciudadanos sujetos a la responsabilidad de los estados. Las personas pueden observar un verdadero cambio global para abordar la pobreza de toda la ciudadanía en su conjunto. Sin embargo, algunos sectores más conservadores —o neoconservadores— continúan manteniendo una resistencia al cambio y siguen devolviendo la responsabilidad al pobre de su situación, imbricando las ideas iniciales que niegan sus derechos. Estos grupos consideran metafóricamente hablando, que, aunque el sol sale para todos, cada individuo debe buscar su propia caña de pescar para el mantenimiento de su sustento y lograr prosperidad, minimizando la responsabilidad de la sociedad y el papel del Estado. Se trata en definitiva de una diversidad de enfoques perceptible aún en nuestros días que renace cada vez que aparecen tiempos trémulos o una crisis económica, porque en realidad son viejos discursos que no terminan de superarse y siguen situándose a la vanguardia cuando la economía entre en recesión.

Todos estos hechos sociales descritos indican que para entender los significados de los discursos es imprescindible acudir a la génesis y al origen de las ideas, como hemos inferido en los párrafos precedentes, porque lo importante no son las palabras sino los significados. No podemos dejar pasar que la historia de la acción social ha sido un continuo vaivén de evolución e involución en lo referente a la cuestión social, pero también en ocasiones no exenta de contradictorios discursos en los juicios o mensajes que contienen, que por su fragilidad parecen avances de barro en tiempos de tempestad. Y, sobre todo, los derechos sociales de la ciudadanía siguen sin estar consensuados cuando aparece la oportuna polarización política que hace renacer los debates de antaño. Nunca en definitiva se logró un pacto amplio o contrato social con verdadera voluntad política y vocación de permanencia. Aunque es conveniente resaltar que, a pesar de las involuciones oportunas, existe un cierto consenso en las sociedades modernas al considerar a la pobreza y la exclusión social como una cuestión que atañe a toda la sociedad, o al menos por las estructuras supranacionales de referencia (Unión Europea, Banco Mundial, etc.). Es decir, una conquista legítima de las y los ciudadanos, con independencia de la coyuntura política de cada momento, entendiendo siempre al ciudadano con mayúsculas y al estado con minúsculas. Desde este punto de vista, los derechos reconocidos a las personas pobres no son conquistas, propiedad de los gobernantes de turno, sino más bien un patrimonio social de toda la ciudadanía sin distinciones.

Concluimos en este epígrafe desde una perspectiva global, que en todo el mundo la pobreza y la necesidad ha sido siempre un mal muy extendido. La presencia de esta situación e incluso su consideración como problema, ha sido una constante permanente en nuestra historia. Cuando en realidad el problema reside en el hecho de no comprender que se trata de un problema social y no un problema individual de la persona que la padece. Y como es bien sabido, la pobreza da lugar a desigualdad social y con el tiempo a la marginación social más absoluta, derivando en efectos no deseados que afectan a todo el sistema social, porque somos seres sociales, vivimos en sociedad y por ende estamos interrelacionados.

Una vez realizada una revisión de los orígenes indagamos a continuación en el desglose del concepto de pobreza para culminar hacia el binomio/inclusión social, al tratarse de la terminología más apropiada para el abordaje de la renta mínima de inserción social que supera la clásica definición de pobreza.

1.2. LA NOCIÓN DE POBREZA Y EL DISCURSO SOCIAL

Si profundizamos en el desglose y dimensiones del término pobreza, podemos encontrar muchos sinónimos del concepto con atributos negativos asociados a la vagancia como hemos inferido en el epígrafe anterior, porque los estereotipos dan lugar a prejuicios y su aplicación se plasma en la acción social de cada coyuntura. Denominaciones como vagabundos, holgazanes, desarraigados, han sido algunos adjetivos acuñados por las autoridades y clases acomodadas durante siglos con especial énfasis durante la Edad Media. Una variedad terminológica que traduce la diversidad de situaciones encuadradas por sus carencias. La pobreza material involuntaria, los falsos pobres, los verdaderos, todos ellos agrupados como un todo con sus plurales causas en una verdadera simplificación de la realidad basada en atribuciones sesgadas y clasistas (López Alonso, 1986). En todas ellas, la base común de la noción de pobre es la idea de carencia social. Ahora bien, es cierto que estas atribuciones no implican necesariamente una visión negativa del individuo. Lo que más ha preocupado siempre es la legitimidad para ser pobre y la posible rebelión de estas personas cuando se hace visible a gran escala, con grandes bolsas concentradas de personas pobres en determinadas zonas de las ciudades. En efecto, la pobreza legítima, reconocida y asumida por las autoridades e, incluso, reverenciada en ciertas épocas por la sociedad, se distingue de la pobreza ilegítima, perseguida y atacada por los poderes públicos y clases pudientes. La primera modalidad de pobreza puede ser sobrevenida por cualquier circunstancia como la enfermedad, viudedad, abandono, orfandad (pobre verdadero); la otra, la ilegitima, era objeto de reproches y se asociaba a la falta de motivación para salir de ella (falso pobre).

En habidas cuentas, pobre y mendigo constituyen las dos caras de la misma realidad; el pobre es la cara pasiva y el mendigo la cara activa (Alemán, 2010). Mendigo no es solo quien carece, sino quien a causa de ello pide ayuda; quien mendiga para poner término a esa situación de carencia. Distinto es el caso del vagabundo, que representa el prototipo de la marginación social más absoluta (Maza Zorrilla, 1987). Pero la mendicidad constituye de por sí una dualidad social; no es la pobreza, sino el pedir limosna lo que conlleva la deshonra. Se puede ser pobre pero nunca hacer ruido o expresarlo socialmente. De ahí que algunos monarcas y gobernantes plantearan las cédulas de pedir y otras acreditaciones oficiales de la condición de pobre, para evitar la mendicidad de los considerados como ilegítimos.

El término vagabundo lleva adscritas connotaciones negativas; no se define tanto por sus carencias como por su marginalidad respecto a la sociedad establecida, y al no considerarse legítimos, siempre se limitó su libertad y se actuó con medidas punitivas que lo condenaban, con sanciones (Maza Zorrilla). Por el contrario, la enfermedad, la orfandad, la viudedad o la ancianidad, como causa de pobreza, siempre han suscitado cierta consideración incitando a la ayuda, aunque su tratamiento o atención ha sido derivado casi siempre al principio de responsabilidad familiar.

Una vez comprendidos estos preámbulos, lo cierto es que la asistencia social pública no fue responsabilidad de las administraciones públicas hasta el último cuarto del Siglo XIX en buena parte del mundo, cristalizando bien entrado el Siglo XX. Entendida como una prestación pública que garantiza las necesidades básicas, reconociéndola como un derecho de la ciudadanía. El tránsito hacia la asistencia social pública fue un hito en la atención a las personas excluidas al aplicar el principio de solidaridad que garantiza unos niveles básicos de bienestar para todos, con independencia del porqué de la situación o la tipología de pobre que fuera considerada, superando el estigma precedente. No obstante, estos avances en el pensamiento social más reciente optaron por la hipótesis de la ética de mínimos que perdura hasta nuestros días. Es decir, unos mínimos básicos para atender a las necesidades básicas, sobre todo las de supervivencia. Incluso en el tiempo presente ha quedado lejos de cubrir las necesidades que van más allá de estos mínimos, vinculando las prestaciones de renta mínima al ámbito de empleo como vector unívoco para la inclusión social (Alonso Seco y Alemán, 2020).

En tal sentido, como venimos argumentando, las interpretaciones positivas de la pobreza no provienen únicamente de la teoría de las ideas. En la filosofía social de las religiones, el cristianismo —entre otras— ha construido un mensaje a favor de la pobreza. La idea de la hermandad, de ayudar al prójimo, condenando la riqueza desproporcionada e instando a las personas ricas a ayudar a las más pobres.

A tenor del análisis anterior, la pobreza siempre ha estado presente en el foco del debate político y social debido a su trascendencia. En función de lo planteado, se observa que la esencia de muchos de estos planteamientos se sitúa en la aporofobia o fobia al pobre (Cortina, 2017). Como apuntó Sen (1992), a las personas no se les debe permitir llegar a ser tan pobres como para ofender o causar dolor a la sociedad. No es tanto la miseria o los sufrimientos de los pobres, sino la incomodidad y el costo para la comunidad lo que resulta crucial. La pobreza es un problema en la medida en que los bajos ingresos crean problemas para quienes no son pobres. Vivir en la pobreza puede ser triste, pero ofender o causar dolor a la sociedad, por ello es la verdadera tragedia (Rondón, 2018).

Desde esta concepción de la pobreza, nuestro foco de interés se centra en adelante en el bienestar social de las personas definidas como pobres. Los trabajos de Sen (1992) iniciaron un nuevo paradigma en el análisis de la pobreza, al entenderla no solo como la mera carencia de renta, sino en un sentido más social. Cabe considerar otros discursos que han profundizado conforme avanzaron las ideas sociales, en cuanto a los factores sociales como generadores de la situación de pobreza o exclusión social que fluctúan en función de las ideologías.

En cambio, algunas prácticas discursivas, van más allá, desde una visión más crítica, denunciando la incapacidad de las políticas sociales europeas de eliminar la pobreza porque no tratan adecuadamente todas sus dimensiones desde la necesaria visión integral, al no tener en cuenta los factores que la generan, las causas que la originan —su origen estructural—. Uno de estos autores es Rodríguez Cabrero (1991) cuando afirma que el debate sobre el Estado del Bienestar es muy ideológico y en ocasiones se queda en la superficie. Buscamos un analgésico que remedie lo visible, lo que se ve, pero no siempre vamos a las verdaderas esencias de la cual subyacen estas situaciones sociales —la desigualdad—. Compartimos sustancialmente con Bourdieu (1998) la visión estructural de la pobreza, al considerar la acumulación de capitales como el resultado de una combinación variable de decisiones estratégicas, constricciones y determinantes estructurales. Este autor afirma que estos esquemas son estructuras estructuradas y estructurantes. Estructuradas dado que son resultado de la interiorización de las estructuras sociales por parte del sujeto, y estructurantes porque al mismo tiempo construyen, a través de las prácticas, las estructuras sociales (Bourdieu, 1984).

Los argumentos precedentes exhortan la idea que sitúa estrategias individuales y familiares de acumulación de activos por parte de los destinatarios de las rentas mínimas. Como indica Estepa (2017) se basan en recursos culturales que incluyen creencias prácticas y morales, que son influenciadas por las experiencias individuales y colectivas de las estructuras sociales, que están relacionadas con factores como la posición de clase, el género o la etnicidad. En palabras de Tezanos (2007) la pobreza no es un hecho coyuntural, sino estructural, inseparable de un sistema económico concreto, el capitalismo, al que cada vez se somete a menos correcciones democráticas y redistributivas. Ciertamente, una sociedad no se define como desarrollada por la riqueza que tiene, sino por la pobreza que no tiene.

Así, tomando como referencia la dialéctica entre la pobreza y la desigualdad de los pensadores sociales más contemporáneos, es necesario contextualizar este fenómeno como un producto social de la coyuntura económica y social de cada momento histórico. Es ineludible señalar que las conquistas relativas a las políticas sociales de lucha contra la pobreza no se han visto siempre reflejadas con un efecto pedagógico en la sociedad. En el nuevo modelo de bienestar se vuelven a implantar recortes sociales y una redefinición de las conquistas del clásico estado de bienestar de antaño. Todo ello es lo que denominamos Estado Postsocial, como respuesta pragmática de las democracias europeas a las nuevas exigencias de la globalidad, sin renunciar a las conquistas o a la Ética de Mínimos subrayada por el Estado de Bienestar inicial. Los máximos sociales ofertables para lograr la máxima felicidad social dependen de la voluntad política de cada país o grupo político concreto, con las limitaciones de la internacionalización de la economía y de las superestructuras (Unión Europea, Fondo Monetario Internacional) que priorizan la unión económica por encima de la social. Difícil disyuntiva, no exenta de debates, con obvias connotaciones en las políticas sociales. En esta coyuntura, el impacto en la cohesión de los modelos sociales de las democracias europeas, así como en los colectivos más vulnerables como las familias, las mujeres, las personas trabajadoras o inmigrantes, son más que evidentes con pluses de desigualdad adicionales.

Es una situación que germina en un nuevo paradigma social a gran escala, que redefine y amenaza la igualdad de oportunidades, los derechos sociales legitimados en la anterior etapa de esplendor.

Como hemos argumentado a lo largo de la problemática expuesta, tanto la pobreza como la exclusión social son multidimensionales y estructurales. Desde esta base se fundamenta la necesidad de aproximarnos al polisémico concepto de exclusión social como vértice de este análisis, que además es un término confuso y asociado en muchas prácticas discursivas por error semántico a la pobreza.

1.3. LA EXCLUSIÓN SOCIAL. MEDIDAS DE LUCHA CONTRA LA DESIGUALDAD

Los orígenes del concepto de exclusión social acontecen en los años setenta en Francia, siendo uno de los pioneros en la definición el autor Leoir (1874). Más tarde se divulgó vertiginosamente en la escena europea por Delors, tanto en el ámbito académico —científico como en el político— institucional, de forma paralela al desarrollo de las políticas sociales de lucha contra la exclusión, desigualdad y pobreza (Rubio y Monteros, 2002). En aquel momento, la exclusión social estaba referida en esencia a dos dimensiones esenciales: la ausencia de vínculos sociales y la desafiliación social (Obradors, 2006; Subirats, 2004).

Se requiere significar que, a pesar de esta claridad conceptual inicial, el concepto no ha quedado homogeneizado porque en muchas ocasiones en las prácticas discursivas se realiza un análisis difuso en la dialéctica entre la pobreza y la exclusión social. Ocurre lo mismo en su correlato con la inserción versus integración social; así como en las fronteras a partir de las cuales un individuo, una familia o un colectivo pueden considerarse como excluidos o integrados. Debates inconclusos que siguen en abierto hasta nuestros días (Arriba, 1999). Por ello, y a pesar de las intensas líneas de investigación, eventos científicos que lo han discutido, en la actualidad continúa esta díada terminológica asociando la pobreza a la exclusión como si se tratara de un binomio interdependiente, unívoco, como consecuencia de la primacía del prisma económico en los debates de la política social.

Según lo indicado, compartimos sustancialmente con Delors que la exclusión social exige una respuesta por parte de las políticas públicas integrales a través de fondos estructurales que articulen lo económico y lo social como una díada interdependiente, que impliquen a todos los factores y agentes socioeconómicos, administraciones, para poder paliarla de forma efectiva. Esto pone en el foco de debate la necesidad de dar un mayor énfasis a la cuestión social siempre presente en las desigualdades de origen económico.

En función de las ideas anteriores, para poner orden a este discurso, los informes de la Unión Europea se refieren a la exclusión como la imposibilidad de gozar de los derechos sociales y a la capacidad personal de hacer frente a las obligaciones propias, en el riesgo de verse relegado de forma duradera al estatus de persona demandante de los sistemas de protección social, con la estigmatización que todo ello conlleva para las personas. Esto suele ocurrir con las prestaciones de renta mínima de inserción, cuando no encuentran una respuesta eficaz a todos los factores generadores de exclusión y se materializan las medidas en una prestación económica.

En esta misma línea, en el Seminario de Copenhague (1993) se definieron las principales dimensiones que engloba el concepto de exclusión social:

- La ruptura de los vínculos sociales.
- La dificultad de acceder a la actividad profesional.
- La dificultad de acceder a la actividad social.
- Pérdida de sentido y solidaridad en la sociedad europea.

En este orden conceptual, las evidencias más lúcidas han señalado la multidimensionalidad y complejidad que presentan los problemas sociales en los sectores de población en situación de desigualdad social, aproximando esta acepción al concepto más reciente de exclusión, al entender que situaciones no son generadas exclusivamente por la falta de ingresos. Por ello, se hace necesario complementar ese análisis con otra perspectiva más omnicomprensiva. Como indica Subirats (2004) la situación de exclusión social implica una privación de la propia idea de ciudadanía, o, dicho de otra manera, de los derechos y libertades básicas de las personas en condiciones de igualdad, cuando existen barreras que impiden ejercer sus derechos básicos como personas ciudadanas.

De esta forma, la exclusión social a nuestro parecer representa un aspecto holístico que supera al de pobreza. La exclusión es una acumulación de problemas de diversa índole que dificultan el normal desenvolvimiento social. Es un concepto integral, que puede tomar forma en cualquiera de los ámbitos vitales básicos de la persona y que presenta numerosas características, en las que sí encontramos algunas coincidencias (Laparra, 2007). Por este motivo, en adelante desglosamos tres elementos propios de su esencia procesual que suelen estar presentes a la hora de desglosar el concepto:

1. El origen de las situaciones de exclusión social está en la estructura social. El carácter estructural de la exclusión hace referencia al imaginario social que afecta a la totalidad de la población y no exclusivamente a aquellos que, por circunstancias diversas, la viven en su persona y en su entorno más próximo (Karsz, 2004). Consecuentemente, esta estratificación social produce desigualdades tanto en el extremo más alto con el más bajo de la escala social que se quedan en los márgenes de la sociedad, en la dicotomía abajo versus fuera (Vidal, 2006).

2. Son situaciones sociales multidimensionales debido a un proceso generado por un conjunto de factores sociales. La exclusión social tiene un carácter multidimensional, en cuanto que intervienen numerosas dimensiones y variables. Una clasificación habitual es la que nos ofrece García Roca (1998) al definir las dimensiones en los procesos de exclusión social. Dichas dimensiones son: una dimensión estructural o económica, referida a la carencia de recursos materiales que afecta a la subsistencia derivada de la exclusión del mercado de trabajo; una dimensión contextual y/o social, caracterizada por la disociación de los vínculos sociales, la desafiliación y el debilitamiento del entramado relacional.

3. El carácter procesual de la exclusión, que da lugar, como indica Castel (1991) a una zona de integración o de comodidad que suelen tener las personas que cuentan con recursos sociales internos y externos, colchón familiar y redes sociales para la supervivencia; una zona de vulnerabilidad que suele darse en colectivos que quedan excluidos del mercado de trabajo y otras esferas sociales, como ocurre con las personas jóvenes, mayores de 45 años e inmigrantes, entre otros sectores de población; Por último, una zona de marginación social que deriva a una situación límite cuando los procesos se prolongan en el tiempo ante la derivada de una ausencia total de vínculos y acceso a los recursos sociales. Estas zonas definen la situación de la trayectoria de exclusión en función de su concreción en tres ámbitos principales: económico, redes sociales y psicológico (Herranz, González, Lirio y Rondón, 2005).

La inferencia de los elementos descritos refleja que el proceso de exclusión social está formado por una serie de dimensiones, categorías, que en suma forman en mayor o menor medida el corolario de la exclusión social y agravadas en el tiempo pueden conducir a la marginación más absoluta. La mayoría de ellas son comunes en muchos de los grupos sociales de referencia: mercado laboral, vivienda, sistema educativo, afiliación social y política, sistemas de protección social, situación socioeconómica y pertenencia a grupos específicos en función de características adscriptivas (género, edad, etnia). Estas últimas representan un plus de exclusión social adicional o añadido. Por ejemplo, a la condición de empleada de larga duración con vínculos sociales precarios se une la de mujer y la de inmigrante. En suma, desde este prisma, tanto la pobreza como la exclusión social son procesos derivados de una serie de elementos y, en consecuencia, corresponde a la sociedad dar una respuesta para prevenir las desigualdades sociales, porque una sociedad excluyente da lugar a la exclusión social. A esto cabe añadir la situación coyuntural de cada ciclo económico, como ocurrió en la pasada crisis económica del 2008 o en la reciente crisis pandémica, que agravan estos factores, relegando a la pobreza y la exclusión social a ciertos sectores de la sociedad a un ritmo aún más vertiginoso que al resto del, cuál no logran salir o cuando lo hacen es a un ritmo mucho más lento.

En sintonía con estos debates sustanciales, los factores descritos se hacen plausibles en todas las personas que han sido víctimas de la crisis o la coyuntura económica en un proceso de exclusión caracterizado por la desafiliación social, política y comunitaria. Cabe destacar, que la exclusión social es un fenómeno que requiere actuaciones globales donde toma un cariz central la inclusión laboral, como una meta variable y vector esencial para llegar a la deseada inclusión social. Pero, por otra parte, para la inclusión laboral hace falta un acceso al empleo de todas las personas con independencia de la edad, género o étnica y también apoyo social y comunitario. Sin embargo, también un apoyo social a sus problemas sociales.

Una vez clarificado el concepto, cabe también discernir el término exclusión social de pobreza y marginación, a pesar del uso ambivalente de la terminología por parte de los autores. La exclusión hace alusión de forma específica a la situación de diversos grupos sociales respecto al orden social, político y económico y pretende diferenciarse se los clásicos conceptos de marginación y pobreza. El concepto de exclusión parte de la idea de que los procesos de globalización y la centralidad del mercado a nivel internacional están generando procesos de dualización social.

Si recogemos los principales planteamientos teóricos que se centran en los cambios más visibles de la sociedad global, nos encontramos unas dimensiones que son comunes a estos nuevos procesos de desigualdad:

- Ensanchamiento del campo geográfico y creciente densidad del intercambio internacional, así como el carácter global de la red de mercados financieros y del poder, cada vez mayor, de las multinacionales (Beck, 1997).

- La revolución tecnológica que se traducen en caducidad de los modos de producción tradicionales y volatilidad (Castells, 1998).
- La exigencia, universalmente aceptada, de respetar los derechos humanos, los acuerdos adoptados sobre los derechos sociales en el marco internacional.
- La política postinternacional y policéntrica.
- El problema de la pobreza global. Pobreza extrema en gran parte del planeta y procesos de dualización social y exclusión social que repercuten en todo el planeta en su conjunto.
- El problema de los daños o atentados ecológicos globales (exclusión ecológica). (Beck, 1998).

Como apunta Castells (1998) el crecimiento económico genera tensiones en el mercado que dan lugar a desequilibrios sociales importantes, hoy en día, parte de estas situaciones reciben el nombre de exclusión social, que viene a poner nombre a una nueva realidad que va más allá de los clásicos conceptos. Es crucial el hecho de poner nombre a la nueva realidad social para que sea visible y puedan analizarse las nuevas situaciones sociales de forma específica.

Por todo ello, cabe destacar que la exclusión social implica una falta de reconocimiento efectivo de titularidades y derechos sociales que conducen a la pérdida progresiva de derechos económicos y políticos en el mundo occidental (Herranz, 2006). Todos estos procesos de dualismo social de exclusión conllevan que las personas y grupos se vean fuera de la participación en aquellos intercambios, prácticas y derechos sociales que constituyen los mecanismos de inclusión social. En la misma medida, la exclusión se está configurando como la pérdida del acceso a redes compartidas de significado y experiencia, obviando los derechos sociales básicos y en definitiva la justicia social. De esta manera se crea una distancia estructural y simbólica difícilmente conjugable con el bienestar social de las personas y de las sociedades.

Podríamos resumir a continuación, que en la sociedad actual la exclusión social viene a explicar la falta de acceso a las políticas pública, a las relaciones sociales y a los sistemas de producción o de recursos económicos, expresados fundamentalmente en términos de renta, perdiendo así el sentido de ciudadanía y de pertenencia. Este concepto, el de exclusión social, no supone solo un cambio epistemológico en relación con palabras como pobreza y marginación, como ocurría en otros momentos históricos, sino una auténtica ruptura frente a la tradicional perspectiva de análisis de los problemas sociales y la manera de intervenir en ellos.

Otras divergencias que encontramos entre la definición de exclusión con respecto a la de marginación es su carácter dinámico. La pobreza suele ser estática, mientras que los modos de inclusión suelen ser dinámicos que apuntan a situaciones globales, colectivas, de la nueva realidad social poliédrica. No obstante, la exclusión social también toma su importancia en los aspectos simbólicos que van más allá de las definiciones clásicas y múltiples ocasiones, lo que nos obliga al abandono de los planteamientos del pasado, que no dan cabida a la multiplicidad de situaciones que puedan conducir a las disyuntivas actuales.

En otras palabras, la exclusión como proceso se produce a lo largo del tiempo por la interacción de diversos factores de vulnerabilidad. A continuación, en la siguiente figura se exponen una serie de indicadores dentro de cada una de las categorías que dan lugar al proceso de exclusión social y que a su vez son representativos de los colectivos diana de las rentas de inserción social. Estas categorías se presentan por ámbitos en función de la posición que ocupe la persona o el colectivo en el espacio de estos, definen su inclusión o exclusión (Herranz, Alonso, Castro y Rondón, 2005) como se indica la figura 1:

Figura 1. Análisis de categorías del proceso de exclusión social

CATEGORÍA	INDICADORES
ECONÓMICO LABORAL	Ductilidad del mercado laboral Crisis económica Pobreza Desempleo de larga duración Género
SISTEMA POLÍTICO	Políticas de bienestar Recortes sociales Marco legal

CATEGORÍA	INDICADORES
	Desafiliación política
FAMILIA	Apoyo familiar Desafiliación familiar Desestructuración familiar
REDES SOCIALES	Ausencia de redes de apoyo Desafiliación social Grupos sociales excluyentes Soledad
DESARROLLO	Nuevas tecnologías Falta de acceso a la información y los recursos sociales Brecha digital Escaso nivel de instrucción Formación no especializada o inadecuada al mercado de trabajo

Fuente: Elaboración propia.

Así pues, como refleja la figura anterior, la posición de los grupos sociales en situación de exclusión se configura en dos dimensiones: una de carácter estructural en la que la dinámica social genera unos mecanismos generadores de inclusión-exclusión a través de sus acciones, y otra de carácter simbólico que recogería las expectativas y modelos asignados a cada uno de los grupos determinados por el ideario social. Los factores simbólicos hacen alusión al conjunto de normas, reglas y expectativas construidas por la misma sociedad en función de sus ideales e intereses en un momento dado que facilitan o dificultan la inclusión.

De modo idéntico, estas reflexiones nos invocan hacia el dilema abajo versus fuera —inclusión/exclusión— según el lugar que ocupen los grupos sociales que están detrás de estos dos rostros, en una sociedad en la que perduran estructuras y coyunturas de antaño arraigadas dentro de la estructura social del plano de referencia (Adams & Fitch, 2006).

Como contrapartida y respuesta a la exclusión, el tipo ideal para hacer frente a estos procesos es una cartera de provisión de recursos que posibilite una ética de mínimos como base de la acción de la filosofía social. Se trata, en lenguaje Kantiano, de un ideal de justicia con unos principios exigibles en cualquier acción racional entre los mínimos de justicia y los máximos de felicidad, en este caso, unos mínimos derechos sociales blindados que garanticen el equilibrio de los sectores de población, que a su vez son exigentes para que lleguen al mayor número de personas potencialmente demandantes. Es aquí donde la renta mínima de inserción puede ser una medida eficaz de política social que atienda a estas situaciones y devuelva la dignidad a toda la ciudadanía, entendiendo siempre que no se trata de una situación de pobreza, sino más bien un conjunto de factores de exclusión que esta prestación puede aminorar si se lleva a cabo con efectividad, de forma integral, con medidas de inclusión social y comunitaria articuladas en red con la dimensión comunitaria. Para solventar cualquier tipo de dificultad que pueda presentarse en el camino hacia la inclusión, la ética mínima apela al reconocimiento de la dignidad personal como mínimo inexcusable para la moralización del derecho y la convivencia democrática en una sociedad avanzada. La fijación del principio axial del orden político en el consenso presupone, de hecho, una igualdad que difícilmente se logra en todos los miembros de la comunidad política, reconocida por el mero hecho de ser ciudadanos/as del Estado Español (Rondón, 2018).

En habidas cuentas, como es evidente, en algunas voces de las políticas sociales dirigidas a la lucha contra la exclusión social en general y a la renta de inserción en particular, se deglute la complejidad, reduciéndola a un ordenado ramillete de posibilidades que si son efectivas nos inducen al optimismo, al alcanzar una producción de recursos en el mapa del conocimiento científico, que se convierten de forma inmediata en una réplica del territorio para el mapa cognitivo de los científicos sociales. Es más, una sociedad que avanza con desigualdad, en realidad, como anunció Platón, son dos sociedades, que tienden a cerrar puentes, si nos referimos a los efectos no deseados que puedan ocurrir por no conducir estas oportunidades en la dirección adecuada. Dicho de otro modo, la inclusión es sinónimo de empatía social, pues se trata de un concepto que surge del conocimiento de las diversas necesidades de los individuos en una sociedad. Esto induce a su vez que sean incluidos con sus diferencias y heterogeneidades. Incluir es no dejar a nadie atrás, es dar la bienvenida a todos los actores sociales brindando oportunidades con lazos comunitarios. Es en definitiva abrir el tesoro de las oportunidades con unas buenas prácticas de los servicios sociales que son la verdadera llave para abrir el cofre de la felicidad social, de las verdaderas habilidades y potencialidades que tenemos todos/as, dejando atrás las diferencias cuando adquirimos competencias autodeterminantes.

Para finalizar concluimos que el contexto actual es bastante complejo en una sociedad que parece inabarcable, ininteligible y en ocasiones, el panorama futuro es percibido con cierto escepticismo. Al ponernos el traje de científico social cuando navegamos con las gafas de las ciencias sociales, se vislumbra un diagnóstico con un resultado que oscila entre el ensayo panóptico y la esperanza del cambio que esboza los límites de una sociedad inclusiva si no existe una voluntad política y científica de cambiar la realidad.

1.4. LA LUCHA CONTRA LA EXCLUSIÓN SOCIAL EN EL MARCO INTERNACIONAL

Una vez clarificado el estado de la cuestión de la exclusión social, sus dimensiones y categorías, finalizamos este capítulo fundamentando el régimen legal de la misma en el marco internacional. En primer lugar, señalamos el vértice de todas las normas de derechos sociales, la Declaración Universal de los Derechos Humanos de 1948, al tipificar en el artículo 25.1 «Toda persona tiene derecho a un nivel de vida adecuado que le asegure, así como a su familia, la salud y el bienestar, y en especial la alimentación, el vestido, la vivienda, la asistencia médica y los servicios sociales necesarios» (art. 25.1).

En segundo lugar, el Pacto Internacional de Derechos Económicos, Sociales y Culturales, establece que toda persona tiene derecho a un nivel de vida adecuado para sí y su familia, y a estar protegida contra el hambre, así como a una mejora continua de las condiciones de subsistencia. Se responsabiliza a los estados que deberán tomar parte para hacer efectivo estos derechos (Alonso y Alemán, 2020).

En tercero, la nueva agenda ODS 2030 para el desarrollo sostenible, refleja entre sus metas la lucha contra la pobreza y la exclusión social en el preámbulo, en la introducción, así como los dos primeros objetivos: «Reconocemos que la erradicación de la pobreza en todas sus formas y dimensiones, incluida la pobreza extrema, es el mayor desafío a que se enfrenta el mundo y constituye un requisito indispensable para el desarrollo sostenible. «Estamos resueltos a liberar a la humanidad de la tiranía de la pobreza y las privaciones». Todas las personas deben disfrutar de un nivel de vida básico, mediante los sistemas de protección social». Por ello, de los 17 ODS que contiene la Agenda 2030, los dos primeros se refieren a poner fin a la pobreza en todas sus formas y en todo el mundo, y a poner fin al hambre. También se afirma en la agenda el empleo decente y productivo como un vehículo para salir de la pobreza.

En cuarto, una de las áreas en las que se enfoca la Carta Social Europea es la lucha contra la pobreza y la exclusión social de los más vulnerables. El objetivo principal de esta carta es garantizar que todas las personas tengan acceso a un nivel de vida adecuado. Dentro de sus disposiciones se establecen medidas específicas para prevenir la pobreza y la exclusión social para mejorar la calidad de vida de las personas en situación de vulnerabilidad y riesgo de exclusión. Algunos de los derechos que promueve este documento legal son:

- El derecho de las personas a un trabajo remunerado y protección social.
- El derecho de las personas a una vivienda asequible y adecuada.
- El derecho de las personas a la atención sanitaria y servicios sociales.
- El derecho de las personas a la educación y la formación.

Para finalizar, la Unión Europea lleva décadas de intensa lucha contra la pobreza y la exclusión social a través de acuerdos, tratados y diversas estrategias en el marco de acciones y programas específicos. Destacamos los más relevantes:

- Tratado de Funcionamiento de la Unión Europea. Se contemplan en él varios preceptos que contienen medidas contra la exclusión social y la erradicación de la pobreza: «En la definición y ejecución de sus políticas y acciones, la Unión tendrá en cuenta las exigencias relacionadas (…) con la lucha contra la exclusión social» (art. 9). «La Unión y los Estados miembros, teniendo presentes derechos sociales fundamentales, tendrán como objetivo la lucha contra las exclusiones» (art. 151). «La Unión apoyará y completará la acción de los Estados miembros en la lucha contra la exclusión social» (art. 153.1).
- Carta de los Derechos Fundamentales de la Unión Europea. La Carta, dentro del Título denominado solidaridad, alude a la lucha contra la exclusión social y la pobreza: «Con el fin de combatir la exclusión social y la pobreza, la Unión reconoce y respeta el derecho a una ayuda social para garantizar una existencia digna a todos aquellos que no dispongan de recursos suficientes».

- Estrategia Europa 2020. En esta estrategia se reconoce el derecho fundamental de las personas que se encuentran en situación de pobreza y exclusión social a vivir con dignidad y el de aumentar el compromiso de la opinión pública en la lucha contra la exclusión social, junto a promover una sociedad más cohesionada, en la que se erradique la pobreza y la exclusión social.
- Parlamento Europeo y Consejo Europeo, Decisión 1098/2008/CE, de 22 de octubre de 2008, relativa al Año Europeo de Lucha contra la Pobreza y la Exclusión Social (2010). Tras las crisis económicas acontecidas en la década anterior, la pobreza en el 2020 gira en torno a los 100 millones de personas. Se trata de una situación insostenible que debe erradicarse.
- Plataforma Europea contra la Pobreza y la Exclusión Social 2023. En los inicios del texto expone la problemática de la pobreza y la exclusión social: «La lucha contra la exclusión social y el fomento de la justicia social y los derechos fundamentales son objetivos clave de la Unión Europea, que se cimientan en los valores del respeto por la dignidad humana y la solidaridad».

A modo de síntesis final, este capítulo, en la figura 2, con intención clarificadora, se sistematizan las alusiones a la pobreza y la exclusión social de las normas internacionales y los derechos sociales que regulan que hemos desarrollado en los párrafos precedentes:

Figura 2. Régimen Legal en la lucha contra la pobreza y la exclusión

RÉGIMEN LEGAL	ALUSIONES POBREZA/ EXCLUSIÓN SOCIAL	DERECHOS SOCIALES QUE CONTEMPLA
Declaración universal de los derechos humanos 1948	Atención Servicios Sociales necesarios	Derecho a una vida digna Necesidades básicas Salud Servicios Sociales
Pacto Internacional de Derechos Económicos, Sociales y Culturales	Lucha contra el hambre Necesidades básicas de subsistencia	Derechos sociales de la ciudadanía Responsabilidad estados

RÉGIMEN LEGAL	ALUSIONES POBREZA/ EXCLUSIÓN SOCIAL	DERECHOS SOCIALES QUE CONTEMPLA
Objetivos desarrollo sostenible. ODS 2030	Lucha contra la pobreza y la exclusión social Poner fin a la pobreza y hambre mundial	Derecho a la protección social Derecho al empleo decente y productivo
Carta Social Europea	Lucha contra la pobreza y la exclusión social, personas vulnerables	Derecho a la sanidad y los Servicios Sociales Derecho Trabajo y vivienda
Tratado de Funcionamiento de la Unión Europea	Lucha contra la exclusión y erradicación de la pobreza	Protección social de la Unión y estado miembros
Carta de los Derechos Fundamentales de la Unión Europea	Combatir la exclusión social y la pobreza	Ayudas sociales para la vida digna
Estrategia Europa 2020	Lucha contra la pobreza y la exclusión social	Derecho de las personas a una vida digna
Parlamento Europeo y Consejo Europeo, Decisión 1098/2008	Año europeo de lucha contra la pobreza y la exclusión social	La pobreza es insostenible y debe erradicarse
Plataforma Europea contra la Pobreza y la Exclusión Social 2023	Lucha contra la exclusión Justicia Social	Dignidad humana Solidaridad

Fuente: Elaboración propia.

Concluimos que los hitos legislativos anteriores fundamentan el calado que ha tenido la exclusión social y la pobreza en las organizaciones internacionales y europeas, que lo sitúa como aspecto cardinal a lo largo de las últimas décadas, con exigencia de derechos prioritarios. De la misma forma, se señalan los factores que dan lugar a la pobreza y la exclusión, siendo primordial abordarla desde todo el ciclo vital para que no se herede y de lugar a pobreza crónica o a la marginación más absoluta con el paso del tiempo. En esta misma línea, los grupos sociales diana con más vulnerabilidad a la hora de sufrir la exclusión y la pobreza son:

- Los niños. Suelen estar en mayor situación de riesgo de pobreza o exclusión social. El riesgo aumenta en los supuestos de familias numerosas y monoparentales. Aunque claro está, en realidad hay niños pobres porque proceden de familias con necesidades sin cubrir.
- Los jóvenes. Las tasas de desempleo de los jóvenes son altas, se han visto especialmente afectados por la crisis económica.
- Las personas en edad de trabajar. El desempleo es la principal causa de pobreza en este sector. La exclusión laboral y social va en paralelo, con mayor énfasis en las mujeres y los jóvenes. También existe pobreza laboral auspiciada por la precariedad del mercado y los bajos salarios.
- Las personas mayores. Están expuestas a un riesgo de pobreza más elevado que la población en general cuando no disfrutan de pensiones adecuadas, siendo en mayor medida en las mujeres o en las personas con pensión de viudedad de baja cuantía. Unido a esto señalamos el aumento de la soledad no deseada con la consecuencia pérdida de vínculos familiares.

Por otro lado, en el marco europeo también existen exclusiones específicas de carácter transversal y que suelen presentar una mayor gravedad:

- La carencia de hogar y la exclusión relacionada con la vivienda. Constituyen una de las formas más extremas de pobreza y privación.
- La población inmigrante, en especial algunas minorías étnicas, está más expuesta a los riesgos sociales.
- Las personas con discapacidad, o con enfermedades crónicas graves, se encuentran a menudo con importantes dificultades económicas y sociales.

1.5. CONCLUSIONES

Para concluir, a tenor de los argumentos tanto científicos como legislativos, podemos afirmar que la exclusión social es un tema central para el futuro si queremos garantizar el bienestar social de toda la población. Pero existe un cierto consenso en el reconocimiento del derecho a la renta mínima como estrategia de lucha contra la exclusión al ser un pilar europeo en cuanto a los derechos sociales se refiere. Porque toda persona que carezca de recursos suficientes tiene derecho a unas prestaciones que garanticen una vida digna a lo largo de todas las etapas de la vida, así como el acceso a bienes y servicios de capacitación. Para las personas que pueden trabajar, las prestaciones de renta mínima deben combinarse con incentivos a la (re) integración en el mercado laboral (Alonso, García y Alemán, 2020).

En definitiva, la exclusión social es un proceso que viene a explicar cómo los grupos quedan fuera de la sociedad por un conjunto de factores estructurales combinados tanto estructurales como simbólicos, que dificultan su desarrollo en la sociedad como ciudadanos de pleno derecho, conduciendo a vulnerabilidad que con el tiempo se transforma en exclusión social.

REFERENCIAS BIBLIOGRÁFICAS

Adams, C., & Fitch, T. (2006). Social inclusion and the shifting role of technology: Is age the new gender in mobile access? In Social Inclusion: Societal and Organizational Implications for Information Systems: IFIP TC8 WG8. 2 International Working Conference, July 12-15, 2006, Limerick, Ireland (pp. 203-215). Springer US.

Aguayo, I. H. (2006). Las organizaciones no gubernamentales como actores sociales en el fenómeno migratorio (Doctoral dissertation, Universidad Complutense de Madrid).

Alemán Bracho, C., Alonso, J.M., Fernández, J. (2010). Fundamentos de los Servicios Sociales. Tirant lo Blanch.

Alfama, E., & Obradors, A. (2006). Estudios de inclusión social en España. Un análisis del estado de la investigación sobre inclusión y exclusión social.

Alonso, J.M., García, M., y Alemán, C. (2020). Servicios Sociales Públicos. Tecnos.

Arriba González de Durana, Ana, Luis Ayala Cañón. (2013). «El sistema de garantía de ingresos: tendencias y factores de cambio», Presupuesto y Gasto Público, n.º 71.

Bourdieu, P. (1984). A social critique of the judgement of taste. Traducido del francés por R. Nice. Londres, Routledge.

Bourdieu, P. (1998). Practical reason: On the theory of action. Stanford University Press.

Cabrero, G. R. (Ed.). (1991). Estado, privatización y bienestar: un debate de la Europa actual (Vol. 1). Icaria Editorial.

Carta Social Europea revisada (1996). Recuperado de: https://rm.coe.int/168047e013

Castel, R. (1991) —De l'indigence à l'exclusion: la désaffiliation‖, en J. Donzelot (ed.) Face àl'exclusion. Paris, Esprit.

Consejo Europeo (1993). Seminario de Copenhague. Recuperado de: https://www.cepc.gob.es/sites/default/files/2021-12/28702rie020002271.pdf

Consejo Europeo (1993). Seminario de Copenhague. Recuperado de: https://www.cepc.gob.es/sites/default/files/2021-12/28702rie020002271.pdf

Cortina, A. (2017). Aporofobia, el rechazo al pobre: Un desafío para la sociedad democrática. Paidos Ibérica.

Roca, J. G. (1998). Exclusión social y contracultura de la solidaridad. Prácticas, discursos y narraciones, Ediciones HOAC, Madrid, 37.

Estepa Giménez, J. (2017). Otra didáctica de la Historia para otra escuela: Lección Inaugural 2017/2018 (Vol. 51). Servicio de Publicaciones de la Universidad de Huelva.

Herranz,I, González, D, Lirio, C. y Rondón, L.M. (2005). Análisis de categorías del proceso de exclusión social. Colegio Oficial de Trabajo Social de Galicia.

Laparra, L., Obradors, A., Pérez, B., Pérez Yruela, M., Renes, V., Sarasa, S.,... & Trujillo, M. (2007). Una propuesta de consenso sobre el concepto de exclusión: implicaciones metodológicas.

Lenoir, G. F., & et Compagnie, L. (1890). Lenoir, G Félix, active 1874-1926: Practical and theoretical treatise on decorative hangings or guide to upholstery. Series-6145.

Maza Zorrilla, E. (1987). Pobreza y asistencia social en España, siglos XVI al XX: aproximación histórica.

Ministerio de Trabajo de Derechos Sociales y Agenda 2030. (2023). Estrategia de desarrollo sostenible 2030. Recuperado de: https://www.mdsocialesa2030.gob.es/agenda2030/index.htm

Rapoport, A. (2004). Pobreza y exclusión social. Un análisis de la realidad española y europea. Barcelona: Fundación La Caixa.

Rondón, L.M. (2018). La renta mínima como estrategia de lucha contra la exclusión: perspectivas y avances hacia la inclusión social en el Sistema

Público de Servicios Sociales. En Raya, E y Pastor, E., Trabajo Social, Derechos Humanos e Innovación Social. Tirant lo Blanch.

Rubio, M. J., & Monteros, S. I. L. V. I. N. A. (2002). La exclusión social. Teoría y práctica de la intervención. Madrid: CCS.

Sen, A. (1992). Poverty reexamined. Cambridge: Harvard University.

Subirats, J., Riba, C., Giménez, L., Obradors, A., Queralt, D., Giménez, M.,... & Rapoport, A. (2004). Pobresa i exclusió social. Un anàlisi de la realitat espanyola i europea.

Tezanos, J. (2007). Nuevas tendencias migratorias y sus efectos sociales y culturales en los países de recepción. Doce tesis sobre inmigración y exclusión social. Revista Española de Investigaciones Sociológicas (REIS), 117(1), 11-34.

Vidal, M., Larson, D. E., & Cagan, R. L. (2006). Csk-deficient boundary cells are eliminated from normal Drosophila epithelia by exclusion, migration, and apoptosis. Developmental cell, 10(1), 33-44.

Capítulo II

Estudio del riesgo de pobreza y exclusión social a partir de los ingresos económicos y la desigualdad en la distribución de la renta

Pere Mercadé Melé

Jesús Barreal Pernas

Francisco Manuel Morales Rodríguez

Resumen:

En los últimos 50 años, España ha presentado un crecimiento económico de manera sostenida y en torno al 2,8%. En cambio, el reparto de la renta ha sido desigual y ha provocado la exclusión social de algunos de sus habitantes. En este trabajo se analiza la relación existente entre la renta y el riesgo de pobreza y exclusión social, demostrando una fuerte relación existente entre ambos factores. Además, esta situación de pobreza conlleva una actitud pesimista y un desanimo que retroalimenta la situación inicial. Se recomienda tantas políticas pasivas de redistribución de renta, así como políticas activas para una mejor formación.

2.1. INTRODUCCIÓN

Desde el 1960 hasta la actualidad el producto interior bruto per cápita (pibpc) ha crecido un 2,8% en España, mientras que en países como Italia ha sido el 2%, Francia el 1,8%, el reino unido 1,7%, Alemania 1,8% o estados unidos 1,8% (Prados de la Escosura, 2021). España ha presentado un crecimiento mayor que los países más avanzados registrando en medio siglo un efecto multiplicador de la renta nacional por 6. En este período ha habido un cambio estructural productivo en favor de la industria y sobretodo de los servicios, una internacionalización de la economía española a través de los flujos comerciales y de la inversión, una ampliación de los recursos públicos y un incremento de la población inmigrante (García Delgado y Myro, 2021), paralelamente a este aumento, se ha convivido con un deterioro de las situaciones familiares, estando muchas de ellas en riesgo de exclusión social (Subirats et al, 2004). La pobreza se la relaciona con desigualdades económicas y está vinculada a poblaciones con bajos niveles de ingresos y educativos (Subirats et al., 2004). En una sociedad cada vez más desarrollada a nivel tecnológico y económico, aportando unos mayores niveles de bienestar, ha provocado nuevos fenómenos como el auge de la exclusión social (Jiménez, 2008). Este acontecimiento ya lo analizaron figuras clásicas como Marx, Engels, Durkheim, Tonnies, Bourdieu y Parikin, y más recientemente Rene Lenoir (1974) en su obra pionera «les exclus: un frangasie sur dix». En este sentido, estudios más actuales han concebido el término de «cronicidad», refiriéndose a las personas y familias que presentan una situación de riesgo social. Según Ginesta et al (2017) las familias cualificadas como crónicas requieren de una intervención duradera y larga, que presentan exclusión social y presentan escasa autonomía, dificultades en el ámbito relacional y necesidades materiales e instrumentales de subsistencia.

El interés de esta investigación es analizar la relación entre la renta y la población en riesgo de pobreza en España de manera cuantitativa a partir de un modelo de regresión. Gracias a este análisis se aportará luz ante la posible relación entre el nivel de renta y el porcentaje de población en riesgo de pobreza. La estructura del trabajo es la siguiente: se inicia con una pequeña revisión bibliográfica para enfocar el estado actual del tratamiento del tema. Seguidamente se expone la metodología y los datos empleados, para terminar el estudio presentando los resultados y las principales conclusiones que se obtienen.

2.2. MARCO TEÓRICO

Según la teoría del capital humano, ha habido una mejora del progreso tecnológico, una mayor inversión que ha sido determinante para la productividad y competitividad a nivel nacional (Aza y Escribano, 2019). No obstante, este aumento ha sido repartido de manera desigual (Delgado y Myro, 2021). En este sentido, la teoría *postkeynesiana* explica la coexistencia de distintas tasas de crecimiento entre regiones distintas, destacando que esta inestabilidad viene causada por las diversas expectativas empresariales y por el distinto nivel educativo (Santarcangelo, 2018). Además, en España ha habido rigideces en el mercado de trabajo que afectan mayormente a las personas con poca cualificación (Prados de la Escosura, 2021).

A nivel psicológico, el síndrome de indefensión aprendida genera una falta de expectativas y de control sobre el entorno. Esto genera un pensamiento colectivo pesimista donde las personas al verse incapaces de salir de la situación de pobreza y exclusión, entonces, deciden no esforzarse (Bvermier y Beligman, 1967). Este comportamiento pesimista, también está explicado por la teoría del comportamiento planificado de Azjen (1991), que tiene su razón de ser porque las personas que tienen pocas expectativas tienden a no tener iniciativa para la realización de su trabajo y así podemos entender mejor su actitud en su comportamiento (Mercadé y Barreal, 2021). Por lo tanto, sin una perspectiva de un futuro digno las personas son incapaces de proyectar metas y objetivos en el ámbito personal, laboral, cultural y social (Pérez y Melendro, 2016).

El disponer de menos ingresos u otras dificultades económicas constituye uno de los estresores cotidianos puede impactar en el bienestar y en la calidad de vida ya desde las etapas evolutivas de la infancia y adolescencia (Morales y Trianes, 2012) y los estresores cotidianos pueden tener efectos incluso más negativos en el ajuste psicológico y en la inadaptación socioemocional que otros acontecimientos vitales (Morales et al., 2016). En ese sentido, en algún estudio previo se encontró mayor disfunción familiar moderada cuando la situación de pobreza era mayor en las familias, así como también una mayor prevalencia de sintomatología interiorizada como la de los trastornos del estado de ánimo de ansiedad y depresión (Quitian et al., 2016) y mayores niveles de estrés materno (Olhaberry y Farkas, 2012). Asimismo, otro estudio más reciente (castro et al., 2020) encontró en una muestra formada por 422 jóvenes, con edades comprendidas entre los 15 y 26 años, que las variables autoestima e inclusión política tenían capacidad predictiva sobre la percepción de la exclusión social en dicha muestra.

Cabe señalar que en este tipo de situaciones estresantes existen posibles variables mediadoras protectoras como pueden ser la autoeficacia percibida y los niveles de resiliencia de las personas (Hobfoll, 1989; Fernández-Valera et al., 2019) y la calidad de los vínculos sociales e interacciones personales (morales et al., 2028) y para asumir la llamada responsabilidad pública para la consecución de los objetivos de desarrollo sostenible de la agenda 2030 (Fajardo et al., 2021) es necesario mejorar tanto las políticas socioeducativas como el diseño de programas que reviertan en la mejora de dichos factores protectores y contribuyan a la inclusión social con el desarrollo de políticas públicas para la igualdad y prevención de la marginación y la exclusión social.

La relación entorno a la pobreza y la desigualdad ha derivado en exclusión social (Arriba, 2002). Este proceso, consiste en la acumulación de desventajas sociales, debido a la desigualdad económica, política y social (Bak, 2018; Hernández et al., 2020). El riesgo de exclusión social está construido desde la inadaptación al sistema, un déficit económico y una deficiente base socioemocional (Delgado et al., 2020).

2.3. METODOLOGÍA

Para analizar la relación entre el nivel económico de las distintas comunidades autónomas y el riesgo de pobreza se ha partido de datos oficiales del instituto nacional de estadística (INE). Concretamente del indicador multidimensional de calidad de vida (IMCV), que se presenta con carácter experimental (INE, 2023). Este indicador pretende medir el progreso de las sociedades y del bienestar (Stiglitz et al., 2009). El IMCV se forma a partir de los indicadores de calidad del INE, está referido a toda la población, el ámbito geográfico es todo el territorio nacional y se desagrega por las diferentes comunidades autónomas y el ámbito temporal es series anuales desde 2008.

Para el objetivo de análisis de este trabajo nos hemos centrado en dos indicadores que forman parte de la dimensión de las condiciones materiales de vida. Por un lado, tenemos la renta mediana (indicador 1.1.1, según INE), por otro lado, el indicador de la población en riesgo de pobreza relativa según distintos umbrales (indicador 1.1.2, según INE) y finalmente, el indicador de desigualdad s80/s20 (indicador 1.1.4, según INE).

La renta mediana por unidad de consumo es el valor qué ordenando las personas con menor a mayor ingreso, deja el cincuenta por ciento por debajo y el otro cincuenta por ciento por encima. Es una medida relativa y se tiene en cuenta tanto el nivel de renta como su distribución. La renta equivalente, es decir, el ingreso por unidad de consumo de un hogar, se forma a partir de la renta disponible total del hogar y se divide por el número de unidades de consumo equivalentes que lo componen. Por lo tanto, su valor se corresponde al ingreso por unidad de consumo de cada uno de los miembros que componen el hogar (INE, 2023).

La población en riesgo de pobreza relativa o tasa de riesgo de pobreza se clasifican teniendo en cuenta la posición relativa de los ingresos del hogar en relación al conjunto de ingresos de la población; por lo tanto, mide desigualdad, no pobreza absoluta. Por lo tanto, mide que porcentaje de la población presenta ingresos bajos en relación al conjunto de la población. Concretamente, el umbral de la pobreza se calcula como el 60% del valor de la mediana de los ingresos anuales por unidad de consumo según criterio del Eurostat.

La desigualdad s80/s20, mide la relación entre la población con el 20% de la renta más alta (quintil más alto) respecto al 20% de la población con la renta más baja (quintil más bajo). De esta manera, podemos observar los cambios en la distribución de los ingresos a lo largo del tiempo (INE, 2023).

A partir de los datos del informe de calidad de vida que proporciona el INE obtenemos la mediana de los ingresos, la desigualdad y de la población en riesgo de pobreza relativa para el período 2008 a 2021. Esta información será empleada para realizar un modelo de regresión lineal simple (ols) para observar la relación entre las dos primeras variables por separado con la tercera. Así se podrá conocer el efecto que tiene la variable independiente, en este caso los ingresos anuales o desigualdad, sobre la independiente, que sería para este estudio el porcentaje de población en riesgo de pobreza relativa. Esperando conocer cómo aumentaría/disminuiría el riesgo de pobreza ante alteraciones de la renta o su distribución. Seguidamente se emplea un modelo con datos distribuidos en panel para tener en cuenta las dos variables independientes teniendo en cuenta su distribución espacio-temporal. Se lleva a cabo la prueba de Hausman para identificar si el modelo debe de considerar efectos fijos o aleatorios en la descomposición de su término constante. Nótese que los datos de renta son facilitados en términos corrientes, por lo que los empleados en el estudio se han deflactado teniendo en cuenta el año base 2016 para poder convertirlos en constantes y poder compararlos entre periodos.

Como se observa en la figura 1 la renta es dispar en la geografía española, presentando los niveles medianos de renta más altos en el país vasco y navarra. Mientras que los más bajo se dan en Extremadura y Ceuta. Por su parte la desigualdad en la riqueza se observa mayor en las ciudades autónomas, seguidas muy de lejos por canarias o islas baleares. Por su parte la menor desigualdad se ubica en Navarra y Aragón. El riesgo de pobreza también es dispar, se presenta con datos elevados para Andalucía, Ceuta y Extremadura y bajos para Navarra y País Vasco.

Figura 3: medias de la distribución de la renta, desigualda y pobreza relativa para cada comunidad autónoma para el período (2008-2021)

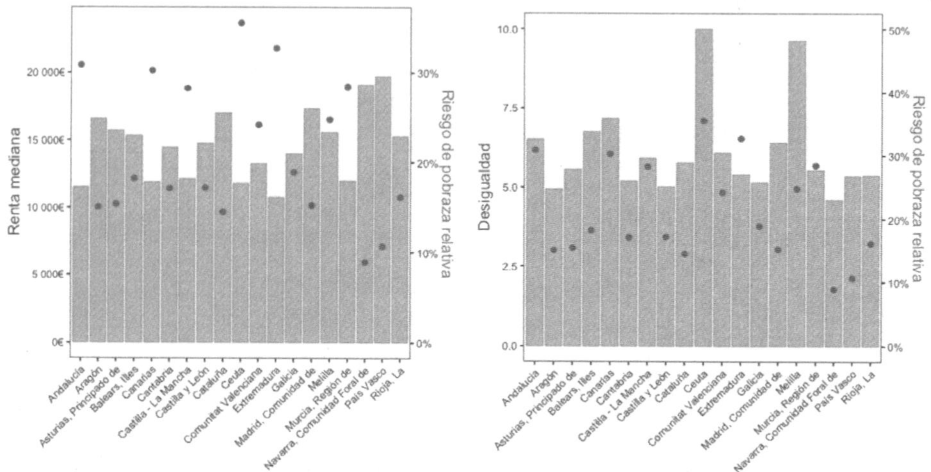

Para seleccionar estas dos variables se ha tenido en cuenta también que no hubiera un exceso de información compartida entre ambas. De esta manera se observa que la correlación es de −0.2706, lo que implica que solo el 27% de la variabilidad de una viene explicada por la otra.

2.4. RESULTADOS

En la siguiente tabla 1 se sintetiza la información de la regresión lineal por mínimos cuadrados ordinarios (ols) entre cada una de las variables anteriores y el riesgo de pobreza. En el primer modelo se obtiene que el coeficiente de correlación entre la variable dependiente e independiente es del −0,8325, es decir, existe una relación inversa muy fuerte. Además, se puede ver como la bondad del ajuste o coeficiente de determinación es de 0,69, lo que implica que el modelo presenta una buena capacidad explicativa. El coeficiente β o pendiente de la recta es −0,00249, lo que significa que por cada euro de renta disminuye la pobreza en 0,00249; en el caso de aumentar la renta en 1.000 euros anuales, el riesgo de pobreza relativa bajaría en 2,49 puntos.

Tabla 1. Regresión lineal entre la mediana de los ingresos y la tasa de riesgo de pobreza

	Modelo 1	Modelo 2
Constante	57.65104 ***	5.65234 ***
	(1.51987)	(1.52921)
Renta Mediana	-0.00249 ***	
	(0.00010)	
Desigualdad		2.53135 ***
		(0.23962)
N	266	266
R2	0.69310	0.29712

*** p < 0.001; ** p < 0.01; * p < 0.05.

Fuente: elaboración propia.

Por su parte en el modelo 2, para la desigualdad, se registra una correlación con la variable dependiente de 0.5451, lo que muestra que existe una relación relevante entre ellas. En cuanto a la elasticidad, el coeficiente beta indica que por cada punto que se incremente la desigualdad en la distribución de las rentas, entonces el factor de riesgo se incrementa en 2,53%. En cuanto a la representatividad del modelo, el valor es bastante bajo dado que solo el 29,71% de las variaciones del riesgo viene explicado por la desigualdad, quedando el porcentaje restante hasta el 100% sin explicar. Aun así, es un factor clave dado que el aumento de rentas puede estar no idénticamente distribuido a lo largo de la sociedad y solo afectar a un determinado grupo que altere la distribución de la renta.

En la figura 4 se visualiza la recta ajustada según mínimos cuadrados ordinarios (ols). En ella se observa como la ciudad autónoma de melilla presenta un riesgo de pobreza por encima de su renta. Lo que puede ser un indicativo de la concentración de la renta y a una situación socioeconómica poco integrada entre los agentes económicos. Por su parte, Galicia, Cantabria o Castilla y León presentan un porcentaje de riesgo de pobreza mucho más bajo que el que les correspondería por renta. Esto podría indicar una mejor distribución de la renta en estos periodos que favorecería a que la situación socioeconómica fuera más integradora entre los agentes.

Figura 4. Curva de regresión ajustada por modelo

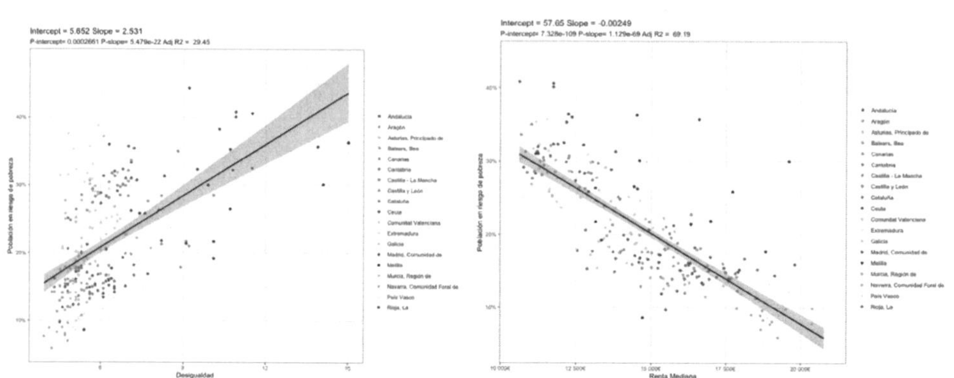

Fuente: elaboración propia.

A nivel gráfico se observa en el apéndice 1 y apéndice 2 como la recta de regresión ajusta bien los valores observados y los estimados, que se traduce en qué los coeficientes de regresión son válidos. Además, en el primer gráfico se observan los valores residuales y cómo están en torno a 0. Esto se produce con excepción para determinados periodos en Ceuta y Melilla para el modelo que considera la renta y para Extremadura en el modelo que introduce los valores de desigualdad de las rentas.

Como se ha visto tanto la renta como su distribución son factores determinantes para explicar pobreza relativa. No obstante, no se deberían analizar por separado y se debería constatar que su relevancia es conjunta para la variable dependiente. Este razonamiento se sustenta a que el aumento de renta puede no realizarse equitativamente a lo largo de la sociedad, sino que puede afectar a como se distribuye, tanto aumentando la disparidad como reduciéndola. Por lo que se lleva a cabo un modelo con ambas variables como factores explicativos. Además, los datos están organizados de manera espacial (CC.AA.) y temporal (años), por tanto, se puede aplicar un modelo de regresión controlado por datos de panel. Para determinarlo se aplica la prueba f que compara un modelo ols y uno con efectos fijos. En este caso el estadístico arrojó un valor de f=13.76 y un p-valor <0.001, lo que constata que es mejor emplear el modelo aplicado a la ordenación espacio-temporal que el ols. Además, también se aplicó la prueba de Hausman para saber si el término constante se descomponía en los factores espaciales o temporales. En este caso se obtuvo un estadístico de χ^2=0.88 con un p-valor asociado de 0.64, lo que rechaza el empleo de un modelo de efectos fijos. Así, se obtiene la regresión con efectos aleatorios de la tabla 2. En ella se observa que todas las variables son significativas y muestran la misma tendencia que el modelo ols simple para cada una de ellas. En este caso el modelo tiene una capacidad explicativa del 48,28, lo que implica que el modelo recoge el 48% de la variabilidad de la pobreza relativa.

Tabla 2. Regresión con efectos aleatorios

```
Balanced Panel: n = 19, T = 14, N = 266

Effects:
                  var std.dev share
idiosyncratic 5.3542  2.3139 0.598
individual    3.4906  1.8683 0.390
time          0.1017  0.3188 0.011
theta: 0.6858 (id) 0.1427 (time) 0.1373 (total)

Residuals:
     Min.   1st Qu.    Median   3rd Qu.      Max.
-10.99691  -1.66350  -0.15344   1.57709   9.90934

Coefficients:
                         Estimate  Std. Error z-value  Pr(>|z|)
(Intercept)           31.87882843  2.45708894 12.9742 < 2.2e-16 ***
BASE$RentaMediana_D   -0.00133607  0.00013695 -9.7562 < 2.2e-16 ***
BASE$Desigualdad       1.44592841  0.15042620  9.6122 < 2.2e-16 ***
---
Signif. codes:  0 '***' 0.001 '**' 0.01 '*' 0.05 '.' 0.1 ' ' 1

Total Sum of Squares:    3729.1
Residual Sum of Squares: 1928.7
R-Squared:      0.4828
Adj. R-Squared: 0.47887
Chisq: 245.512 on 2 DF, p-value: < 2.22e-16
```

Fuente: Elaboración propia.

Una vez realizado el análisis se aplica la prueba breusch-pagan para observar si los residuos presentan heterocedasticidad. El estadístico ofreció un valor de 11.31 y un p-valor de 0.003, por lo que no se puede rechazar la presencia de heterocedasticidad. Entonces como se detecta este factor, se debe de estimar la matriz robusta de covarianzas (sandwich estimator) para obtener los coeficientes consistentes de heteroscedasticidad que recoge la tabla 3 y que siguen demostrando que todos los parámetros son significativos.

Tabla 3. Estimadores robustos

```
t test of coefficients:

                      Estimate  Std. Error t value  Pr(>|t|)
(Intercept)        31.87882843  7.08997867  4.4963 1.038e-05 ***
BASE$RentaMediana_D -0.00133607 0.00035937 -3.7178 0.0002455 ***
BASE$Desigualdad    1.44592841  0.24986379  5.7869 2.034e-08 ***
---
Signif. codes:  0 ‘***’ 0.001 ‘**’ 0.01 ‘*’ 0.05 ‘.’ 0.1 ‘ ’ 1
```

Fuente: elaboración propia.

Por último, en el apéndice 3 se recogen varios gráficos que analizan los resultados obtenidos en la regresión. Así se observa que los residuos y los valores predichos registran un ajuste aceptable y que la curva de distribuciones de probabilidad presenta una asimilación entre ellas. Por lo tanto, para terminar, se incluye un gráfico de los residuos por CC.AA. en los que se observa que el modelo presenta menos desviaciones Valencia, Madrid o Cataluña. En caso contrario, presentan fuertes diferencias en sendas ciudades autónomas, así como Canarias, Extremadura o La Rioja. En la próxima figura pueden observarse estos datos:

Figura 5. Residuos por Comunidades Autónomas

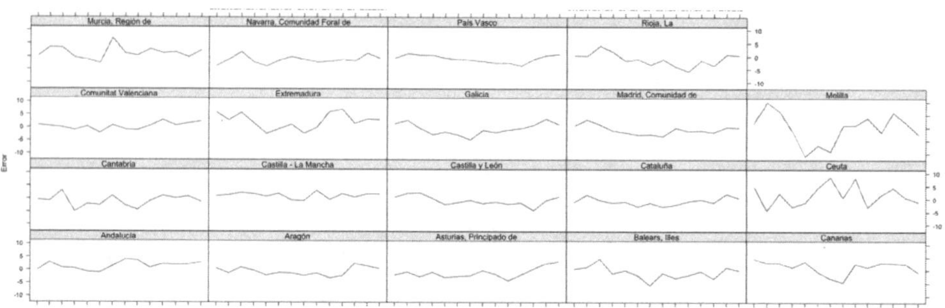

Fuente: Elaboración propia.

2.5. CONCLUSIONES

Si bien España en los últimos 60 años ha experimentado un aumento de la renta del 2,8%, el reparto de la misma ha sido de manera desigual, presentando fuertes desigualdades entre la población española. Gracias al progreso tecnológico ha habido una mayor productividad y competitividad a nivel nacional, pero al mismo tiempo el reparto ha sido de manera desigual.

A partir del análisis de la regresión entre la renta mediana de las distintas comunidades autónomas y la desigualdad, como variables independientes; y la población en riesgo de pobreza relativa como variable dependiente, se observa como la renta es la variable fundamental para disminuir el riesgo de pobreza; y cómo las desigualdades afectan al riesgo de sufrir exclusión social. Además, una renta insuficiente provoca trastornos psicológicos y una actitud pesimista ante los retos de la vida que retroalimenta la pobreza inicial (Overmier y Seligman, 1967). Y esta desmotivación provoca un desanimo general y una falta de actitud en su comportamiento (Azjen, 1991). Esta situación provoca una cronicidad que perpetúa la situación de pobreza y conlleva un fuerte riesgo de exclusión social. Por esto, son convenientes tantas políticas pasivas de redistribución de la renta y de políticas activas para el fomento del empleo entre estas personas en situación de riesgo. Analizando el ajuste de la recta con los resultados, se observa que hay disparidad geográfica para los datos, mostrando regiones con un riesgo bajo y rentas medias y viceversa.

Este estudio presenta limitaciones, como la conveniencia de estudiar otras variables que pueden influir en el riesgo de la exclusión social, como el nivel socioeducativo de las personas, así como la brecha según género, las familias monoparentales o con hijos menores, entre otros factores.

REFERENCIAS BIBLIOGRÁFICAS

Ajzen, I. (1991). The theory of planned behavior. Organizational Behavior and Human Decision Processes, 50(2), 179-211. DOI: https://doi.org/10.1016/0749-5978(91)90020-T

Aza, C., & Escribano, Á. (2019). Efectos de la digitalización y la productividad en la economía Española: Una comparación Internacional.

Bak, C. K. (2018). Definitions and Measurement of Social Exclusion-A Conceptual and Methodological Review. Advances in Applied Sociology, 8(5), 422-443. http://dx.doi. org/10.4236/aasoci.2018.85025

Castro Saucedo, L. K., García Cadena, C.H. & López Estrada, R. E. (2020). Social Exclusion, political inclusion and selfesteem of young people in poverty, Monterrey, Mexico. *Revista de Ciencias Sociales, 26*(1), 38-50.

Delgado, Y. G., Vega, L. E. S., & García, L. A. F. (2020). Proyectos de vida en adolescentes en riesgo de exclusión social. *Revista de Investigación Educativa, 38*(1), 149-165.

Fajardo, L.M.S., Bom-Camargo, Y.I., Calderón, C.L.F. & Ramírez, V.H.M. (2021). Public Social Responsibility to contribute to the consolidation of the Sustainable Development Goals. *Juridicas CUC, 17*(1), 211-252.

Fernández-Valera, M.M., Soler-Sánchez, M.I., García-Izquierdo, M., & Meseguer de Pedro, M. (2019). Personal psychological resources, resilience and self-efficacy and their relationship with psychological distress in situations of unemployment. *Revista de Psicologia Social, 34*(2), 331-353. https://doi.org/10.1080/02134748.2019.1583513

García Delgado, J. L., & Myro, R. (2021). Lecciones de economía española (16ª edición), Ed. *Thomson-Cívitas, Madrid.*

Ginesta, M. (2017). *Els Serveis Socials Bàsics (SSB) a la província de Barcelona: situació actual i propostes de millora: una mirada des del treball social: dictamen.* Col• legi Oficial de Treball Social de Catalunya.

Hernández, M., Justicia, J. J. G., & Luque, O. G. (2021). Análisis de la desigualdad social y territorial en España y México. *RES. Revista Española de Sociología, 30*(3), 2.

Hobfoll, S. E. (1989). Conservation of resources: A new attempt at conceptualizing stress. *American Psychologist, 44,* 513-524.

INE (2023). Estadística experimental. Indicador Multidimensional de Calidad de Vida.https://www.ine.es/experimental/imcv/experimental_ind_multi_calidad_vida.htm

Jiménez Ramírez, M. (2008). Aproximación teórica de la exclusión social: complejidad e imprecisión del término. Consecuencias para el ámbito educativo. *Estudios pedagógicos (Valdivia), 34*(1), 173-186.

Lenoir, Renoir (1974). Les exclus: Un Francaise sur dix. París: Editions du Seuil.

Mercadé-Melé, P., & Barreal, J. (2021). Study of expenditure and stay in the segmentation of the international tourist with religious motivation in Galicia. *Revista Galega de Economía, 30*(3), 1-18.

Morales, F. M., Giménez, J. M. & Morales, A. M. (2018). Relaciones entre autoeficacia emprendedora y otras variables psico-educativas en universitarios. *European Journal of Investigation in Health, Psychology and Education, 8*(2), 91-102.

Morales-Rodríguez, F. M. & Trianes, M. V. (2012). *Afrontamiento en la infancia. Evaluación y relaciones con ajuste psicológico.* Ediciones Aljibe.

Morales-Rodríguez, F. M, Trianes, M. V., Miranda, J. & Inglés, C. J. (2016). Prevalence of strategies for coping with daily stress in children. *Psicothema, 28*(4), 370-376. Doi: 10.7334/psicothema2015.10.

Olhaberry, M. & Farkas, C. (2012). Maternal stress and family constitution: Comparative study on chilean, single-mother and nuclear, low-income families. *Universitas Psychologica, 11*(4), 1317-1326.

Overmier, J. B., & Seligman, M. E. (1967). Effects of inescapable shock upon subsequent escape and avoidance responding. *Journal of comparative and physiological psychology, 63*(1), 28.

Pérez, G. y Melendro, M. (2016). Ocio, formación y empleo de los jóvenes en dificultad social. Revista Española de Pedagogía, 263, 5-11.

Prados de la Escosura, L. (2021). Spanish Economic Growth, 1850-2015 [dataset]. Versión 1. Banco de España (compilador) Repositorio institucional del Banco de España Disponible en: https://repositorio.bde.es/handle/123456789/18695

Quitian, H., Ruiz-Gaviria, R. E., Gómez-Restrepo, C. & Rondón, M. (2016). Pobreza y trastornos mentales en la población colombiana, estudio nacional de salud mental 2015. *Revista Colombiana de Psiquiatría, 45*(Suppl. 1), 31-38. https://doi.org/10.1016/j.rcp.2016.02.005

Santarcangelo, J. E. (2018). La tasa de ganancia en las teorías neoclásica, keynesiana/postkeynesiana y marxista.

Stiglitz J., Sen A., Fitoussi J. (2009). The measurement of economic performance and social progress revisted. París.

Subirats, J., Riba, C., Giménez, L., Obradors, A., Giménez, M., Queralt, D.,... & Rapoport, A. (2004). Pobreza y exclusión social. *Un análisis de la realidad española y europea. Barcelona: Fundación La Caixa.*

APÉNDICES

Apéndice 1. Post-Análisis del OLS simple. Variable independiente: renta

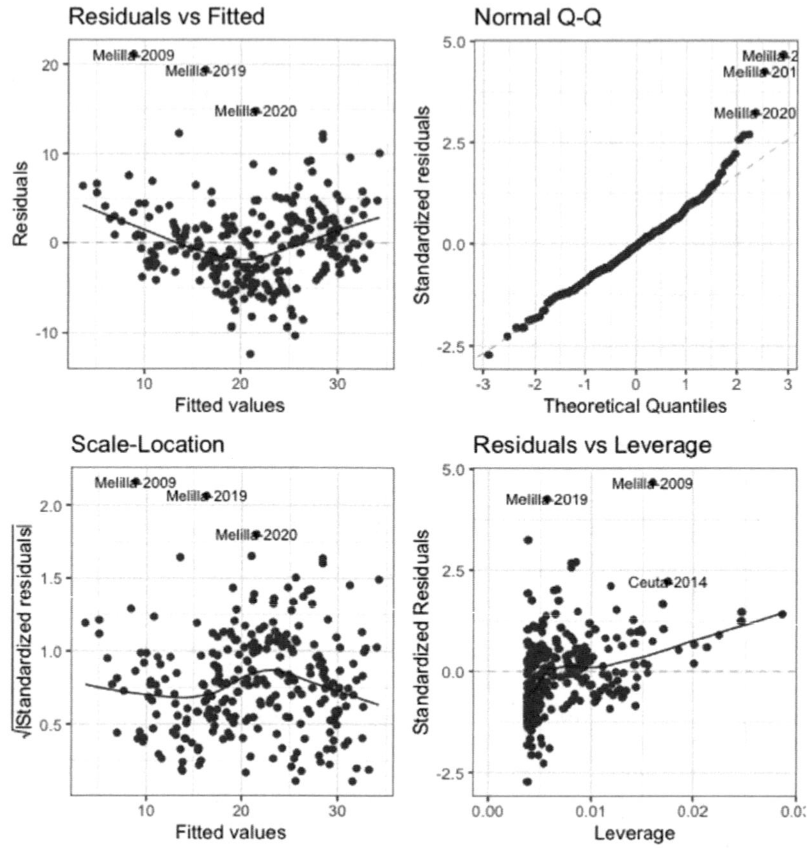

Apéndice 2. Post-Análisis del OLS simple. Variable independiente: desigualdad en la renta

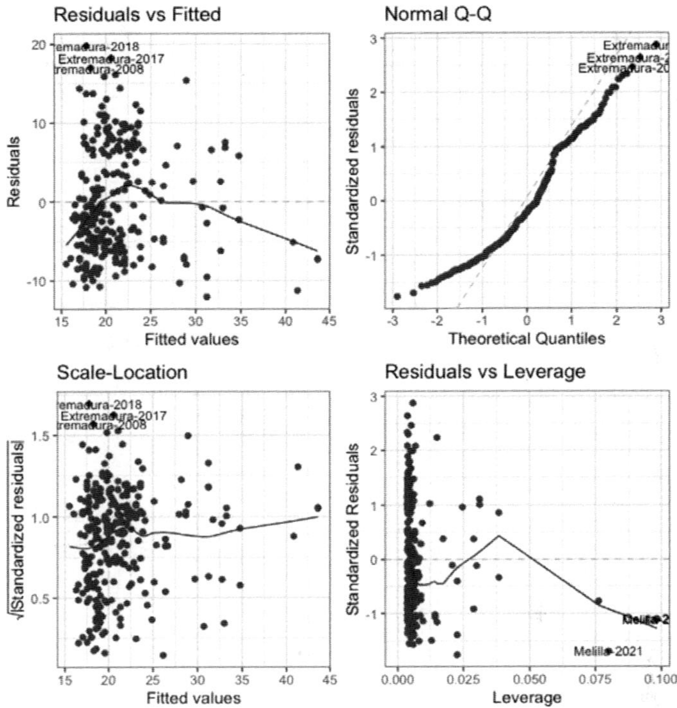

Apéndice 3. Post-Análisis del modelo de regresión con efectos aleatorios

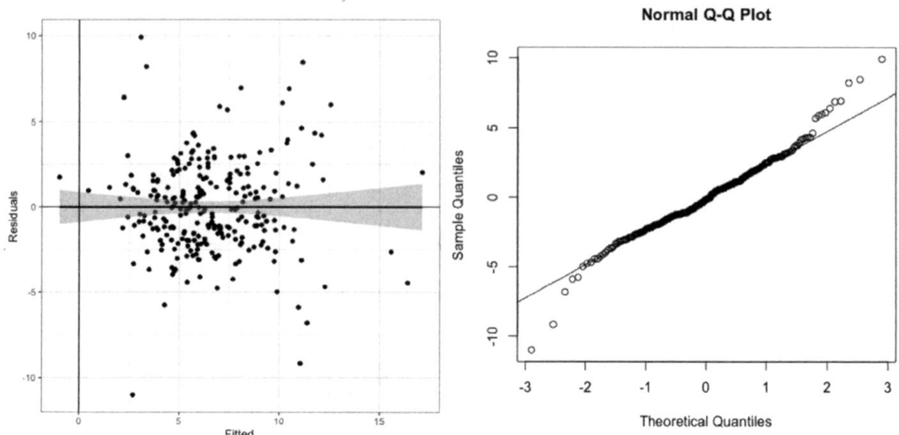

Capítulo III

Apuestas, invarianzas y desequilibrios en la construcción de la ciudadanía. De las políticas de género a la feminización de la pobreza en la Unión Europea

CARMEN ROMO PARRA

SILVIA ESCOBAR FUENTES

3.1. LA LENTE: LA FEMINIZACIÓN DE LA POBREZA INTERPELA A LA DESIGUALDAD DE GÉNERO

Introducir el género como herramienta de análisis de las políticas públicas supone ir más allá de la observación de las necesidades y los problemas prácticos de las mujeres, en tanto que, además, «no es suficiente la igualdad formal para cambiar la realidad social y las instituciones que la soportan» (Martín Bardera, 2016:304). Implica problematizar los nudos que generan una realidad desigual en función del sexo, volcando la atención en los intereses estratégicos de las mujeres. Por tanto, introducir «la perspectiva de género en las políticas públicas importa en el avance hacia la igualdad real» (Martín Bardera, 2016:306).

Ciertamente, algunas variables individuales, como el nivel educativo, la situación en el mercado laboral, o el tipo de familia en el que se inscriben los sujetos, ayudan a conocer la etiología de la pobreza. Sin embargo, es necesario abordar el impacto de la pobreza en función de los colectivos de pertenencia, atendiendo al sexo, la clase social o la etnia y los contextos institucionales que los circundan (Gornick & Jäntti, 2010). El desarrollo de las políticas sociales y de los sistemas de protección social dentro de cada país, las características del mercado laboral y el nivel de desigualdad de género (Bárcena-Martín & Moro-Egido, 2013), explican la profundidad y el alcance de las brechas de pobreza entre diversos colectivos sociales.

Estos indicios obligan a observar el fenómeno de la pobreza desde un enfoque de género. El estudio de los estereotipos y los prejuicios sociales y culturales, encamina una medición de los niveles de pobreza a través de indicadores más precisos que no escondan, por ejemplo, las asimetrías entre hombres y mujeres en el reparto de recursos dentro del hogar (Corsi, Botti & D'Ippoliti, 2016) y el impacto de las divergencias en la distribución del trabajo doméstico y de cuidado familiar en los niveles y la calidad de la presencia femenina en el mercado laboral y en el terreno de la representación política (La Barbera, 2016), determinantes del menor desarrollo de los derechos de ciudadanía para las mujeres. La feminización de la pobreza se dibuja desde esta óptica como resultado de estructuras y sistemas de desigualdad basados en el género, que ocasionalmente pueden estar traspasados interseccionalmente por otros vectores de discriminación. Atendiendo a ello, ya en la Convención sobre la eliminación de todas las formas de discriminación contra la mujer (Asamblea General de las Naciones Unidas, 1979) se mostraba preocupación «por el hecho de que en situaciones de pobreza la mujer tiene un acceso mínimo a la alimentación, la salud, la enseñanza, la capacitación, y las oportunidades de empleo, así como a la satisfacción de otras necesidades».

Siguiendo esta estela, el concepto feminización de la pobreza comenzó a utilizarse en Estados Unidos en la década de 1970 del pasado siglo para hacer referencia a las carencias asociadas a los hogares encabezados por mujeres, vinculándolo estrechamente a la situación de las madres solteras. Como nos explica Wennerholm (2002), desde la Segunda Guerra Mundial las mujeres en esta coyuntura eran consideradas un grupo vulnerable, beneficiarias de ayudas destinadas a mejorar el bienestar de sus familias. Obviando el papel de las mujeres como productoras, los programas se centraban básicamente en asistirlas en tanto que cuidadoras, y, por tanto, se remitían a apoyar y cubrir carencias en el ámbito de la reproducción, como los destinados a incrementar los niveles económicos y de salud dentro del hogar. Con antecedentes en el artículo de 1977 de Adrienne Germaine, *Poor rural women: a policy perspective,* el concepto feminización de la pobreza será empleado por primera vez en 1978 por Diane Pearce en su trabajo *The feminization of poverty: Women, work, and welfare.* En él se resalta que, en el marco de la asistencia social estadounidense, las personas económicamente desfavorecidas tenían rostro de mujer. A partir de la década de 1980, el concepto comenzó a emplearse para profundizar en la situación de las mujeres que desempeñaban trabajos mal remunerados, con escasa autonomía económica y que se hallaban inmersas en el círculo de la violencia de género. También a partir de esta década, desde los feminismos del Sur se denuncia el peculiar impacto de la pobreza en las mujeres: sus causas y consecuencias lo verifican como un fenómeno universal y el área que construyen los vectores desarrollo-pobreza-género dará un nuevo sentido a la utilización del término:

> Identificaron una serie de fenómenos dentro de la pobreza que afectaban de manera específica a las mujeres y señalaron que la cantidad de mujeres pobres era mayor a la de los hombres, que la pobreza de las mujeres era más aguda que la de los hombres y que existía una tendencia a un aumento más marcado de la pobreza femenina, particularmente relacionada con el aumento de los hogares con jefatura femenina. Para dar cuenta de este conjunto de fenómenos se utilizó el concepto de «feminización de la pobreza» (CEPAL-UNIFEM, 2004:13).

Con el comienzo del nuevo milenio se introducirá la crítica a esta expresión, en tanto que para Allen (1992) la feminización de la pobreza se usa como un cajón de sastre que aúna una multitud de problemas. Para intentar superar este dilema, distinguirá los conceptos feminización de la pobreza y empobrecimiento de las mujeres. El primero de ellos hace referencia al número o porcentaje de mujeres entre las personas pobres. El segundo, alude al deterioro del nivel de vida de las mujeres. Además, rubrica que las mujeres pobres lo son cada vez más, al margen de cuál sea el nivel económico del país. En este sentido, Cagatay (1998) subraya que la utilización del concepto feminización de la pobreza hace aflorar tres evidencias clave:

a. Las mujeres tienen mayores posibilidades que los hombres de caer en la pobreza.

b. La pobreza en las mujeres es más grave.

c. Se amplían las distancias entre los índices de pobreza de mujeres y hombres con el transcurso del tiempo.

Hoy por hoy, el término continúa siendo objeto de debate, como ejemplifica el presente capítulo, a pesar de que con el paso del tiempo la definición se ha mantenido casi intacta. El Instituto Europeo de la Igualdad de Género define la feminización de la pobreza como la «tendencia al aumento de la incidencia y prevalencia de la pobreza entre las mujeres frente a los hombres como resultado de una discriminación estructural que afecta a la vida de las mujeres y se refleja en bajos salarios, pensiones y prestaciones sociales» (Instituto Europeo de la Igualdad de Género, s.f.). Aunque para Gauthier (2002) y Song (2009), la creciente incorporación de las mujeres al mercado laboral y las mejoras en los programas de los Estados de Bienestar han favorecido la disminución de la feminización de la pobreza, sin embargo, el reto continúa siendo enorme, como se constata en el entorno de la Unión Europea. En este escenario, la reflexión acerca de la desigualdad de oportunidades como eje vertebrador de la pobreza de las mujeres conducirá a partir de ahora nuestra propuesta, hilando el repaso de la evolución de las políticas de género a la agenda de lucha contra la feminización de la pobreza para hacer aflorar los dilemas de un discurso inserto en una Unión de la (des)igualdad.

3.2. UN HORIZONTE CERCANO. LA ATENCIÓN A LA FEMINIZACIÓN DE LA POBREZA EN UNA EUROPA DE LA (DES) IGUALDAD

Políticas antidiscriminatorias y políticas de género en la Unión Europea

El desarrollo de las instituciones, los procesos y las políticas de la Unión Europea han estado traspasadas desde sus inicios por la atención a la igualdad de oportunidades entre mujeres y hombres, modelando el relato de la construcción del proyecto europeo (Kantola, 2010). Sin embargo, a pesar de los esfuerzos, las brechas persisten, siguen siendo muy importantes y afrontarlas requiere una apuesta más decidida por la implementación del enfoque de género.

> Ningún Estado miembro ha alcanzado aún la plena igualdad de género y el progreso es lento (…) La aplicación de la presente estrategia se basará en un planteamiento dual de medidas específicas para lograr la igualdad de género combinadas con una mayor integración de la perspectiva de género (Comisión Europea, 2020:1-2).

Resulta, pues, necesario un replanteamiento que impulse un debate realista acerca de la diversidad de identidades nacionales que conviven en la Unión Europea (Català y Nieto, 2018; Somarriba y Zarzosa, 2019) y los distintos significados atribuidos al concepto de igualdad de género, en territorios y contextos políticos, sociales y culturales a veces francamente dispares (Verloo, 2007). Ciertamente, dentro del ideario comunitario, la aplicación del principio de igualdad ha pasado por distintas concepciones (Ruiloba-Núñez, 2019), culminando en la asunción del género como categoría analítica significante para explicar las asimetrías entre mujeres y hombres en todos los órdenes de la vida. Como subraya Emanuela Lombardo:

> La política de género de la UE refleja las contradicciones que las mujeres deben afrontar en sus esfuerzos por conseguir una ciudadanía igualitaria, que son los problemas comunes a la mayoría de las políticas públicas de género. Estas contradicciones surgen del hecho que todas las medidas diseñadas para aumentar la igualdad de género acaban teniendo efectos negativos sobre las mujeres, por causa del contexto patriarcal que las circunda. Este es el caso de las estrategias políticas adoptadas por la política de género de la UE, como la igualdad de oportunidades, las acciones positivas y el mainstreaming. Aun siendo progresivas, siempre contienen elementos de retroceso para las mujeres (…) la política de género de la UE sigue atrapada en el «Dilema de Wollstonecraft» (Lombardo, 2002:225).

Para Encarna Bodelón (2010: 90-97), la evolución de la legislación y la acción política en este terreno ha pasado por cuatro fases que atienden a distintas formas de entender la desigualdad en función del sexo y que podemos ver resumidas en la siguiente figura.

Figura 6. Evolución de las políticas de igualdad entre mujeres y hombres dentro de la UE

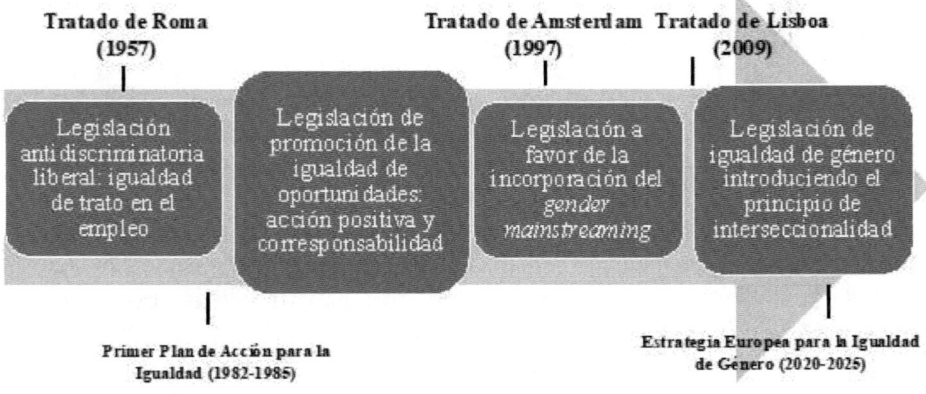

Fuente: Elaboración propia a partir de Bodelón (2010:90-97).

Veamos con un poco más de detenimiento el desarrollo de estos enfoques. El Tratado Constitutivo de la CEE y de la Unión Europea, firmados en Roma (1957) y en Masstricht (1992), vinculó estrechamente el principio de igualdad al desempeño de las mujeres en el mercado de trabajo. El primero de ellos, en su artículo 141, explicita por primera vez el principio de igualdad de trato entre hombres y mujeres como derecho fundamental (Lombardo, 2006), encaminándose a promover la igualdad en el empleo en términos de retribución, permisos, excedencias y demás derechos de servicios y prestaciones de la seguridad social. En consecuencia, los primeros planes de acción para la igualdad se orientarán a estos objetivos, incidiendo en la lucha contra las discriminaciones en el mercado de trabajo y el fomento del empleo de las mujeres, introduciendo, a partir de la década de los 80, medidas de acción positiva (I Plan de Acción para la Igualdad, 1982-1985) y de promoción de la corresponsabilidad y la conciliación (II Plan de Acción para la Igualdad, 1986-1990). La puesta en marcha de programas de inclusión de las mujeres en la esfera laboral, como Now (1994-1999) y los posteriores, a partir del 2000, Equal y Progress, responderán a ello.

Con el cambio de enfoque hacia una integración más decidida de la perspectiva de género en el ciclo de todas las políticas de la Unión, a finales de la década de los 90, se cuestionará los beneficios de las acciones sectoriales seguidas hasta el momento. La denuncia de las distancias entre la igualdad de derecho y las experiencias de discriminación de hecho, harán aflorar las profundas raíces estructurales de la desigualdad que requerían una honda transformación de las estructuras sociales y culturales. El refuerzo de la dimensión social europea, que traerán consigo los Tratados de Amsterdam (1997), Niza (2001) y Lisboa (2009), trazarán un nuevo rumbo para encarar la desigualdad. El Tratado de Amsterdam (1997), formula un abordaje más exigente, en tanto que apela a la remoción de valores que requieren de una gran implicación política (Peto & Manners, 2006; Elomäki & Kantola, 2022). La incorporación del *mainstreaming* de género a la acción institucional dentro la Unión, incluida la política de cooperación al desarrollo (Sanz, 2021), configura un marco que reconoce las barreras de tipo estructural que de forma consuetudinaria obstaculizan el avance de la simetría entre mujeres y hombres, en respuesta a las reclamaciones de las distintas conferencias mundiales sobre la mujer, promovidas por Naciones Unidas entre 1975 y 1995. A través del diseño de planes y estrategias, relativos al fomento de la participación de las mujeres en los procesos de toma de decisiones y el combate contra los roles y estereotipos sexistas, se situará el análisis de género como eje de coordenadas de una nueva visión al servicio de la promoción efectiva de la igualdad. La transversalización de la perspectiva de género complementa las estrategias anteriores, integrando el discurso sobre la igualdad de oportunidades en todo el ciclo de la toma de decisiones políticas (Lirola y Rodríguez, 2002). Como la misma Comisión Europea admitía en 1996,

> de lo que se trata es de no limitar los esfuerzos de promoción de la igualdad a la ejecución de medidas específicas en favor de las mujeres, sino de movilizar explícitamente —con vistas a la igualdad— todas las acciones y políticas generales, teniendo en cuenta activa y visiblemente en el diseño de las mismas sus posibles efectos sobre las situaciones respectivas de los hombres y de las mujeres (Comisión Europea, 1996:2).

A ello se incorporará el principio de interseccionalidad de género para atender al sumatorio de obstáculos que, en razón por ejemplo de la etnia, la clase o la discapacidad, sufren determinados colectivos de mujeres, centrándose sobre todo en una perspectiva de discriminación múltiple (Comisión Europea, 2006).

Así, el fomento de la igualdad en todos los ámbitos y niveles de la vida y la lucha contra todas las formas de violencia contra las mujeres se hará explícito, entre otros documentos, en la Carta de los Derechos Fundamentales de la UE (2000/2007), la Carta de la Mujer (Comisión Europea, 2010a) y Pacto Europeo por la igualdad de género (2011-2020); creándose en 2010 el Instituto Europeo de la Igualdad de Género (EIGE), como órgano de seguimiento de los avances en igualdad.

En síntesis, la regulación política de la UE en materia de igualdad de género debe observarse a partir de la centralidad del discurso alrededor del crecimiento económico, volcado en la mejora del mercado de trabajo y en la construcción de la unión monetaria y comercial, como eje vertebrador de la identidad de las instituciones de la Unión (Peto & Manners, 2006). Esto hizo pronto visible las brechas entre la igualdad de facto y la igualdad de jure, al no encarar la igualdad de género desde un punto de vista holístico, integral, aunque,

> con el tiempo, estas políticas han ido incorporando nuevas dimensiones del principio de igualdad, para dar cabida a la idea de que la desigualdad entre mujeres y hombres tiene su razón de ser en las relaciones desiguales de género, en una estructura social subordinante para las mujeres. (Bodelón, 2010:85).

Quizá el gran desafío hoy consista en afinar los canales de coordinación y supervisión de las políticas de género de la Unión Europea llevadas al terreno de los distintos países miembros. Las distintas velocidades cuando no las resistencias a la incorporación del *mainstreaming* de género, muy ligada, además, al proceso de ampliación de la propia UE (Lombardo, 2002), determinan el futuro de la promoción de la igualdad entre las ciudadanas y los ciudadanos dentro de la Unión y, por tanto, la lucha contra la feminización de la pobreza.

3.3. LA DESIGUALDAD DEVIENE EN POBREZA: UNA REVISIÓN DE RESOLUCIONES EMBLEMÁTICAS DEL PARLAMENTO EUROPEO

Con base en los Tratados de Amsterdam (1997) y Lisboa (2007), ya mencionados, y en respuesta a los valores de justicia y dignidad humana (Gaisbauer, Schweiger & Sedmak, 2020), el discurso europeo sobre la promoción de la igualdad de género se ata a la lucha contra la exclusión social y la pobreza. El avance hacia la cohesión social impele el estudio y el abordaje de los desequilibrios territoriales y la discriminación de los colectivos que estructuralmente la padecen. Así, ligada a la agenda de un crecimiento económico más sostenible e integrador (Madanipour, Shucksmith & Talbot, 2015), en 2010 la promoción de la dimensión social europea cobra especial fuerza con la proclamación del Año Europeo de Lucha contra la Pobreza y la Exclusión Social y la *Plataforma europea contra la pobreza,* iniciativa emblemática del documento *Europa 2020* (Comisión Europea, 2010b).

En esta línea, la *Carta de los Derechos Fundamentales de la Unión Europea* (Parlamento Europeo, Consejo de la Unión Europea y Comisión Europea, 2000) y, especialmente, el *Pilar Europeo de Derechos Sociales* (Parlamento Europeo, Consejo y Comisión, 2017) y su Plan de Acción (2021), subrayan que una Europa justa, inclusiva y que favorezca las oportunidades para toda la ciudadanía, debe apoyar la consecución de una protección social adecuada. Dentro de ella, el derecho a unas prestaciones de renta mínima, en el caso de carecer de recursos suficientes, estará destinada a asegurar una vida digna a lo largo de todas las etapas de la vida. A estos propósitos se suma el *Documento de reflexión sobre la dimensión social de Europa* (Comisión Europea, 2017), advirtiendo, por otra parte, el gran reto que supone la persistencia de brechas de género en todos los ámbitos.

Bajo estas premisas, el análisis de la pobreza en el seno de la Unión ha promovido numerosos estudios, informes y normativas, que focalizan eminentemente en la inserción laboral de los colectivos excluidos, el avance, la protección social para todos y para todas y el acceso igualitario a la educación y la salud, traspasados por una visión atenta a la desigualdad de género. En respuesta a ello, en los últimos veinte años el Parlamento Europeo ha emitido una serie de resoluciones volcadas en la atención a la pobreza que sufren las ciudadanas europeas. Dichos documentos, encargados al Comité del Parlamento sobre Derechos de las Mujeres e Igualdad de Género, constituyen desde nuestro punto de vista diagnósticos emblemáticos para entender el devenir del discurso alrededor de la lucha contra la feminización de la pobreza en directa relación a la evolución de las políticas de género. Asimismo, la selección de resoluciones que proponemos atiende a las coyunturas devenidas de las crisis, económica, financiera y sanitaria, que han puesto de especial relieve las resistencias de las estructuras a una promoción real de la igualdad de oportunidades dentro de la Unión. A partir de ahora, detengámonos en el comentario de cada uno de estos documentos.

a. Resolución del Parlamento Europeo, 13 de octubre de 2005, sobre mujeres y pobreza en la Unión Europea (2004/2217(INI)).

Con esta resolución se abre un debate en profundidad sobre la feminización de la pobreza en Europa. Aunque aún no se utiliza específicamente el término, se pone de relieve que las mujeres tienen más probabilidad que los hombres de caer en la pobreza, que les resulta más complicado salir ella y que corren más riesgo de entrar en una situación de miseria económica permanente que las conduzca a la exclusión social. Las acciones preventivas, por tanto, deben constituir una prioridad. El este texto se pone de relieve que, a pesar del lanzamiento de distintas estrategias comunitarias, insertas, por ejemplo, en la Agenda de Política Social, la Unión Europea aún no ha encarado eficazmente la erradicación de la pobreza en femenino.

El acento puesto en la inclusión a grandes rasgos en el mercado laboral como fórmula esencial para combatir la desigualdad y la exclusión pierde fuerza: se verifica que tener un empleo no constituye un factor de protección determinante cuando los roles tradicionales de género modelan las distintas oportunidades dentro del mercado de trabajo, instando a fomentar la conciliación y la corresponsabilidad como freno a los desequilibrios. Las mujeres que poseen un empleo siguen estando peor remuneradas que los hombres y aunque la brecha salarial se había venido reduciendo desde la implantación de la Directiva 75/117/CEE del Consejo sobre la igualdad de retribución entre los sexos, esta se seguía situando, de media, en un 15% en 2003. Además, continuaban ocupando mayoritariamente empleos de menor calidad y trabajos a tiempo parcial (un 30% frente a un 6,6% de los varones). En consecuencia, en tanto que dos tercios de la población europea mayor de 65 años estaba constituida por mujeres, estas también tenían pensiones de menor cuantía que los hombres. El informe justifica esta diferencia en la mayor presencia femenina en trabajos a tiempo parcial y en la ausencia de los trabajos productivos y reproductivos no remunerados en el cálculo de la jubilación.

En que se refiere a las mujeres pertenecientes a minorías étnicas, se denuncia una doble discriminación, abocándolas a trabajar de forma ilegal, sin seguridad social y en pésimas condiciones laborales, haciéndolas más dependientes de sus parejas. En este texto encontramos un apartado de «Conciliación de la vida familiar y el trabajo en un entorno desfavorecido» donde se destaca que las políticas siguen siendo ineficientes. Se solicita a las instituciones de la Unión y a los estados miembros mayores esfuerzos, a partir de la implementación de medidas que ayuden a recopilar más y mejores datos relativos a la posición de las mujeres en el mercado de trabajo. A ello debe sumarse la elaboración de estrategias concretas para aumentar la participación femenina en el proceso de toma de decisiones, además de garantizar medidas que tengan en consideración las especiales características de las mujeres en situación de pobreza.

La resolución se detiene, además, en las madres trabajadoras dentro de familias monoparentales, un colectivo identificado como especialmente vulnerable y que dio sentido en los inicios, como vimos, a la formulación de la feminización de la pobreza como concepto. En los países que componían la Unión, un 85% de estas familias estaban encabezadas por mujeres, ingresando entre un 9% y un 26% menos que los hogares encabezados por hombres.

En última instancia, se constata que la desigualdad de género aboca a la pobreza y a una mayor vulnerabilidad frente a diversas formas de explotación, entre las que se incluyen la trata, la prostitución y la violencia.

b. Resolución del Parlamento Europeo, de 8 de marzo de 2011, sobre el rostro de la pobreza femenina en la Unión Europea (2010/2162(INI)).

En esta reflexión ya se utiliza la expresión feminización de la pobreza para enmarcar los efectos producidos por la crisis económica que golpeó a Europa en 2008. Esta coyuntura hizo aún más patente la diferenciada incidencia de la pobreza en función del género, en tanto que las medidas de austeridad implementadas ejercieron un impacto especialmente negativo para las mujeres. Las repercusiones de la crisis económica y financiera profundizaron en la precarización del empleo de las mujeres, quedando más expuestas al despido, obteniendo, además, una menor cobertura en términos de protección social. Se pone de relieve que la pobreza en femenino atiende más a la permanencia de estereotipos de género, que construyen diferencias salariales y obstáculos para la conciliación entre la vida familiar y laboral, que a nuevos efectos producidos por la crisis económica.

El texto comienza detallando algunos aspectos que generan o intensifican la pobreza sufrida por las mujeres. La tasa de desempleo femenino era del 59,1% y la brecha salarial continuaba siendo notable. Al igual que el documento anterior, se establece que estar empleada no constituye el único factor determinante para eludir la pobreza extrema. El contexto socioeconómico sobrevenido de la crisis económica pone en evidencia que la pobreza tiene cada vez más un rostro de mujer, teniendo, sobre todo, una especial incidencia en las mujeres más vulnerables, como podemos ver en los siete apartados que articulan la reflexión: aquellas que tienen alguna discapacidad, las adultas mayores, las mujeres que carecen de estudios, las madres solteras o las mujeres migrantes o pertenecientes a minorías étnicas, introduciendo el principio de interseccionalidad de género para explicar sus condiciones vitales.

Desde este escenario, se insta a los estados miembros a que incorporen el concepto de igualdad de género de forma transversal a todas las políticas y medidas que guarden relación con el empleo. Se remarca la necesidad de aplicar los indicadores sobre mujeres y pobreza creados por la Plataforma de Acción de Beijín, instrumentos eficaces para monitorear el impacto de las políticas sociales, económicas y de empleo que tengan como finalidad reducir la pobreza. Esto conlleva el prurito de establecer métodos adecuados para evaluar las carencias de las mujeres, estudiando aquellas circunstancias concretas que, en función del género, las ocasionan y/o agravan.

c. Resolución del Parlamento Europeo, de 26 de mayo de 2016, sobre pobreza y perspectiva de género (2015/2228(INI)).

La tercera resolución importante que vienen a abordar el rostro femenino de la pobreza en la Unión Europea constata que las anteriores recomendaciones no han surtido los efectos deseados y que la aparición de nuevos pobres —aquellas personas que teniendo un empleo no consiguen alcanzar una vida digna— sigue formulándose en femenino. Los datos ofrecidos por Eurostat señalan una mayor incidencia de la pobreza en las mujeres: 64,6 millones de ciudadanas y 57,6 millones de ciudadanos se hallaban en una situación precaria, subrayando, además, que las tasas de pobreza oscilan significativamente entre unos estados y otros.

Las brechas de género se habían mantenido inalterables desde la primera resolución a la que hemos aludido. Concretamente, en lo referente a la brecha de género en las pensiones, se insiste a los estados miembros a eliminar las diferencias y ajustar los sistemas de pensiones para alcanzar la igualdad entre hombres y mujeres en edades de jubilación. De nuevo, se insiste en remarcar que ello es el resultado de la dispar presencia en el ámbito del empleo, producto del desempeño diferenciado de roles, impactando en el asimétrico nivel de ingresos a lo largo del ciclo vital, toda vez que se recalca que ello frena el desarrollo económico y social de la Unión. Se insiste, en consecuencia, en la necesidad de conseguir una conciliación entre la vida familiar y laboral y un reparto de responsabilidades real y eficaz entre mujeres y hombres, involucrando en esta lucha a los últimos. Esta resolución vuelve a destacar, además, que la pobreza, la exclusión social y la dependencia económica de las mujeres agravan las situaciones de violencia de todo tipo que sufren las mujeres.

Se destaca el rol de los estados miembros de cara a dar respuesta a estas situaciones y el papel que tienen los servicios públicos en la lucha contra la pobreza femenina, sobre todo en el terreno de incentivar el empleo de calidad para todas las mujeres y, en especial, para aquellas que se hallan en situaciones de especial vulnerabilidad; incitando a fomentar el número de ayudas, por ejemplo, para favorecer el emprendimiento femenino.

d. Resolución del Parlamento Europeo, de 5 de julio de 2022, sobre la pobreza de las mujeres en Europa (2021/2170(INI)).

En un nuevo contexto de crisis, esta vez sanitaria, se reitera que la pobreza sigue afectando más a las mujeres que a los hombres, concretamente un 22,9% de ellas se encontraban en situación de pobreza frente al 20,9% de ellos. Las mujeres han sufrido de manera brusca el retroceso socioeconómico producido por la COVID-19, y su impacto ha sido aún mayor que el provocado por la crisis económica de 2008: por ejemplo, la brecha de género en las pensiones había aumentado en 2019 al 29,4%. En este sentido, de nuevo se realza el papel de los servicios públicos como elemento clave para la erradicación de la pobreza de las mujeres y se anuncia la formulación de una estrategia europea de lucha contra la pobreza para 2030, con un objetivo especialmente destinado a reducir la feminización de esta.

Se reitera que la feminización de la pobreza constituye un fenómeno que afecta al avance de toda la sociedad, teniendo una repercusión directa en la pobreza infantil. Por otro lado, se vuelve a hacer notar que el trabajo para el mercado no siempre supone un dique para la pobreza, dado que persisten los salarios bajos, las condiciones de trabajo precarias y el desmantelamiento progresivo de los sistemas de seguridad social muestra una inercia preocupante. La obtención de un trabajo de calidad se sigue considerando un requisito previo para que las mujeres puedan ganar independencia económica, lograr la realización laboral, salir de las situaciones de violencia y conseguir la igualdad efectiva. Es importante, asimismo, analizar los obstáculos que dificultan emprendimiento empresarial y el acceso a los sectores profesionales digitalizados.

Para acabar con la pobreza de las mujeres es indispensable profundizar en la eliminación de los roles de género y en la promoción del reparto de responsabilidades dentro de la familia, apoyando la imagen positiva de las madres trabajadoras. Se admiten los déficits en la incorporación de la perspectiva de género al ciclo de las políticas, puesto que aún no se han desplegado acciones realmente integradas que atiendan a todos los vectores que estructuran la desigualdad. Esto requiere intervenciones alrededor de dos grandes ejes: incorporación del enfoque interseccional de género al diseño, implementación y evaluación de las políticas públicas e intensificación de los esfuerzos en la investigación del fenómeno de la feminización de la pobreza, atendiendo a una multidimensionalidad que incluya, por ejemplo, los déficits en el uso del tiempo. Medir sus causas y consecuencias requiere de parámetros de cálculo diferentes, teniendo en cuenta, sobre todo, la edad, la esperanza de vida o los modelos familiares y las prestaciones que perciben, en tanto que la pobreza sigue contabilizándose en función de las rentas familiares sin tener en cuenta los ingresos individuales y la distribución de los recursos en el hogar.

Para entender en profundidad las características de la pobreza que afecta a mujeres y hombres, es necesario focalizar en determinados grupos como las madres solteras, las mujeres mayores de 65 años, las que tienen alguna discapacidad, las que cuentan con un bajo nivel educativo, las mujeres sin hogar y las migrantes. Los factores asociados a estas circunstancias vitales pueden aumentan el riesgo de sufrir pobreza y exclusión o dificultar la salida de estas posiciones de vulnerabilidad. Por ello, se encomienda al Instituto Europeo de la Igualdad de Género (EIGE) la tarea de provisión datos desglosados interseccionalmente por género, para que cada país genere iniciativas realmente efectivas. Además, se requiere a los estados miembros que focalicen en coyunturas concretas como las devenidas de la pobreza energética, la brecha digital, las enfermedades profesionales y la desnutrición.

3.4. LAS ASIMETRÍAS DE GÉNERO COMO PUNTO DE FUGA DE LA POBREZA EN FEMENINO: A MODO DE CONCLUSIÓN

Como hemos visto, las ineficiencias en las políticas de género siguen sosteniendo la feminización de la pobreza. Su persistencia dentro de la Unión Europea constituye el síntoma de la lucha inconclusa contra las estructuras que sustentan la desigualdad entre mujeres y hombres en el conjunto de la Unión. Si las comparamos con las de hace diez años, las divergencias de las oportunidades en función del género continúan siendo muy notables y, por tanto, no debe sorprendernos que perseveren las brechas de pobreza que sufren las ciudadanas europeas.

Un aspecto matriz que atañe al alcance tanto de las políticas de género como a la lucha contra la pobreza y la exclusión social en general lo constituye el carácter de la formulación de las políticas sociales dentro de la Unión. Aunque las instituciones europeas tienen un rol importante de coordinación y financiación de acciones y programas, el desarrollo de medidas en estos ámbitos compete a cada uno de los estados miembros, atendiendo a un principio de subsidiariedad que traza distintas velocidades a nivel regional. Marbán Gallego y Rodríguez Cabrero (2011) subrayan, por tanto, que el debate sobre la feminización de la pobreza y la inclusión social se ubica en el campo de las *políticas blandas* de la UE, ya que, aunque encontramos recomendaciones, estas no tienen una vinculación jurídica que permita avanzar hacia una política social común, tal y como también se constata en las trabas a la armonización de los sistemas de salud, seguridad social y servicios sociales. En palabras de Ferrera y Sacchi (2009), en la actualidad la construcción de una Europa social se encuentra más vinculada a la mera declaración de principios que a la consecución de nuevas realidades.

Los diagnósticos del Parlamento Europeo que acabamos de comentar reflejan la reproducción de las asimetrías de género, determinando la aún deficitaria presencia y poder de las mujeres dentro de todos los ámbitos en los que se desarrollan las relaciones sociales. Los principales factores que sitúan a las mujeres en mayor riesgo de sufrir pobreza son, no solo el desempleo femenino, sino las condiciones en las que estas acceden y se mantienen en el mercado laboral, donde el trabajo precario, las renuncias a la carrera laboral en favor del cuidado familiar y las brechas salariales y de pensiones son determinantes. Por ello, si bien la tasa de desempleo de las mujeres dentro de la UE es inferior a la de los hombres, la tasa de riesgo de pobreza sigue siendo superior a la de estos (Kiaušienė, 2016). A ello se suma, en un proceso de retroalimentación, las carencias en el reparto de tareas y recursos dentro del hogar, las dificultades en el acceso a la propiedad, las diferencias en los niveles educativos, que se reflejan, más tarde, en el mercado laboral. Desde este horizonte, los hogares monoparentales encabezados por mujeres (Maldonado & Nieuwenhuis, 2015) o aquellas familias donde se reproduce la tradicional división sexual del trabajo (Bradshaw & Nieuwenhuis, 2021), son más susceptibles de sufrir pobreza, toda vez que a ella se vincula una también mayor exposición a la violencia (Pokrzywa, 2018). No olvidemos, además, que la pobreza energética también tiene rostro femenino (Comisión Europea, 2020).

Para Malgesini et al. (2017), las diferentes formas de discriminación que se proyectan en la pobreza de las mujeres pueden sistematizarse de la manera siguiente:

- Las diferencias en el reparto de los esfuerzos y las horas dedicadas, trabajo doméstico y de cuidado generan claras desventajas para ellas y los hombres siguen resistiéndose a ceder los privilegios adquiridos en este ámbito. Persiste la falta de conciliación entre la vida familiar y laboral y esto obliga a muchas mujeres a elegir entre su carrera profesional y el desempeño de la maternidad.
- Por otra parte, las mujeres son presionadas a incorporarse al mercado laboral para ser consideradas *productivas*, aunque tengan que compatibilizar dicha presencia con el cuidado de hijos e hijas.
- Aunque se constata la existencia de un mayor número de mujeres en situación de pobreza, los análisis y las estrategias se centran más en erradicar la pobreza en los varones, aportándoles, por ejemplo, más oportunidades de formación y acceso al empleo.
- Las estadísticas no tienen en cuenta la discriminación de género en la distribución de los ingresos del hogar.

Respecto a esto último, como también hemos visto expresado en las resoluciones del Parlamento Europeo, resulta necesario desarrollar análisis que incorporen metodologías basadas de forma más decidida en el género, que permitan identificar los impactos diferenciados que la pobreza tiene en la vida de mujeres y hombres. Para Fukuda-Parr (2010) la medición de la pobreza es las mujeres no es realista: se centra, únicamente, en los ingresos de la unidad familiar, obviando la distribución interna de los recursos dentro de esta. No se tienen en cuenta otros factores como la autonomía, las oportunidades y la capacidad de decisión sobre los gastos. Asimismo, es apremiante abordar la incidencia de otras variables relativas al acceso a la salud y a la educación, al rol protagonista de las mujeres en el campo de los cuidados, y a las situaciones en las que la discriminación de género se ata a otras exclusiones.

Por tanto, entender cómo se sigue reproduciendo la desigualdad y, en consecuencia, la mayor incidencia de la pobreza en las mujeres, constituye un asunto que reclama la atención urgente de las instituciones europeas. De ello deviene en gran medida el éxito o el fracaso de un proceso de integración europea fundado sobre «los valores indivisibles y universales de la dignidad humana, la libertad, la igualdad y la solidaridad» (Parlamento Europeo, Consejo de la Unión Europea y Comisión Europea, 2000/2007), y que erige a la UE en foco radiante de estos valores al resto del mundo (Peto & Manners, 2006).

REFERENCIAS BIBLIOGRÁFICAS

Allèn, Tuovi. (1992). Economic development and the feminisation of poverty. In Nancy Folbre, Barbara Bergmann, Bina Agarwal & Maria Floro (Eds.), *Women's Work in the World Economy* (pp. 107-119). International Economic Association. https://doi.org/10.1007/978-1-349-13188-4_5

Asamblea General de las Naciones Unidas. (1979). *Convención sobre la eliminación de todas las formas de discriminación contra la mujer*. https://www.ohchr.org/es/instruments-mechanisms/instruments/convention-elimination-all-forms-discrimination-against-women

Bárcena-Martín, Elena & Moro-Egido, Ana I. (2013). Gender and Poverty Risk in Europe, *Feminist Economics, 19*(2), 69-99. https://doi.org/10.1080/13545701.2013.771815

Bradshaw, Jonathan & Nieuwenhuis, Rense. (2021). Poverty and the family in Europe. In Norbert Schneider & Michaela Kreyenfeld (Eds.), *Research Handbook of the Sociology of the Family* (pp. 400-416). Edward Elgar Publishing Ltd. https://doi.org/10.4337/9781788975544.00038

Bodelón, Encarna. (2010). Las leyes de igualdad de género en España y Europa: ¿Hacia una nueva ciudadanía? *Anuario de filosofía del derecho, 26*, 85-106.

Catalá Oltra, Lluís & Nieto Ferràndez, Maxi. (2018). Identidad supranacional europea en un contexto de crisis. *OBETS. Revista De Ciencias Sociales, 13*(1), 15-43. https://doi.org/10.14198/OBETS2018.13.1.01

Cagatay, Nilüfer. (1998). *Poverty and Gender*. UNDP, Social Development and Poverty Elimination División.

CEPAL-UNIFEM (2004). *Entender la pobreza desde la perspectiva de género*. Serie Mujer y Desarrollo, 52, Naciones Unidas, Santiago de Chile.

Comisión Europea. (1996). *Integrar la igualdad de oportunidades entre hombres y mujeres en el conjunto de las políticas y acciones comunitarias*. Bruselas.

Comisión Europea. (2006). *Plan de trabajo para la igualdad entre las mujeres y los hombres 2006-2010*. Bruselas.

Comisión Europea. (2010a). *Un compromiso reforzado en favor de la igualdad entre mujeres y hombres. Una Carta de la Mujer*. Bruselas.

Comisión Europea. (2010b). *Europa 2020. Una estrategia para un crecimiento inteligente, sostenible e integrador*. Bruselas.

Comisión Europea. (2017). *Documento de reflexión sobre la dimensión social de Europa*. Bruselas.

Comisión Europea. (2020). *Una Unión de la igualdad: Estrategia para la Igualdad de Género 2020-2025*. Bruselas.

Corsi, Marcella, Botti, Fabrizio & D'Ippoliti, Carlo. (2016). The Gendered Nature of Poverty in the EU: Individualized versus Collective Poverty Measures. *Feminist Economics*, 22(4), 82-100. https://doi.org/10.1080/13545701.2016.1146408

Elomäki, Anna & Kantola, Johanna. (2022). Feminist Governance in the European Parliament: The Political Struggle over the Inclusion of Gender in the EU's COVID-19 Response. *Politics & Gender*, 1-22. https://doi.org/10.1017/S1743923X21000544

Ferrera, Maurizio & Sacchi, Stefano. (2009). A more Social EU: Issues of where and how. En Stefano Micossi y Gian L. Tosato (Eds.), *The European Union in the 21st Century. Perspectives from the Lisbon Treaty* (pp. 31-47). Centre for European Policy Studies.

Fukuda-Parr, Sakiko. (2010). What Does Feminization of Poverty Mean? It Isn't Just Lack Of Income. *Feminist Economics, 5*(2), 99-103. https://doi.org/10.1080/135457099337996

Gaisbauer, Helmut, Schweiger, Gottfried & Sedmak, Clemens. (Eds.). (2020). *Absolute poverty in Europe: Interdisciplinary perspectives on a hidden phenomenon*. Policy Press.

Gauthier, Anne H. (2002). Family policies in industrialized countries: Is there convergence? *Population, 57*(3), 447-474. https://doi.org/10.2307/3246635

Germain, Adrienne. (1977). Poor rural women: a policy perspective. *Journal of International Affairs, 30*(2), 161-172.

Gornick, Janet & Jäntti, Markus. (2010). *Woman, poverty, and social policy regimes: A cross-national analysis*. Luxembourg Income Study.

Instituto Europeo de la Igualdad de Género. (s.f.). Feminización de la pobreza. En *Thesaurus*. Recuperado el 19 de abril, 2023, en https://eige.europa.eu/thesaurus/terms/1133?lang=es

Kantola, Johanna. (2010). *Gender and the European Union*. Red Globe Press.

Kiaušienė, Ilona. (2016). Comparative assessment of women unemployment and poverty in European Union. *Intelektinė ekonomika, 9*(2), 91-101. https://doi.org/10.1016/j.intele.2015.12.001

La Barbera, M. Caterina. (2016). Igualdad de género y no discriminación en España en el marco de la Unión Europea: una introducción. In M. Caterina La Barbera & Marta Cruells (Coords.), *Igualdad de género y no discriminación en España: evolución, problemas y perspectivas* (pp. 3-22). Centro de Estudios Políticos y Constitucionales.

Lirola Delgado, Isabel y Rodríguez Manzano, Irene. (2002). La integración de la perspectiva de género en la Unión Europea. *Anuario de derecho europeo, 2*, 259-280.

Lombardo, Emanuela. (2002). La política de género de la UE: ¿Atrapada en el «dilema de Wollstonecraft?». In Andrés García Inda & Emanuela Lombardo (Coords.) *Género y Derechos Humanos, Terceras Jornadas. Derechos Humanos y Libertades Fundamentales* (pp.225-248). Mira Editores.

Lombardo, Emanuela. (2006). La igualdad de género en el Tratado Constitucional de la Unión Europea. *RECERCA. Revista De Pensament I Anàlisi, 6*, 121-140.

Madanipour, Ali, Shucksmith, Mark & Talbot, Hillary. (2015). Concepts of poverty and social exclusion in Europe. *Local Economy, 30*(7), 721-741. https://doi.org/10.1177/0269094215601634

Maldonado, Laurie C. & Nieuwenhuis, Rense. (2015). Family policies and single parent poverty in 18 OECD countries 1978-2008. *Community, Work & Family, 18*(4), 395-415. https://doi.org/10.1080/13668803.2015.1080661

Malgesini, Graciela, Cesarini-Sforza, Letizia, Babović, Marija, Leemkuil, Sonja, Sverrisdóttir, Magnea & Mareková, Slavomíra. (2017). *Gender and Poverty un Europe: EAPN Briefing note.* European Anti Poverty Network.

Marbán Gallego, Vicente y Rodríguez Cabrero, Gregorio. (2011). *Estudio comparado sobre Estrategias de inclusión activa en los países de la Unión Europea.* Ministerio de Sanidad, Política Social e Igualdad.

Martín Bardera, Sara M. (2016). Una mirada, distintas propuestas: género y políticas públicas. *Investigaciones feministas, 7*(1), 289-312. https://doi.org/10.5209/rev_INFE.2016.v7.n1.51954

Parlamento Europeo, Consejo de la Unión Europea y Comisión Europea. (2000/2007). *Carta de los Derechos Fundamentales de la Unión Europea.* Diario Oficial de las Comunidades Europeas.

Parlamento Europeo. (2004). *Mujeres y pobreza en la Unión Europea.* Diario Oficial de la Unión Europea.

Parlamento Europeo. (2017). *La igualdad entre hombres y mujeres.* Bruselas.

Parlamento Europeo, Consejo y Comisión. (2017). *Pilar europeo de derechos sociales.* Bruselas.

Pearce, Diane. (1978). The Feminization of Poverty: Women, Work and Welfare. *Urban and Social Change Review, 11,* 28-36.

Peto, Andrea & Manners, Ian. (2006). The European Union and the value of gender equality. In Sonia Lucarelli & Ian

Manners (Eds.), *Values and Principles in European Union Foreign Policy* (pp. 97-113). Routledge.

Pokrzywa, Magdalena. (2018). Feminisation of Poverty-Social Assistance Female Clients in Poland. *Femeris, 3*(1), 81-93. https://doi.org/10.20318/femeris.2018.4075

Ruiloba-Núñez, Juana. (2019). La política pública de igualdad de género en la Unión Europea ¿En una coyuntura crítica? In Laura García-Álvarez et al. (Eds.), *El mercado único en la Unión Europea.: balance y perspectivas jurídico-políticas* (pp.611-626). Dykinson.

Sanz Ventín, Sonia. (2021). La transversalización de género en la política de desarrollo de la Unión Europea: el caso de Túnez. *Journal of Feminist, Gender and Women Studies, 10,* 51-61.

Somarriba Arechavala, Noelia & Zarzosa Espina, Pilar. (2019). Quality of Life in the European Union: An Econometric Analysis from a Gender Perspective. *Soc Indic Res, 142,* 179-200. https://doi.org/10.1007/s11205-018-1913-4

Song, Liangjun. (2009) Globalization and the changing male breadwinner model: a perspective from OECD countries. *Universitas, 21.*

Verloo, Mieke. (Ed.) (2007). *Multiple meanings of gender equality: A critical frame analysis of gender policies in Europe.* Central European University Press.

Wennerholm, Carolina J. (2002). *The «Feminisation of Poverty». The use of a concept.* Sida.

Capítulo IV

Políticas para la inclusión social de la minoría étnica gitana: los programas de rentas mínimas

José David Gutiérrez Sánchez

Almudena Macías León

4.1. INTRODUCCIÓN

Las rentas mínimas de inserción (en adelante RMI) constituyen la última red de protección de los Estados del bienestar, y su objetivo principal consiste en cubrir las necesidades básicas para la supervivencia de la población (Sanzo, 2013). En España las RMI tienen su origen a finales de los ochenta (Aguilar et al, 1995) y su desarrollo ha sido competencia de las distintas Comunidades Autónomas (CCAA). Los dispositivos de rentas mínimas contemplan una prestación económica básica para aquellas personas y para aquellos hogares que presentan una insuficiencia de recursos y, por tanto, una situación de pobreza (Arriba González de Durana, 2013). Se contempla como un recurso destinado a aquellos sectores de población vulnerables y en riesgo de exclusión. Sin embargo, se observan importantes déficits para la cobertura de las necesidades de los sectores más excluidos, donde se situaría la minoría étnica gitana.

La comunidad gitana se ha caracterizado por tener unos altos niveles de pobreza y exclusión social en España y Europa que ha sido exacerbada en los distintos momentos históricos y contextos por una discriminación estructural. La discriminación, sea directa o indirecta, intensifica el empobrecimiento y la exclusión de estas comunidades. Así, el riesgo de exclusión social de la población gitana en España (69,9 %), cuadruplica el riesgo de exclusión respecto a la población no gitana (17,8 %) (Gutiérrez et al, 2020). El 86% de las personas gitanas vive por debajo del umbral de la pobreza, y el 46% es extremadamente pobre. La tasa de pobreza infantil se sitúa en un 89%, y un 51% es extremadamente pobre (FSG, 2020). La mayor parte de la población gitana sufre una fuerte desigualdad y desprotección en el acceso a los derechos económicos y sociales. Estas circunstancias se han hecho aún más complejas por la crisis provocada por la COVID-19, la cual amplió las brechas de desigualdad existentes, revelando los altos niveles de vulnerabilidad, marginalidad y exclusión social a los que están expuestas las personas gitanas en España y Europa.

La exclusión está directamente vinculada con la falta de igualdad de oportunidades y de trato. Esta está presente en los distintos ámbitos: educativo, laboral, vivienda, salud, territorial (entre otros). Este último ha conllevado el surgimiento de barrios o asentamientos segregados en los cuales se generan bolsas de pobreza y el deterioro del entorno físico y medioambiental. En las principales zonas catalogadas como zonas de exclusión social en Europa, en la mayoría predominan los gitanos[1]. La exclusión social es, por tanto, un proceso multidimensional mediante el cual los individuos y/o comunidades se enfrentan a obstáculos en su acceso a derechos, oportunidades y recursos que son claves para la plena participación en la vida social, económica y política de la sociedad. Es desde esta perspectiva más amplia de exclusión social como proceso multidimensional, desde donde debe ser considerada como el objeto último de los programas de Rentas Mínimas.

En este contexto, los programas de rentas mínimas constituyen una herramienta útil y necesaria para cubrir las necesidades de «los más excluidos» (Ley 17/2001:17), es decir, de aquellas personas que carecen de recursos económicos para hacer frente a las necesidades básicas de la vida (Ley 17/2001:17). Así, la RMI parece, *a priori*, no estar concebida para aquellas

1. Guetos gitanos sin salida. 31 de Agosto de 2019.

situaciones que no correspondan con situaciones de gravedad o pobreza extrema.

4.2. PROCESOS DE EXCLUSIÓN DE LA MINORÍA ÉTNICA GITANA EN EL CONTEXTO EUROPEO

El pueblo gitano constituye el mayor grupo étnico en Europa donde es posible observar una constelación de minorías internas que no son homogéneas desde una perspectiva histórica, cultural o religiosa (Magazzini y Piemontese, 2016). En la actualidad, y partiendo del contexto postpandemia, los gitanos han manifestado su capacidad de adaptación en el proceso de inserción social, pero, además, vulnerabilidad a pesar de ser ciudadanos en igualdad de condiciones y derechos sociales. En palabras de Haz-Gómez et al (2020:18), *«Los grupos étnicos se han mostrado capaces de sobreponerse a las mutaciones en la cultura material y a los propios cambios socioeconómicos que se dan en su seno»*, es decir, las personas gitanas, han sabido perpetuarse entre los distintos sistemas socioeconómicos inclusive cuando han estado fragmentados entre ellos. Si se percibe la etnia como estructura de clase (Sigona, 2005), diversos aspectos relativos a la otredad (color de tez, costumbres, vestimenta, etc.), se han mantenido con el tiempo. Estar situado en los niveles más débiles en lo referido a lo social y económico, ha establecido — con carácter general —, una minusvaloración étnica, lo cual empeora aún más la discriminación social y económica gitana. Además, y en aquellos casos donde el nivel económico no es un problema, la representación social sobre los gitanos se conserva.

La movilidad es otra característica fundamental del pueblo gitano. Esta ha estado vinculada a los procesos de exclusión social, vínculo que ha ido provocando relaciones divergentes con las sociedades, en su mayoría, por motivos étnicos (Gutiérrez, 2017), medios de sustento (Torres, 2013) y desprotección en el acceso a derechos económicos y sociales (Arza y Carrón, 2015). Según Pintos (2014), los individuos aislados o que están en procesos de exclusión social, albergan escasas probabilidades de recibir respuestas a sus propuestas, sea la que sea su posición respectiva en el entorno del sistema. Esta demarcación concerniente a los gitanos guarda relación con los sistemas de producción, es decir, el proceso que sufre la sociedad gitana como sociedad tradicional que ha conservado su cultura, se ha distinguido de la sociedad industrial capitalista, ya que alberga una economía basada en el rendimiento y el beneficio (Berthier, 1979). Por tanto, hallamos una distinción en relación a sistemas de producción que enlaza con la identidad cultural, lo que ha permitido que se hayan posibilitado diversas relaciones con las sociedades receptoras a lo largo de los siglos, las cuales algunas siguen manteniéndose en el escenario social. Además, un rasgo que todavía hoy en día se mantiene en la mayoría de las personas gitanas es la red de apoyo familiar. La familia y, por lo tanto, los sujetos y su identidad, se construyen en las interacciones sociales (Nash, 2006). En el caso del pueblo gitano su identidad está muy marcada por sus relaciones familiares, las cuales tienen un doble objetivo: mantener la red de apoyo social y económico familiar y ser el medio de mantenimiento de las costumbres y rasgos culturales.

Las imágenes sociales que se formulan sobre los gitanos guardan concordancia con las posibilidades de desarrollo que puedan tener los sujetos y los territorios, es por ello que no pueden ser disciplinadas por el poder, sea este coercitivo o hegemónico, ni por sus instrumentos (políticas sociales o de protección social). Es decir, dentro de las vías de desarrollo de las personas existen diversas variables que pueden influir o estar partícipes. No es posible entender la sociedad gitana y a la sociedad hegemónica de un lugar como entes aislados (Gutiérrez, 2017), es decir, las representaciones sociales se manifiestan por la combinación de enfoques sistémicos y fenomenológicos (Aliaga. 2008), donde diversas perspectivas se complementarían y, por ende, el sistema social y los individuos estarían afectados por una constante dependencia e independencia de ambos.

Por tanto, la situación de minoría étnica gitana no es homogénea en el contexto europeo pero los altos niveles de exclusión y precariedad laboral están presentes en la comunidad gitana de cualquier país europeo identificándose ciertos elementos comunes en los procesos de exclusión de la minoría étnica romaní en relación con la discriminación estructural y el antigitanismo. Es necesario, por tanto, considerar el contexto europeo para comprehender a la situación de la minoría étnica gitana.

En la Unión Europea viven en la actualidad alrededor de 7 millones de personas de etnia gitana según el Consejo de Europa (FRA, 2022). Un 70% de la población se concentra en países como Rumanía, Bulgaria, España y Hungría, es decir, se trata de la mayor minoría étnica transeuropea (Laparra, 2005). Si se relacionan los aspectos demográficos con la exclusión social en la población gitana, los datos en torno a ingresos económicos, empleo, vivienda, educación y salud, son, cuanto menos, reveladores. En relación a sus condiciones de vida observamos que la mayoría de la población gitana (90%) vive por debajo del umbral de la pobreza según datos de la Agencia de los Derechos Fundamentales de la Unión Europea. En el área de la vivienda encontramos altos niveles de hacinamiento y unas precarias condiciones de habitabilidad en el contexto europeo. Al menos el 45% de los hogares carece al menos de uno de los siguientes equipamientos: inodoro, cocina, ducha y/o electricidad (FRA 2020).

Para intentar dar respuesta y promover la situación de la minoría étnica, las instituciones europeas han promovido en las últimas décadas distintos planes y estrategias. Estas medidas se desarrollan posteriormente a través de las distintas estrategias y marcos legislativos nacionales teniendo un potencial impacto en el colectivo.

4.3. MARCO EUROPEO PARA LA INCLUSIÓN SOCIAL DE LA MINORÍA ÉTNICA GITANA

A finales de los años noventa comenzaron a promoverse algunas medidas para la promoción de la minoría étnica gitana europea. La entrada en vigor del Tratado de Ámsterdam en 1999 supuso un cambio fundamental para la lucha contra la discriminación, ya que establecía en su artículo 14 la prohibición de la discriminación por motivos de sexo, etnia y raza, orientación sexual, creencias y convicciones, discapacidad y condición física y edad. Esto se desarrollaría posteriormente en las sucesivas directivas sobre la igualdad de trato (2000/43 y 2000/78).

Este Tratado, además, otorgó competencias para la lucha contra la exclusión de esta minoría étnica permitiendo que se desarrollase la Estrategia Europea de Inclusión Social y los distintos planes nacionales.

El proceso de ampliación de la UE hacia los países del Este de Europa también impulsó importantes medidas legales y políticas para prevenir los procesos de exclusión social de esta minoría étnica. Así, en los criterios para la adhesión (Copenhagen Criteria, 1993) se incluían aspectos relativos a la protección de los derechos de las minorías étnicas. Entre los criterios de Copenhagen se establecen como criterios económicos la capacidad de competir en el mercado de la UE y como criterios políticos contar con unas instituciones estables que garanticen la democracia, la ley, los derechos humanos y la protección de las minorías. Además de la adopción del acervo comunitario, es decir, el conjunto de derechos y obligaciones comunes a todos los estados miembro de la UE. Estas medidas reflejaban la relevancia que empezaba a tener la Cuestión Roma en el contexto europeo. Las sucesivas ampliaciones incrementarían la población gitana europea considerablemente. Además de lo anterior, emergieron importantes flujos migratorios de países del Este a Europa occidental. Es entonces cuando la cuestión gitana entra en la Agenda política europea diseñándose planes y medidas orientadas a promover la situación de esta minoría étnica en el contexto europeo.

En el año 2003 se puso en marcha la Década para la Inclusión (2005-2015), a partir de la Conferencia Internacional celebrada en Budapest en la que fue presentado el informe: *Roma in an Expanding Europe. Breaking the Poverty Cycle*. El objetivo último de esta iniciativa era incrementar el bienestar y mejorar las condiciones de vida y romper con la exclusión y la pobreza de esta población estableciéndose como áreas prioritarias la educación, empleo, salud y vivienda. Esto constituyó una primera iniciativa territorial de la que participan los siguientes países: Bulgaria, Croacia, República Checa, Hungría, Macedonia, Rumanía, Serbia y Montenegro y Eslovaquia.

Los gobiernos de los países que participaron de la Década se comprometieron a desarrollar planes de acción en las áreas previamente establecidas. Otro aspecto esencial promovido por esta iniciativa fue la creación y mejora de bases de datos que permitían supervisar la evolución de la situación de la población gitana, así como el intercambio de la información entre los distintos países. Para ello, se requería de la elaboración de nuevos instrumentos de recogida de información, así como de la actualización de las bases de datos existentes.

Posteriormente, en el año 2011, la UE desarrolló el Marco para las Estrategias Nacionales de Inclusión de la Población Gitana hasta 2020[2]. Este marco desarrollaba acciones para promover la integración socioeconómica entorno a los mismos pilares que la Década para la Inclusión: Educación, empleo, salud y vivienda. Desde este marco se establecieron las bases de actuación sobre las cuales los Estados miembros diseñaron sus estrategias nacionales que han sido implementadas en los últimos diez años. En el contexto español, la *Estrategia Nacional para la Inclusión de la Población Gitana en España 2012-2020*[3] se desarrollaría posteriormente, considerándose como la primera política explícita que buscó generar impactos transformadores en la población gitana a largo plazo, dando continuidad y profundizando en los ámbitos clave para la inclusión social (educación, empleo, vivienda y salud).

Si bien se lograron algunos avances con el desarrollo de esta Estrategia Nacional, aún persisten desafíos importantes para garantizar el bienestar social, la equidad, la tolerancia, la igualdad y la participación en condiciones de equidad, tanto en el ámbito público como en el privado de la población

2. COMUNICACIÓN DE LA COMISIÓN AL PARLAMENTO EUROPEO, AL CONSEJO, AL COMITÉ ECONÓMICO Y SOCIAL Y AL COMITÉ DE LAS REGIONES. Un marco europeo de estrategias nacionales de inclusión de los gitanos hasta 2020.
3. Ministerio de Derechos Sociales y Agencia 2030. Estrategia Nacional para la Inclusión de la Población Gitana en España 2012-2020. https://www.mdsocialesa2030.gob.es/derechos-sociales/poblacion-gitana/estrategia-nacional/estrategia-nacional-para-la-inclusion-social-de-la-poblacion-gitana2012-2020.htm

gitana en España. Es importante resaltar que gracias a ella se ha aumentado la visibilidad y el reconocimiento del pueblo gitano. También se ha logrado una mayor implicación por parte de los distintos ministerios y de los gobiernos autonómicos y locales, lo cual ha abierto posibilidades de coordinación y profundización en las políticas con la población gitana, reforzando la participación e interlocución con sus entidades.

Considerando estas evaluaciones y circunstancias en las que siguen inmersos la población gitana europea se plantea un nuevo marco de acción, *Marco estratégico de la UE para la Igualdad, la Inclusión y la Participación de los gitanos* (2020-2030)[4]. En dicho marco se modifica y amplia el enfoque considerándose, además de los cuatro elementos que caracterizada a la estrategia anterior, los siguientes tres pilares: Igualdad real y efectiva, inclusión socioeconómica y la participación de la población gitana. Desde esta nueva estrategia la igualdad de género, la lucha contra el antigitanismo y la discriminación y participación son los principales objetivos.

Desde este nuevo Marco Europeo se ha diseñado la *Estrategia Nacional para la Igualdad, Inclusión y Participación del Pueblo Gitano 2021-2030*[5]. La presente Estrategia Nacional se ha elaborado de acuerdo con los aprendizajes adquiridos en la última década, consolidando las políticas sectoriales con un enfoque inclusivo de la población gitana y ampliando el alcance de la pasada Estrategia Nacional para impulsar a un mismo nivel las políticas destinadas a la prevención y la eliminación de la discriminación y el antigitanismo, las políticas de inclusión social y el fomento de medidas que garanticen la participación de la población gitana y las entidades del movimiento asociativo gitano en todas las esferas de la vida pública.

En el desarrollo de este nuevo Marco estratégico, se establece que los Estados miembros deben combatir la elevadísima tasa de riesgo de pobreza y de privación material y social entre la población gitana, con el fin de contribuir de forma eficaz a la inclusión, la igualdad y la participación de la población gitana[6], concretándose este en un objetivo dirigido a «Reducir la

4. Marco estratégico de la UE para la igualdad, la inclusión y la participación de los gitanos. https://commission.europa.eu/strategy-and-policy/policies/justice-and-fundamental-rights/combatting-discrimination/roma-eu/roma-equality-inclusion-and-participation-eu_es#marco-estrat%C3%A9gico-de-la-ue-para-la-igualdad-la-inclusi %C3%B3n-y-la-participaci%C3%B3n-de-los-gitanos
5. Ministerio de Derechos Sociales y Agencia 2030. Estrategia Nacional para la Igualdad, Inclusión y Participación del Pueblo Gitano 2021-2030. https:///www.mdsocialesa2030.gob.es/derechos-sociales/poblacion-gitana/estrategia-nacional/futura-estrategia.htm
6. Recomendación del Consejo de 12 de marzo de 2021 sobre la igualdad, la inclusión y la participación de la población gitana (2021/C 93/01).

brecha de pobreza entre los gitanos y la población general al menos a la mitad, para garantizar que en 2030 la mayoría de los gitanos salgan de la pobreza» e instándose a los gobiernos a «garantizar que las políticas públicas y los servicios universales lleguen a los gitanos de forma efectiva, incluidos los que viven en zonas rurales remotas».

Esta Marco establece asimismo la planificación de políticas en materia de educación, empleo, atención sanitaria, vivienda, servicios sociales y sistema de rentas mínimas. Es en esta línea donde se podrían considerar los programas de RMI como instrumento para garantizar el acceso a sistemas de protección social adecuados, incluidas ayudas a la renta, prestaciones en especie y provisión de servicios, para gitanos desfavorecidos (Pág. 6. 3.b).

4.4. PUEBLO GITANO EN ESPAÑA: DEMOGRAFÍA, RIESGO Y EXCLUSIÓN SOCIAL

En las últimas décadas, diversos han sido los autores que han estudiado la situación de la población gitana en España y Europa desde múltiples perspectivas: en cuanto exclusión social (Di Noia, 2016), identidad (Gamella et al, 2012; Csepeli y Simon, 2004), movilidad (Marcu, 2018), razones ecológicas (Griffin, 2008; López-Riopedre, 2017), razones económicas (Pajares, 2007; Viruela, 2020), vivir en comunidades segregadas (Gutiérrez y Gimeno, 2019; Macías, 2005) y de acceso a servicios públicos y bienestar social (Haz-Gómez et al, 2020; Estepa y Barrera-Algarín, 2022).

En el caso español, no se registra de modo fehaciente el número de personas, dado que no existe un censo sobre minorías étnicas, es decir, los datos registrados pertenecen a estimaciones que suelen ser realizadas por entidades sociales no gubernamentales que tienen un trato próximo a la población objeto de estudio. En los últimos años, la Fundación FOESSA ha aportado datos en torno a las cifras existentes en España, estimando en 560.676 personas de etnia gitana, donde además se engloba a población de origen extranjero (2019; 2022). Otras estimaciones establecen cifras relativamente superiores que podrían ascender a las 970.000 (Laparra y Pérez Erasmus, 2008). Si se profundiza un poco más en torno a aspectos territoriales, Andalucía es el territorio con mayor población gitana (37 %), seguido por Comunidad Valenciana (11.8 %), Cataluña (11.1 %) y la Comunidad de Madrid (8 %).

La estructura de la población gitana en España en lo que se refiere a sexo y salud, la tendencia en las últimas décadas señala una población predominantemente joven si se compara con el resto de España (Gutiérrez, 2017). En lo que respecta a los menores de 25 años, existen diferencias entre población gitana y el conjunto de la población española (un 48,8% frente al 25,1%

respectivamente) según el informe del Observatorio de la Exclusión Social de la Universidad de Murcia sobre *Situación social de la población gitana en España: balance tras la crisis.* Además, en la población mayor de 55 años, la población gitana representa un 9.3% frente al 26,9% de las personas no gitanas. En lo concerniente a sexo, el informe del Observatorio de la Exclusión Social de la Universidad de Murcia revela una leve mayoría de hombres gitanos, mientras en la población total predominan las mujeres.

A pesar de que el pueblo gitano convive en el continente europeo desde hace más de seis siglos, hoy en día continúa siendo el grupo poblacional con mayor riesgo social incluso si se compara con otros grupos extranjeros (Laíz y Gutiérrez, 2021). La historia del pueblo gitano es abordada desde la persecución más directa hasta la discriminación más sutil (Heredia, 2016). La discriminación hacia este grupo poblacional es también denominada como antigitanismo o romafobia y representa, en comparación con otros grupos étnicos, altos niveles de riesgo social. La Fundación FOESSA (2019) nos muestra cómo la exclusión social moderada y severa alcanza el 18,4% de la población total en España, situando la población gitana en aproximadamente un 70%.

Centrándonos en España, se observa que más del 80% de la población gitana se enfrenta a la pobreza o la exclusión social y el 46% es extremadamente pobre (Alston, 2020). En España se han localizado varios asentamientos en Madrid, Cataluña y Andalucía. La Cañada Real es el mayor asentamiento metropolitano de Europa, un área en la que viven más de 7.500 personas, aunque con seguridad estos datos son mayores. Esta segregación espacial va a condicionar el acceso al sistema de protección social. Suelen trabajar en el sector informal de la economía (Torres, 2023) y la esperanza media de vida de la población gitana es alrededor de diez años menos que la del resto de la población, a lo que hay que sumar mayores tasas de morbilidad, malformaciones, discapacidades, etc. Un alto porcentaje (1/3) tiene problemas de salud que les condicionan sus actividades diarias. La exclusión social y la segregación espacial dificultan el acceso a la atención primaria. El 20% no tiene cobertura sanitaria (EC, 2020).

Una cuestión relevante es la que muestran los niveles educativos tanto medios como superiores. Presentan altos niveles de analfabetismo y abandono escolar. El acceso a la Universidad sigue siendo una tarea pendiente ya que, como se observa, solo el 0.3% del total del alumnado universitario son gitanos (Laparra, 2011). El no poder finalizar o acceder a una educación plena y normalizada, sin duda, posiciona y agrava la discriminación y exclusión social a lo largo del tiempo. Esta cuestión impacta por ser un ámbito considerado por el Marco Europeo de Estrategias Nacionales de

Inclusión como prioritario de intervención. Aunque la población gitana ha experimentado avances sociales críticos en los últimos años, su acceso a los sistemas de bienestar social en materia de vivienda, educación, servicios, prestaciones sociales y salud sigue siendo una cuestión prioritaria en las estrategias políticas y sociales (Restrepo-Madero et al. 2017).

4.5. RENTA MÍNIMA DE INSERCIÓN Y MINORÍA ÉTNICA GITANA EN ESPAÑA

La renta mínima es por tanto una herramienta fundamental para la lucha contra la pobreza y exclusión social de los grupos más vulnerables (Bergantiños, 2017). El Parlamento Europeo promovió la implementación de estos programas de rentas mínimas en todos sus Estados miembros. En las sucesivas directrices y estrategias éstas se contemplan como medida dirigida a aliviar situaciones de precariedad y prevenir situaciones de pobreza y fragilidad (Parlamento Europeo, 2009; Comisión Europea, 2014). Aunque existe una importante heterogeneidad *intra* europea en el desarrollo de estos programas, la mayoría de los países de la UE han desarrollado en mayor o menor grado estas medidas.

Las RMI pueden definirse como prestaciones económicas periódicas de ámbito autonómico orientadas a paliar la pobreza por la vía de la promoción de la integración laboral y social de los individuos. Las rentas mínimas son, por tanto, prestaciones monetarias no contributivas principalmente para personas en edad activa. El principal requisito de acceso es la carencia o insuficiencia de ingresos, aunque con frecuencia, hay límites por edad, nacionalidad, tiempo de residencia o incompatibilidad con actividades (Arriba y Aguilar, 2020).

Los programas de RMI se enmarcarían en el nivel no contributivo o asistencialista del sistema de protección España. El nivel contributivo aglutina aquellas prestaciones a las que se tiene acceso después de un período mínimo de cotización. En este primer nivel encontraríamos prestaciones tales como desempleo, jubilación, incapacidad (entre otras cuestiones). En el segundo nivel no se requiere un período mínimo de cotización y se reconocen a personas en situación de necesidad, que no tengan recursos suficientes para subsistir.

Para el desarrollo de estos programas están implicados tanto la Administración del Estado como las CCAA. El primero se rige por lo establecido en la Constitución Española, art.149.1 que regula *«las condiciones básicas que garanticen la igualdad de todos los españoles»*. Aunque son los gobiernos autonómicos los organismos competentes para el desarrollo de los distintos programas, se detectan importantes desigualdades territoriales en cuanto a cobertura, características y alcance (Bergantiños, 2017). Existe, por tanto, una importante variabilidad y heterogeneidad de los programas de RMI en el Estado español (Fernández Maillo, 2013). Así, algunos estudios distinguen entre CCAA con sistemas más frágiles o débiles y otras con sistemas más avanzados o desarrollados (Sanzo, 2018). Estas desigualdades responderían al esfuerzo desigual que realizan los diferentes gobiernos autonómicos y a la ausencia de coordinación para el desarrollo de un modelo estatal cohesionado que garantice el acceso a los derechos sociales.

A pesar de este desarrollo desigual que se ha avanzado en las CCAA, los diversos estudios e informes confirman una cobertura insuficiente de las necesidades de los colectivos en términos generales (Aguilar y Arriba, 2019:414). Además, la RMI tiene una limitada incidencia sobre determinados colectivos en riesgo de exclusión, concretamente aquellos que conforman las nuevas formas de pobreza, precarización («working poor») (Gutierrez, 2014). En esta línea otros autores señalan la falta de cobertura de las rentas mínimas en el caso de colectivos vulnerables tales como los inmigrantes irregulares, personas sin hogar, ocupas, mayores de 65 años, personas con discapacidad, etc. (Malgesini, 2014). Según Fernández (2013:169) el sistema solo llega a un tercio de los hogares que lo necesitan.

4.6. RENTAS MÍNIMAS Y MINORÍA ÉTNICA GITANA

En líneas precedentes, hemos subrayado la situación de vulnerabilidad y exclusión social que presenta el colectivo gitano en España y Europa. Este grupo poblacional a lo largo de los años ha estado muy relacionado con la atención desde los Servicios Sociales Comunitarios, lo cual es comprensible debido a su contexto de fragilidad. Sin embargo, la atención social se manifiesta en determinados momentos como situación cronificada (Ayala, 2013), mostrando una visión negativa de las políticas sociales de carácter redistributivo. La cronificación no solo en la atención por parte de trabajadores sociales sino en cuanto a la exclusión como tal, mostrándose entonces como dependencia en prestaciones y recursos que terminan postergando a lo largo del tiempo la situación de vulnerabilidad y, por tanto, mermando sobre la inclusión social.

La posición de los gitanos respecto a aquellos profesionales encargados en la atención o tramitación de la RMI, se muestra desigual en cuanto las relaciones de poder que se manifiestan en la tramitación de las ayudas. A la excesiva burocracia se le une la obligación de relatar y justificar el porqué de necesitar las prestaciones. Esto supone tener que demostrar (y a veces en repetidas situaciones), la buena voluntad que, en ocasiones, conlleva un proceso de victimización y, por tanto, obliga de algún modo a tener que dar pena en los relatos ofreciendo información íntima teniendo que justificar el por qué una persona es pobre. Aunque es pertinente que exista un carácter individualizado en la atención social, cabe cuestionarse la necesidad de tener que manifestar aspectos personales y familiares cuando la documentación se entrega a los gestores de las prestaciones con éxito. La cuestión radica en comprobar si estas exigencias de conocimiento de relatos por parte de trabajadores sociales son igual para todos los casos que llegan a los Servicios Sociales. Esta cuestión genera en el proceso de tramitación de la RMI controversias y estancamiento en las solicitudes. Ayala (2013) da luz a esta cuestión, es decir, si el ser demandante gitano de la RMI puede levantar sospechas entre los profesionales que gestionan los recursos. Esta cuestión es interesante ya que, en ese caso, hablaríamos de una doble exclusión: por un lado, exclusión social por su condición de marginación respecto a la sociedad y, por otro lado, exclusión en cuanto a acceso a prestaciones públicas a las que tienen derecho. Aunque en los últimos años el pueblo gitano ha ido mejorando respecto a su situación de exclusión social, queda mucha tarea por hacer, sobre todo, por el mantenimiento intergeneracional de la pobreza (Horrell et al, 2001).

4.7. DISCUSIÓN Y CONCLUSIONES

La situación de pobreza y exclusión social de la minoría étnica gitana ha sido una constante en Europa (EC, 2020, FRA, 2020; FRA, 2022). A pesar de las políticas y estrategias europeas los sistemas de protección social y de rentas mínimas no parecen estar cumpliendo con el objetivo último de reducir los niveles de pobreza y exclusión de la minoría étnica gitana, cronificándose las precarias condiciones de vida de los gitanos en los distintos países europeos.

En cierta medida, este estancamiento o empeoramiento relativo de las condiciones sociales de la población gitana también se produce en España tal y como ponen de manifiesto los sucesivos informes y estudios FOESSA (2007, 2013, 2018) y FSG (2020). Esto cuestiona en cierto modo la eficiencia (y enfoque) de la política europea y española para la inclusión de la minoría étnica gitana desarrollada en los últimos años a través de la Estrategia Nacional 2012-2020 y las distintas directivas europeas (Sánchez, 2020).

En este contexto de precariedad y exclusión se desarrollan paralelamente los distintos programas de rentas mínimas para atender a estas situaciones de necesidad y pobreza extrema de colectivos vulnerables. Sin embargo, se observan importantes obstáculos y déficits a distintos niveles para el acceso de los más excluidos a estos programas, entre los cuales encontraríamos la minoría étnica gitana.

Por un lado, resulta evidente la falta de coordinación y articulación de los distintos programas y políticas estatales que se han desarrollado para garantizar el acceso al sistema de protección social para la minoría étnica gitana en España. La nueva estrategia nacional vuelve a contemplar entre sus acciones fortalecer los programas existentes para reducir la tasa de pobreza y de privación material y social y promover la inclusión, igualdad y participación de la minoría étnica gitana. En este sentido, se plantean como cuestiones clave combinar las ayudas a la renta con medidas de activación para fomentar la participación en el mercado laboral y con apoyo al empleo, en particular para las mujeres gitanas y los gitanos que se desplazan dentro de la UE. Así como adecuar/flexibilizar los distintos programas de RMI ya existentes en el contexto nacional a los potenciales usuarios demandantes pertenecientes a la minoría étnica gitana. Esto podría conllevar, entre otras cuestiones, a revisar/modificar las condiciones/requisitos de acceso de los distintos programas.

En relación a las desigualdades territoriales debemos señalar que, en general, el esfuerzo presupuestario que realizan las diferentes CCAA ha sido reducido (Arriba y Pérez 2007) y no siempre proporcional a las necesidades y nuevos perfiles de «potenciales usuarios». Los programas de rentas mínimas en la actualidad parecen seguir respondiendo a una tradición asistencialista del Estado de bienestar propia de los países del Sur de Europa y lejos del modelo de protección social centrado en el derecho a la ciudadanía (Fernández, 2015). Es por ello necesaria la revisión del modelo de desarrollo territorial (Montes, 2020). En este contexto, es necesario evaluar los niveles de cobertura y adecuación de estos programas en el contexto nacional con el objeto de promover los cambios necesarios para convertir estos programas en unas herramientas eficaces en la lucha contra la exclusión y pobreza que transcienda la perspectiva asistencialista y se adecúe al nuevo contexto y nuevas necesidades, especialmente de los colectivos más vulnerables como la minoría étnica gitana.

Por último, también sería necesario trabajar sobre niveles más subjetivos como la percepción de los gestores de los programas y las condiciones de acceso para la minoría étnica gitana (Bergantiños et al, 2017). Asimismo, es necesario entender la concepción que tiene la minoría étnica gitana sobre los programas para promover procesos de cambio personal y social empoderadores (Ayala, 2013).

REFERENCIAS BIBLIOGRÁFICAS

Aguilar, M. y Arriba, A. (2019). Crisis económica y transformaciones de la política de garantía de ingresos mínimos para la población activa. *Panorama Social*, 29, 91-106.

Aguilar, M., Gaviria, M. y Laparra, M. (1995). *La caña y el pez: El salario social en las comunidades autónomas, 1989-1994*. Fundación Foessa.

Aliaga, F. (2008). Algunos aspectos de los imaginarios sociales en torno al inmigrante. *Revista de Ciencias Sociales, APOSTA*, 39, 1-40.

Arriba González de Durana, A. (2014). *El papel de la garantía de mínimos frente a la crisis. VII Informe sobre exclusión y desarrollo social en España 2014*. Fundación Foessa. Documento de trabajo 5.7.

Arriba González de Durana, A. y Guinea, D. (2008). *Protección social, pobreza y exclusión social: El papel de los mecanismos de protección de rentas. VI Informe sobre exclusión y desarrollo social en España*. Fundación Foessa.

Ayala, A. (2013). De la «paga» a un derecho social: experiencias y puntos de vista de los beneficiarios gitanos sobre la Renta Mínima de Inserción. *Revista de Antropología Social,* 22: 103-136

Ayala, L., Arranz, J.M., García, C. y Martínez, L. (2016). *El sistema de garantía de ingresos en España: tendencias, resultados y necesidades de reforma. Resumen ejecutivo*. Ministerio de Sanidad, Servicios Sociales e Igualdad.

Bergantiños, N., Quiles, R. y Bacigalupe, A. (2017). Las rentas mínimas de inserción en época de crisis. ¿Existen diferencias en la respuesta de las comunidades autónomas?, *Papers. Revista de Sociología*, 102(3), 399-420.

Berthier, J.C. (1979). La socialización del niño gitano. *Revista Internacional de Ciencias Sociales*, XXXI (3), 409-426.

Arza, J. y Carrón, J. (2015). Comunidad gitana: la persistencia de una discriminación histórica. *OBETS. Revista de Ciencias Sociales*, 10(2), 275-299.

Csepeli, G. y Simon, D. (2004). Construction of Roma identity in Eastern and Central Europe: perception and self-identification. *Journal of Ethnic and Migration Studies*, 30(1), 129-150.

Di Noia, L. (2016). Radici storiche e processi social dell` esclusione dei ROM. *Società e Transformazioni Sociali*, 4, 21-55.

Estepa, F. y Barrera, E. (2022). Renta Mínima de Inserción (RMI) versus Rendimiento Social de Inserción (RSI): España y Portugal. *Prisma Social: Revista de Investigación Social*, 39, 262-288.

European Comission. 2020. *Overview of the impact of the coronavirus measures on marginalised roma communities in the EU*. European Comission.

European Union Agency for Fundamental Rights, FRA. (2022). *Fundamental Right Report 2022*. FRA.

Fernández García, T. y Cabello, A. (2015). Crisis y Estado de bienestar: Las políticas sociales en la encrucijada. *Tendencias y Retos*, 20 (1), 119-132.

Fernández Maíllo, G. (2013). El aumento de la fragilidad de las Rentas Mínimas de Inserción durante la crisis. *Documentación Social*, 166, 169-191.

Fernández, G. 2013. El aumento de la fragilidad de las Rentas Mínimas de Inserción durante la crisis. *Documentación Social*, 166, 169-191.

FOESSA (2019). *Situación social de la población gitana en España: balance tras la crisis*. Documento de Trabajo 3.12. Observatorio de la Exclusión Social de la Universidad de Murcia.

FOESSA (2022). *Evolución de la cohesión social y consecuencias de la Covid-19 en España*. Fundación FOESSA.

FSG. (2020). *Impacto de la crisis del Covid-19 sobre la población gitana*. Documentos de la Fundación Secretariado Gitano.

Gamella, J., Fernández, C., Nieto, M. y Adiego, I.X. (2012). La agonía de una lengua. Lo que queda del caló en el habla de los gitanos. Parte II. Un modelo de niveles de competencia y formas de aprendizaje. Voces y campos semánticos más conocidos. *Gazeta de Antropología*, 28(1), 1-31.

Griffin, C. (2008). *Nomads under the Westway. Irish Travellers, Gypsies and other traders in west London*. Hertfordshire Press.

Gutiérrez, E. (2014). *Nueva pobreza y Renta Mínima de Inserción. Dossier Catalunya Social*. Tercer Sector Social.

Gutiérrez, J.D. (2017). Imaginarios sociales de la itinerancia dentro de la diáspora gitana. *Imagonautas. Revista Interdisciplinaria sobre Imaginarios Social*, 9, 40-57.

Gutiérrez, J.D. y Gimeno, C. (2019). Jóvenes romaníes en asentamientos chabolistas: movilidad y contextos de exclusión en España y Francia. *Revista de Humanidades, 38*, 135-160.

Haz-Gómez, F.E., Piqueras, A. y Hernández, M. (2020). Hacia una reconstrucción social de la identidad gitana. *Sistema*, 259, 15-50.

Heredia, S. (2016). La discriminación hacia el Pueblo Gitano y la necesidad de programas de sensibilización. El caso de Fakali. En D. Carbonero, E. Raya, N. Caparros y C. Gimeno (Coords), Respuestas transdisciplinares en una sociedad global. Aportaciones desde el Trabajo Social. (pp. 1-14). Universidad de La Rioja.

Horrell, S., Humphries, J. y Voth, H.J. (2001). Destined for Deprivation: Human Capital Formation and Intergenerational Poverty in Nineteenth-Century England. *Explorations in Economic Historic*, 38(3), 339-365.

Laíz, S. y Gutiérrez, J.D. (2021). Expectativas educativas y laborales de jóvenes inmigrantes: El caso de Marruecos y Rumanía. *Revista Internacional de Estudios Migratorios*, 11(1), 132-159.

Laparra, M. (2005). La Europa de los gitanos. Identidad, participación y políticas sociales en la Europa ampliada y su incidencia en España. *Documentación Social*, 137, 15-36.

Laparra, M. (coord.) (2011). Diagnóstico social de la comunidad gitana en España.

Un análisis contrastado de la Encuesta del CIS A Hogares de Población Gitana 2007. Ministerio de Sanidad, Política Social e Igualdad.

Laparra, M. y Pérez Eransus, B. (2008). La exclusión social en España: un espacio diverso y disperso en intensa transfor-mación. En Fundación FOESSA, *VI Informe sobre exclusión y desarrollo social en España 2008* (pp. 173-298). Fundación FOESSA y Cáritas Española. http://www.foessa.es/publicaciones_periodicas.aspx

López-Riopedre, J. L. (2017). Migraciones «Al margen»: grupos rumanos, diversidad y control social. *Revista Internacional de Estudios Migratorios*, 7(4), 229-256.

Macías, A. (2005). La población romaní en el flujo migratorio del Este hacia Europa Occidental: el caso de Rumanía. *Documentación Social*, 137, 79-98.

Malgesini, G. (2014). *Informe sobre los Sistemas de Rentas Mínimas en España*. Comisión Europea.

Magazzini, T. y Piemontese, S. (2016). Roma migration in the UE: the case of Spain between new and old minorities. *Migration Letters,* 13(2), 228-241.

Marcu, S. (2018). *Geografías de la movilidad humana en el siglo XXI: jóvenes de la Europa del Este en España*. Madrid: Ediciones Complutense.

Montes, A. (2020) (25 de mayo). *Redibujar las políticas de protección social en un Estado descentralizado*. Agenda Pública.

Noguera, J. A. (2019). *Las rentas mínimas autonómicas en España: balance y retos de futuro*. Observatorio Social La Caixa. Las rentas mínimas autonómicas en España: balance y retos de futuro. Colección Informes.

Nash, M. (2006). Intersticis: les zones de contacte intercultural i la construcción de identitats urbanes. *MigraInfo,* 16, 10-11.

Pajares, M. (2007). *Inmigrantes del Este. Procesos Migratorios de los rumanos*. Icaria Antrazyt.

Pintos, J.L. (2014). Algunas precisiones sobre el concepto de imaginarios sociales. *Revista Latina de Sociología,* 4, 1-11.

Restrepo-Madero, E., Trianes-Torres, M.V., Muñoz-García, A. y Alarcón, R. (2017). Cultural and Religious/Spiritual beliefs and the impact on health that fear to death has on gender and age, among a romani minority group from southern Spain. *Journal of Immigrant and Minority Health,* 19, 392-397. doi:10.1007/s10903-016-0377-3

Ringold, D. and Wilkens, E. (2003). Roma in an Expanding Europe. Breaking the Poverty Cycle. Washington, WB.

Sánchez, M.G., Gómez, F.E., Pedreño, M.H., & Pérez, G.S. (2020). La intervención con la población gitana en España y sus autonomías. *Zerbitzuan,* 71, 19-35. https://doi.org/10.5569/1134-7147.71.02

Sanzo González, L. (2013). La política de garantía de ingresos en Euskadi. *Zerbitzuan,* 53, 9-18. <http://dx.doi.org/10.5569/1134-7147.53.01>.

Sanzo González, L. (2018). La política de garantía de ingresos en España. *Zerbitzuan,* 65, 41-51.

Sigona, N. (2005). Locating «The Gypsy Problem». The Roma in Italy: Stereotyping, Labelling and «Nomad Camps». *Journal of Ethnic and Migration Studies*, 31(4), 741-756, DOI: 10.1080/13691830500109969

Torres, A. (2013). *Jitanos con Jota. Historia de vida Jitana.* Sevilla: Copiarte.

Torres Pérez, F. (2023). Economía informal, chatarreo y marco social: Reflexiones a partir del caso de los gitanos rumanos en Valencia (España). *Papers*, 108 (en prensa), e3112. <https://doi.org/10.5565/rev/papers.3112>

Viruela, R. (2020). La movilidad geográfica de los trabajadores transfronterizos de Europa del Este en las dos últimas décadas. *Cuadernos de Geografía*, 105: 7-28.

Bloque II

Rentas activas de inserción: perspectivas de futuro y algunas cuestiones de fondo

Capítulo V

La inclusión social como esencia de las políticas de renta

Luis Miguel Rondón García

SUMARIO: 5.1. APROXIMACIÓN CONCEPTUAL A LA INCLUSIÓN SOCIAL. 5.2. PROPUESTAS PARA AVANZAR HACIA LA INCLUSIÓN SOCIAL. 5.3. EL ABORDAJE DE LA INCLUSIÓN SOCIAL EN EL MARCO INTERNACIONAL. REFERENCIAS BIBLIOGRÁFICAS.

En el primer bloque de este libro hemos abordado los prolegómenos en torno a la temática de la pobreza, la desigualdad y la exclusión social como punto de partida que cimenta nuestro objeto de estudio. Por consiguiente, en la segunda parte se analizará en profundidad la inclusión social como punto final u objetivo último de cualquier política de renta mínima o universal que se precie.

5.1. APROXIMACIÓN CONCEPTUAL A LA INCLUSIÓN SOCIAL

A modo de preámbulo, el interrogante que nos planteamos antes de comenzar la construcción de los argumentos en relación a los contenidos de los capítulos de esta segunda parte es el siguiente. ¿Qué se entiende por inclusión social? Pues bien, de forma análoga a las inferencias realizadas en el apartado relativo a la exclusión social, cabe destacar la complejidad de definir este complejo constructo tanto por su carácter polisémico como por las distintas acepciones que existen al respecto. En líneas generales, la idea de inclusión social está asociada con la plena inserción social de una persona en la sociedad, es decir, la acción de incluir algo en un todo así como el resultado de esta acción. Se trata de considerar a cada ser humano en condiciones de igualdad, sin prejuicios ni estigmas de ningún tipo. Su finalidad es garantizar que todas las personas estén empoderadas para participar como miembros valorados, respetados y contribuyentes de la comunidad. Por consiguiente, el objetivo último de la inclusión es posibilitar a todas las personas de:

- Romper el aislamiento y crear conexiones sociales.
- Promover la integración social y profesional en situación de dificultad.
- Potenciar la autonomía personal y la capacidad de autodeterminación.
- Restaurar la confianza en ellas mismas.
- Desarrollar su potencial y habilidades.
- Eliminar los obstáculos y barreras que impiden la ascensión y la movilidad social.
- Trabajar la empleabilidad como vector esencial.
- Hacerlos partícipes activos de su proceso de incorporación social.

Algunos de estos pilares cimentan sus bases en el reconocimiento valorado, en las oportunidades para el desarrollo humano con una participación comprometida en la proximidad y el bienestar material que conduce hacia un sumatorio final: el bienestar social. Aunque bien es cierto que los instrumentos de acción para lograr estos pilares básicos disienten según los países donde se aplica. Entre otras disidencias, las más frecuentes se refieren a los medios para afrontarla como suelen ser el acceso a infraestructuras y servicios sociales, un sistema redistributivo para reducir la pobreza, del cual la exclusión social es una de las consecuencias, o el hecho de reducir el desempleo de larga duración, la valorización igualitaria de todas las poblaciones y la formación/educación entre otros.

En otro orden de esta aproximación conceptual, cabe discernir que la inclusión social se considera lo opuesto a la exclusión social porque se refiere a los sectores económicos, sociales, culturales y políticos de la sociedad. Como antítesis a la exclusión social, es una acción afirmativa para cambiar las circunstancias y los hábitos que conducen a la exclusión social.

Si seguimos profundizando en la palabra inclusión, etimológicamente hablando procede del latín inclusio, prisión, con el adjetivo social añadido.

Tras una larga ausencia de uso, el concepto es retomado en el siglo XIX con una nueva intencionalidad en el sentido de insertar, es decir, traer un elemento en un conjunto. Por lo tanto, el término inclusión incluye dos dimensiones: inclusión segregativa e inclusión integradora. Sin embargo, el uso actual de esta palabra es en un sentido muy positivo, evocando a propósito los procesos de inserción e integración social económicos, y en buscar logros sociales, culturales, cívicos, para las personas y grupos sociales con el valor social como telón de fondo, entendiendo lo social como lo común a todas las personas de la sociedad.

Como es bien sabido, en ciencias sociales es importante poner nombre a las cosas para hacer frente a una realidad social en ocasiones invisible, siendo esta situación todavía una asignatura pendiente de las políticas de bienestar social en el mundo occidental en la centuria anterior. En su origen diacrónico, el primero en poner este nombre al concepto fue Lüchmann (1927-1998) para caracterizar las relaciones entre los individuos y los sistemas sociales, reservando la idea de integración social para las relaciones entre sistemas sociales. De esta forma, se supera el clásico debate del siglo XX en torno a la dicotomía integración/inclusión para dar una respuesta acorde a los avances de las políticas sociales, a los acuerdos de bienestar social adoptados y sobre todo al nuevo contexto que exige respuestas por parte de una sociedad más avanzada. Es decir, se produce un tránsito desde el concepto inicial de integración social, a la más actualizada y acorde al tiempo actual denominado inclusión social.

Como indicó Lüchmann (2011) en su teoría sobre los sistemas sociales, se pretende en esta nueva clasificación un pensamiento revolucionario decidido a acabar con las ontologías de la vieja Europa, proponiendo herramientas analíticas más apropiadas, en aras a una mejor comprensión de los problemas sociales que plantea esta nueva autocomprensión de la modernidad.

Así, la diferencia entre ambos conceptos (integración, inclusión) es la siguiente: en la integración todas las personas están dentro de la organización, pero no se relacionan con los demás como iguales, sino que están aisladas dentro de esta. En la inclusión todas las personas están dentro y se relacionan con los demás componentes de la organización, es decir, son tratados como ciudadanos/as, con independencia de sus características o situación social, porque todos/as tenemos el derecho social a una vida digna y a acceder a las esferas sociales sin distinciones. Por tanto, el acceso al mercado de trabajo, a la vivienda y a la vida digna es un proyecto social común a toda la ciudadanía que debe hacerse sin barreras hacia la incorporación comunitaria y de forma global. Con intención clarificadora, en la presente figura se clarifica de forma gráfica esta diferencia conceptual:

Figura 7. Diferencia entre integración social e inclusión social

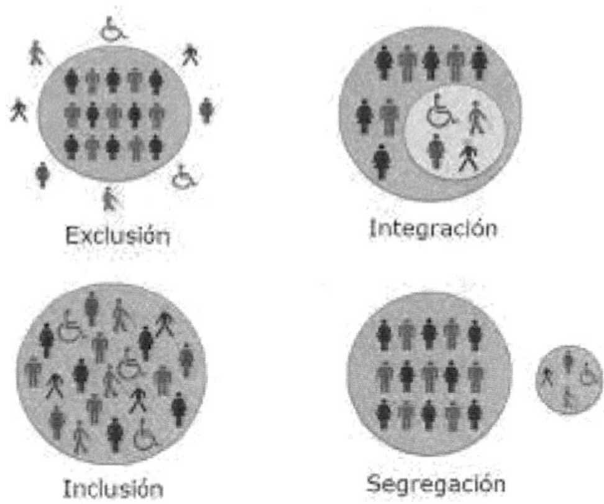

Fuente: Plena inclusión (2023).

Una vez definido y clarificado el concepto desde todas sus dimensiones, el segundo interrogante que surge sería el porqué es necesario abordarlo, su finalidad. ¿Por qué es importante la inclusión social? Pues bien, la inclusión social es importante porque es la base de la prosperidad de una sociedad, de su desarrollo económico, político, social y cultural. Un país con alto nivel de exclusión social tiene un elevado coste para toda la sociedad y no sólo para quienes la sufren directamente. La respuesta a esto es evidente: los países deben aprovechar el impulso de la producción económica para convertirlo en oportunidades para que las personas puedan mejor y tener calidad de vida. A su vez, deben evitar la exclusión con la finalidad última de mejorar de forma integral las condiciones de vida de las personas, además de ofrecer las mismas oportunidades laborales, económicas y educativas con las que cuenta y disfruta el resto de miembros de la sociedad.

5.2. PROPUESTAS PARA AVANZAR HACIA LA INCLUSIÓN SOCIAL

Sin lugar a dudas con sus luces y sombras la renta social es la mejor respuesta que han dado los Estados Sociales a lo largo de la historia para lograr la plena inclusión social. En esta línea, para que la inclusión sea un hecho social además de los mecanismos apuntados se requiere un compromiso social incorporando estos valores sociales ampliamente compartidos a las políticas concretas, porque una de las condiciones para que exista la inclusión social es el entendimiento. Nos referimos a que las personas comprendan lo beneficioso de una sociedad inclusiva, además de que conlleva un amplio respeto por la sociedad. Por tanto, la inclusión social es una meta alcanzable a través de la implementación de proyectos que logren integrar a las personas desfavorecidas y vulnerables a la vida diaria. Y en este contexto, de forma pragmática, los sistemas de protección social, incluido el de renta, tienen que dar una respuesta eficaz en consonancia con los nuevos compromisos sociales y valores, de los tiempos actuales.

En cambio, este consenso no es simétrico en todos los contextos del planeta. En muchos países del mundo algunos sectores de población presentan barreras que les impiden participar plenamente en la vida política, económica y social. Estos grupos pueden quedar excluidos no sólo a través de los sistemas legales, laborales, estructurales, sino también por actitudes, creencias o percepciones discriminatorias o estigmatizantes. La desventaja a menudo se basa en razón de género, edad, ubicación, ocupación, origen étnico, discapacidad y orientación sexual e identidad de género, entre otros elementos. Este tipo de exclusión social priva a las personas de la dignidad, seguridad y oportunidad de poder llevar una vida mejor.

Por consiguiente, a menos que se aborden las causas profundas de la exclusión estructural y la discriminación, será difícil apoyar un crecimiento inclusivo sostenible y una rápida reducción de la pobreza. De ahí la importancia de incorporar la noción de ciudanía en las actuaciones concretas sin categorizaciones ni estigmas. Prueba de ello es la reciente pandemia COVID-19, donde se puso en evidencia las desigualdades sistémicas profundamente arraigadas, acentuándose con más énfasis en los colectivos de referencia indicados. El respeto a la diversidad es sin duda el eje transversal de la inclusión social, que se convierte del mismo modo en bisagra de todas las actuaciones y programas sociales.

En este mismo discurso, nos parecen interesantes las propuestas procedentes de la perspectiva Francófona, concretamente del departamento de diversidad e inclusión social de Montreal para el año 2023, al concordar precisamente con los argumentos expuestos en este epígrafe y por extensión a la propia naturaleza de la plena inclusión. Esta iniciativa representa un modelo a seguir en las políticas sociales de los distintos países. Exponemos a continuación en qué consisten sus principales aportaciones:

– Fortalecer el cambio hacia la inclusión social de forma progresiva.

- Reforzar la equidad territorial mediante el uso del índice de equidad del entorno de vida.
- Trabajar en red entre las unidades municipales, el tejido social y las empresas.
- Reducir las desigualdades manifiestas que impiden lograr el objetivo de la inclusión.
- Reforzar las inversiones en la lucha contra la exclusión social y tener más en cuenta las cuestiones sociales emergentes garantizando la renovación con un compromiso claro de mejora del acuerdo para luchar contra la pobreza.
- Potenciar unidades móviles de trabajo en la calle, en el medio abierto y los servicios de mediación social, en las zonas más complejas construyendo puentes desde de la prevención de los conflictos sociales.
- Prevenir la marginación social y a violencia en colectivos diana con intervenciones y conexiones significativas (actividades lúdicas, culturales, deportivas, interculturales y comunitarias).
- Implementar convocatorias de proyectos sociales desde el asociacionismo, personas jóvenes, líderes de la comunidad, con la participación directa de las personas implicadas.
- Mejorar las condiciones de vida de las personas y fortalecer acciones de mediación y convivencia social en los espacios públicos.
- Aplicar las recomendaciones de cara a la accesibilidad universal desarrollando un plan de accesibilidad universal y mejorando la experiencia mediante las buenas prácticas.
- Acelerar la integración e inclusión de los inmigrantes y otras minorías étnicas.
- Construir inteligencia empresarial social, con mayor compromiso, inversión y responsabilidad social de las empresas y del tejido industrial.
- Producir retratos sociales dinámicos por cada zona.
- Elaborar un ecobarómetro de la inclusión social desde la perspectiva del desarrollo sostenible.

- Crear proyectos y departamentos institucionales específicos para las personas sin hogar.
- Promover el conocimiento, la consulta y la planificación de acciones con el objetivo de garantizar el desarrollo de servicios destinados a las personas en situación de exclusión.
- Promover asesoría social específica a todos los actores sociales implicados.
- Enriquecer el conocimiento y la comunicación.
- Crear mecanismos de comunicación y consulta con la población y las personas en situación de calle para comprender y expresar mejor sus realidades y necesidades;
- Transmitir información, con el objetivo de sensibilizar a la administración municipal, a los socios y la ciudadanía.
- Contribuir al desarrollo de una visión global y un plan tanto municipal como regional para apoyar a las personas vulnerables.
- Fomentar las políticas públicas tanto desde los departamentos de servicios sociales como de otras áreas implicadas.
- Supervisión, coordinación y seguimiento intra e interdepartamental para un adecuado trabajo en red. (Plan de desarrollo social de Montreal, 2023).

Una vez definidas las propuestas de mejora desde una perspectiva más abstracta, en adelante nos centramos en lo pragmático, en lo tangible y medible, porque la inclusión es tanto un proceso como un resultado. Y por ello, es ineluctable medir sus resultados con indicadores que contribuyan a evaluar de forma concreta que se hayan cumplido los requisitos para eliminar las barreras y que estos requisitos puedan proporcionar resultados que puedan medirse. Como proceso, la inclusión social se refiere a acciones relacionadas con el desarrollo, implementación y evaluación de estrategias para eliminar barreras de cara a la inclusión. Como resultado, la inclusión social se refiere a la capacidad de una organización para demostrar el nivel de inclusión a través de resultados evaluables, porque la inclusión social es la forma en que las instituciones están abiertas a comprender e involucrarse en sus comunidades. A partir de aquí, los criterios de inclusión social en la evaluación de los resultados deben atender a los siguientes indicadores de medida con receptividad e intencionalidad:

- Las acciones llevadas a cabo exploran, consideran y desafían barreras, valores y comportamientos.
- Se han desarrollado, implementado y evaluado los programas, políticas y procedimientos llevados a cabo.
- Se ha proporcionado un acceso equitativo a los servicios y oportunidades en la toma de decisiones.
- Se demuestra el nivel de inclusión a través de resultados concretos con actuaciones y recursos sociales.
- La auditoría de inclusión social de los programas contiene preguntas de auditoría que evalúan la capacidad de la organización para traducir el proceso en resultados.

5.3. EL ABORDAJE DE LA INCLUSIÓN SOCIAL EN EL MARCO INTERNACIONAL

Desde hace bastantes décadas existen acuerdos en el marco internacional relativos a la inclusión social que han tenido su calado más elocuente y firme sobre todo con la reciente publicación de los objetivos de desarrollo sostenible. Así, la Agenda 2030 para el Desarrollo Sostenible de las Naciones Unidas tiene entre sus metas potenciar y promover la inclusión social de todas las personas sin importar su edad, género, etnia, discapacidad, religión, origen o situación monetaria. Además, la agenda persigue que toda la ciudadanía tenga las mismas oportunidades y recursos para participar en la vida social, cultural, económica o política en cualquier sociedad. Aunque en buena parte del documento se alude de forma implícita a la inclusión social con objetivos dirigidos a la lucha contra la desigualdad social y la pobreza, de forma expresa se hace alusión a la inclusión social en el objetivo 10.2, para 2030: potenciar y promover la inclusión social, económica y política de todas las personas, independientemente de su edad, sexo, discapacidad, raza, etnia, origen, religión o situación económica u otra condición.

Se denota pues en la agenda ODS una idea clara: la inclusión social busca la igualdad en los Derechos Humanos y mejorar de forma integral sus condiciones de vida, que cada persona o grupo de personas tengan una serie de oportunidades y privilegios educativos, sociales, laborales y económicos como el resto de la ciudadanía.

Continuando en el contexto supranacional, el respeto de la dignidad humana es un principio fundacional de la Unión Europea, cuya acción pretende, en particular, promover el pleno empleo y el progreso social para luchar contra la exclusión social y la discriminación promoviendo la justicia social. En conformidad con lo regulado en el artículo 137, 1, letra h del Tratado, la Comunidad apoya y complementa la acción de los Estados miembros a favor de la integración de las personas excluidas del mercado laboral. En esta misma sintonía, el artículo 34 de la carta de derechos fundamentales de la Unión Europea establece el derecho a asistencia social y ayudas de vivienda destinadas a garantizar una existencia digna a todos aquellos que no cuentan con recursos suficientes. Además, en la (2) Recomendación 92/441/CEE del Consejo, de 24 de junio 1992 sobre criterios comunes relativos a recursos y servicios suficientes en los sistemas, se tipifica que la protección social que sigue siendo un instrumento de referencia para la acción comunitaria en materia de pobreza y exclusión social. Todo ello a pesar de los esfuerzos que aún deben acordarse para su plena aplicación que sigue siendo totalmente pertinente.

En este orden diacrónico, desde 1992, se han desarrollado nuevos instrumentos políticos. Uno de ellos es el método abierto de coordinación en materia de protección e inclusión social. (MOC). Entre sus objetivos versa el garantizar la inclusión social activa de todos, fomentando la participación en el mercado laboral y luchando contra la pobreza. Otro de los propósitos es la estrategia europea para el empleo, que pretende, entre otras cosas, mejorar la inclusión social, luchar contra la pobreza, prevenir la exclusión del mercado laboral y promover la integración laboral.

En este recorrido por el ámbito internacional, otras estructuras de gran calado como el Banco Mundial (2023) también prestan atención a este tema, al unificar la visión social con la económica como algo unívoco, afirmando que la inclusión social es lo correcto y también tiene sentido económico. Si no se aborda, la exclusión de los grupos desfavorecidos puede resultar costosa. A nivel individual, los impactos más comúnmente medidos incluyen la pérdida de salarios, ingresos a lo largo de toda la vida y resultados laborales. A nivel nacional, el costo económico de la exclusión social puede reflejarse en la pérdida de producto interno bruto (PIB) y en la riqueza del capital humano.

Como indica la citada fuente, a nivel mundial, la pérdida de riqueza en capital humano debido únicamente a la desigualdad de género se estima en 160,2 billones de dólares (Banco Mundial, 2023). Con el tiempo, la exclusión también puede contribuir a tensiones sociales e incluso riesgos de violencia y conflicto, con importantes costos sociales y económicos a largo plazo.

Por todos estos argumentos, concluimos que la inclusión social es imprescindible para lograr el doble objetivo del Grupo del Banco Mundial de poner fin a la pobreza extrema e impulsar la prosperidad compartida. El Marco Ambiental y Social (ESF) del Banco Mundial, enfatiza que la inclusión social es fundamental para todas las intervenciones de desarrollo del Banco Mundial y para lograr el desarrollo sostenible. Además, el reciente Informe Final de Reposición de la AIF-20 hace mayor énfasis en la inclusión, con 14 de los 41 Compromisos de Política mencionando explícitamente la inclusión. Asimismo, el contexto postcrisis actual debe verse como una oportunidad para centrarse en la reconstrucción de sistemas más inclusivos que permitan a la sociedad en su conjunto ser más resiliente a crisis futuras, ya sean sanitarias, climáticas, desastres naturales o disturbios sociales.

REFERENCIAS BIBLIOGRÁFICAS

Banco Mundial (2023). Inclusión social. https://www.worldbank.org/en/topic/social-inclusion

Comisión Europea (2008). Recomendaciones de la comisión de 3 de octubre relativas a la inclusión activa de las personas excluidas del mercado de trabajo (C (2008) 5737. 2008/867/CE

Lüchmann, L. H. H. (2011). Associações, participação e representação: combinações e tensões. Lua Nova: Revista de Cultura e Política, 141-174.

Plan de acción de desarrollo social de Montreal (2023). Recuperado de: https://montreal.ca/unites/service-de-la-diversite-et-de-linclusion-sociale

Recomendación 92/441/CEE del Consejo, de 24 de junio 1992 sobre criterios comunes relativos a recursos y servicios suficientes en los sistemas.

Tratado de la Unión Europea (2010). Recuperado de: https://www.boe.es/doue/2010/083/Z00013-00046.pdf

Capítulo VI

Renta básica (basic income) e ingreso mínimo vital en el contexto europeo

José Moreno Jiménez

SUMARIO: 6.1. INTRODUCCIÓN. 6.2. CONTEXTUALIZACIÓN DE LA RENTA BÁSICA EN EUROPA. 6.3. ACTUALIDAD DE LOS SISTEMAS DE RENTA MÍNIMA UNIVERSAL EN EUROPA. 6.4. ANÁLISIS COMPARATIVO DE LOS SISTEMAS EUROPEOS DE RENTAS BÁSICAS E INGRESO MÍNIMO VITAL. 6.5. EL CASO DE REINO UNIDO. 6.6. IMPACTO DE LA RENTA BÁSICA EN LA POBREZA, LA DESIGUALDAD Y LA MOVILIDAD SOCIAL. 6.7. ALGUNOS RETOS Y OPORTUNIDADES PARA LA RENTA BÁSICA EN EUROPA. REFERENCIAS BIBLIOGRÁFICAS.

6.1. INTRODUCCIÓN

En Europa, la problemática de la pobreza y la desigualdad social continúa siendo una preocupación en la agenda política y social. En este contexto, múltiples iniciativas y programas de renta básica han surgido como medidas asistenciales para garantizar un ingreso mínimo a las personas y, así, optimizar su bienestar. Según el Parlamento Europeo (Kennedy A., Danesi, S, 2022), la Unión Europea busca apoyar a los Estados miembros en su lucha contra la pobreza, la exclusión social y la discriminación con el fin de fortalecer la cohesión y el carácter integrador de la sociedad europea y garantizar que todos los ciudadanos tengan acceso a las mismas oportunidades y recursos. La implementación de programas de renta básica continúa siendo un tema de gran relevancia en la agenda política y social de la región, tanto por las múltiples implicaciones que atraviesa como por las diferentes consideraciones que levantan. Además, dada la creciente preocupación por el impacto que la inteligencia artificial y la automatización tendrán en el mercado laboral en el futuro, estas iniciativas de ayuda económica se han vuelto cada vez más importantes para garantizar el bienestar de la población (Frey y Osborne, 2017), lo que levanta un gran interés por su fuerte potencial modificador del paradigma socioeconómico actual.

Sin embargo, no existe un modelo único homogeneizado de programa de renta básica que pueda ser aplicado a todos los países europeos, sino que varían en función de las necesidades específicas de cada nación, donde encontramos enfoques de políticas de bienestar que pueden ser más desarrollistas o residuales. De hecho, tal y como se destaca en el estudio Airef (2019) los Programas de Renta Mínima en España, producido por La Autoridad Independiente de Responsabilidad Fiscal, resulta complejo establecer taxonomías que permitan clasificar cada programa en un modelo específico debido a la diversidad de experiencias en la organización de estos programas en los distintos países de la Unión Europea. Es por ello por lo que, su diseño y aplicación deben ser cuidadosamente adaptados a las necesidades y características de cada país en particular.

La complejidad y variedad de las políticas asistenciales actuales obligan al mismo tiempo a una precisa y clara conceptualización de los términos empleados. En este sentido, es relevante es la diferenciación entre dos tipos de rentas, que a menudo se confunden en algunos análisis: la renta básica y la renta básica universal. Pues esta diferenciación es realmente necesaria, pues la naturaleza de cada una de ellas es diferente. De acuerdo con Philippe Van Parijs (2017) la renta básica universal es un pago regular hecho por una comunidad política a cada uno de sus miembros individualmente, sin importar su situación financiera o laboral. La finalidad de esta renta es ofrecer a todos los ciudadanos un mínimo de seguridad económica y disminuir la pobreza y la desigualdad.

En contraposición, tal como señala Rey Pérez (2020), las rentas básicas no son un ingreso individual, sino que están destinadas a hogares o unidades familiares, y no son universales, ya que su percepción está condicionada a la carencia de ingresos suficientes, al número de miembros por unidad familiar y es incompatible con cualquier tipo de prestación o actividad laboral, aunque sea precaria. Su objetivo es proporcionar una red de seguridad mínima para aquellas personas que se encuentran en una situación de exclusión social y económica, y, por tanto, están sujetas a la realización de una serie de actividades de inserción laboral. En una primera aproximación conceptual podemos tomar como referencia la palabra del experto en la temática Daniel Raventós, quien define a la renta básica universal como:

> Un ingreso pagado por el Estado a cada miembro de pleno derecho o residente acreditado de una sociedad, independientemente de su situación laboral, patrimonial o familiar. Se trata, por tanto, de un ingreso individual, universal y sin condiciones, que busca garantizar una vida digna para todas las personas, independientemente de su situación social, familiar o económica. (Raventós, 2015, p. 8).

Y en cuanto al de renta básica, podemos referirnos a lo que establece Widerquist (2018) en la Basic Income Earth Network (BIEN), definiéndolo como una asignación monetaria pública incondicional para toda la población como derecho de ciudadanía. Esta política social implica el pago de una cantidad de dinero periódico, en efectivo y a título individual, a todos los ciudadanos sin excepción, independientemente de su situación laboral o de sus ingresos de renta. Este concepto ha ganado una gran relevancia en Europa en los últimos años, y diversos países han realizado experimentos para evaluar su viabilidad y efectividad. Sin embargo, la implementación de una renta básica no es un tema sencillo y presenta múltiples desafíos. A pesar de esto, la idea de una renta básica ha sido discutida durante siglos y se ha convertido en una posible solución para enfrentar los desafíos económicos y sociales que afectan a muchos países europeos, tales como la pobreza, la exclusión social y la inestabilidad laboral. En este capítulo nos centraremos en las medidas más extendidas en el contexto europeo, sobre las referidas rentas básicas (o rentas mínimas, garantizadas, etc.), más allá de algunas experiencias concretas sobre rentas básicas universales. Para ello, será preciso analizar la potencialidad y las limitaciones que presentan este tipo de herramientas como vehículos de inclusión social para reducir la pobreza, así como para proporcionar un ingreso básico para las personas que se encuentren desempleadas o que estén realizando trabajos precarios.

6.2. CONTEXTUALIZACIÓN DE LA RENTA BÁSICA EN EUROPA

La renta básica en Europa es un tema complejo que requiere una comprensión profunda de los estados sociales, los cuales se ligan intrínsecamente, los cuales surgieron y se desarrollaron en el continente durante los siglos XIX y XX. En este sentido, es fundamental contextualizar este elemento para entender la evolución histórica de esta política social y su posterior desarrollo, a veces, bastante desigual entre países. Por tanto, existen diferencias notables en los modelos de bienestar social en Europa, es importante resaltar que la inclinación de un modelo u otro tiene un impacto significativo en el desarrollo de la renta básica. Por consiguiente, resulta necesario definir y comprender estas diferencias y su aplicación en cada país, para así, comprender las diferencias y similitudes que presentan estas políticas en los diferentes Estados europeos, y, a su vez, dentro del marco común de la Europa Social.

Más allá de las concreciones históricas que pueden apuntarse en el desarrollo de los estados de bienestar, es relevante reconocer que la renta básica tiene su germen en la propia comprensión y expansión de estos modelos, además de, con numerosas particularidades históricas. Como señala el filósofo político Philippe Van Parijs (1995): «La renta básica es un proyecto que se deriva de la idea de que, en una sociedad justa, todo el mundo debe tener suficiente dinero para vivir con dignidad y participar en la vida social y política» (p.29). Así, se pueden identificar tres modelos clásicos de estado de bienestar: el conservador, el liberal y el socialdemócrata (Esping-Andersen, 1990), cada cual, con sus particularidades y relación diferenciada con las herramientas de inclusión estudiadas, sobre los que realizamos una actualización con mayor ajuste actual, distinguiendo, para un mejor análisis, diferentes zonas del contexto europeo: Mediterránea, nórdica, centro y este de Europa.

En términos clásicos, si realizamos una mínima contextualización, podemos apuntar como el sistema conservador de bienestar social, que replica el sistema bismarckiano, se implementa principalmente en Alemania y algunos otros países del Centro Europa (Ferrera, 1996). Por su parte, el esquema liberal, que proviene del planteamiento de Beveridge, y que se observa principalmente en el ámbito anglosajón (Pierson, 2001). El sistema socialdemócrata, que enfatiza la idea de derechos fundamentales y universales, con un fuerte compromiso del Estado en cambiar la estratificación social y la des mercantilización, se ha expandido principalmente en los países del norte de Europa (Esping-Andersen, 1990). Es importante destacar que también existe un cuarto tipo de estado de bienestar, superador de la tipología clásica de Esping-Andersen y en mayor consonancia con los análisis actuales —además de con mayor ajuste a la división territorial—, y es la que conforman España, Grecia, Italia y Portugal, los cuales se incluyen en el denominado régimen de bienestar mediterráneo. Este modelo de bienestar social tiene una fuerte orientación hacia la protección de las familias y se caracteriza por una alta presencia de mujeres en el mercado laboral y una baja tasa de empleo para los jóvenes (Moreno et al., 2014). La presencia de mayores edades de emancipación de los jóvenes en los países del sur de Europa, junto con un mayor énfasis en la utilización de recursos familiares compartidos, sugieren una menor tendencia hacia la «individualización» familiar en comparación con otros sistemas de bienestar. Por lo tanto, la relación entre el bienestar y la familia, así como la asociación entre género y trabajo, se complementan en estas regiones mediterráneas (Moreno, 2001). En consecuencia, las prácticas a menudo se manifiestan en formas institucionales específicas, lo que puede dar lugar a una menor eficiencia en la prestación de servicios de protección social. Es por ello por lo que la comprensión de la renta básica en Europa requiere una visión panorámica de los diferentes modelos de estado de bienestar, ya que estos influyen directamente en la concepción, diseño e implementación de políticas públicas en la región.

Comprender el desarrollo de las rentas básicas o «basic income», más allá de su clasificación en tipologías, requiere analizar los elementos que las caracterizan. Una de las principales propiedades de estos regímenes es su enfoque en el concepto de «familia» como elemento central en el desarrollo y distribución de políticas sociales por parte de los Estados. Según Moreno et. al (2014) el modelo de Estado de Bienestar Mediterráneo se basa en:

> [...] una fuerte micro solidaridad en el seno de las familias, manifestada en un generoso apoyo material y afectivo entre sus miembros, ha garantizado un alto nivel de satisfacción vital de sus ciudadanos y ha procurado un colchón de seguridad en momentos de crisis. (p. 27).

En estos sistemas, la ocupación laboral determina la pertenencia de una persona a un sistema de previsión social público que provee una cobertura social con las cotizaciones realizadas por los afiliados a la seguridad social. Sin embargo, esta condición «contributiva» no niega tanto al ciudadano como a los núcleos familiares el acceso a prestaciones y servicios financiados por ingresos fiscales generales, como son la educación, la sanidad y las pensiones, además, debemos comprender, que la inclusión laboral debe ir acompañado por el apoyo social, pues sin esto no será un verdadero vector de inclusión sociolaboral. Añadido a lo anterior, el Estado de bienestar en los países del sur de Europa se basa en un enfoque más centrado en proporcionar asistencia a grupos específicos y en situaciones de extrema necesidad, como el cuidado de personas mayores y enfermos crónicos. Por todo ello, la familia adquiere un papel fundamental en la protección social de las personas en estos regímenes de bienestar, lo que permite que las políticas públicas diseñadas por el Estado sean eficaces y puedan brindar una protección adecuada a sus ciudadanos.

En el ámbito de las políticas públicas, el bienestar social se convirtió en un tema de especial relevancia en los últimos tiempos. De acuerdo con Paz-Bañez (2021) actualmente la mayoría de los países europeos siguen estos planteamientos con diferente intensidad y cobertura, según predomine el principio de «riesgo social» que debe asegurarse con la contribución de los trabajadores y las empresas, o el de «bienestar individual y social» que debe garantizar la sociedad en su conjunto de forma solidaria con ayudas a quien lo necesite, ya sea con «prueba de medios» o con una cobertura universal e incondicional garantizando derechos fundamentales.

El principio de «riesgo social» se basa en la idea de que la protección social debe ser garantizada mediante la contribución de empleadores y trabajadores. Este enfoque se ha implementado en países como Alemania y Austria, en donde se ha desarrollado un sistema de seguro social que se financia mediante contribuciones proporcionales al salario. Por otro lado, el principio de «bienestar individual y social» sostiene que la protección social debe ser garantizada por la sociedad en su conjunto de manera solidaria, mediante apoyos a quienes lo necesiten. En este caso, la protección social se financia a través de impuestos progresivos que garantizan una cobertura universal e incondicional de los derechos fundamentales (Pestieau y Lefebvre, 2018). Este enfoque se implementó en países como los Países Bajos y Dinamarca.

A pesar de las diferencias existentes en cuanto al diseño y ejecución de programas de asistencia social en los distintos países de Europa, la mayoría de ellos comparten un modelo social común, conocido como el Modelo Social Europeo, que ha evolucionado desde un sistema claramente liberal hacia un sistema con elementos conservadores y, actualmente, con elementos socialdemócratas (Paz-Bañez et al., 2021). En este sentido, la Unión Europea ha perseguido encontrar un equilibrio entre la responsabilidad de los Estados miembros en la provisión de servicios sociales y la necesidad de proteger los derechos sociales de los ciudadanos en toda la región. Como resultado, en 2017 se proclamó el Pilar de Derechos Sociales en la Cumbre de Gotemburgo, el cual representa la última formulación del estado de bienestar en la Unión Europea (Paz-Bañez et al., 2021).

La viabilidad y la implementación de esquemas de rentas básicas universales continúan siendo un tema de reflexión y debate en la elaboración de la política social del bloque europeo. Actualmente, la renta mínima garantizada establecida en el principio 14 del Pilar Social y el Plan de Acción correspondiente que establece objetivos específicos para el año 2030 son los esquemas de renta básica con carácter universal más cercanos y recientes en la relación entre la Unión Europea y la renta básica. Sin embargo, la crisis económica iniciada en el año 2007 ha obligado a los Estados miembros de la UE a buscar iniciativas propias para mitigar la exclusión social adyacente, lo que ha resultado en la adopción de iniciativas como el plan Europa 2020 y la Plataforma Europea contra la Pobreza y la Exclusión Social, lo cual resulta un verdadero reto a futuro, respaldado por numerosas autoridades desde el mundo político y científico.

Estas entidades tienen como objetivo examinar las políticas existentes, maximizar la utilización de los fondos de la Unión Europea, evaluar las prácticas, fomentar la innovación y promover una mayor coherencia entre las políticas adoptadas por los distintos países miembros. Teniendo en consideración la necesidad de gestionar y coordinar iniciativas de ayuda social entre los Estados miembros, Peris-Cancio (2021) destaca la importancia del documento «Towards Social Investment for Growth and Cohesión-Social Investment Package» como una línea común orientada a la cohesión y el desarrollo social en la Unión Europea, profundizando en el esfuerzo para consolidar mecanismos de inclusión, protección y bienestar social. En conclusión, aunque existen entidades supranacionales que incentivan la búsqueda y ejecución de políticas sociales, se permite a los estados miembros la tarea de desarrollar sus respectivos planes de renta mínima conforme a las particularidades de sus sistemas de bienestar social.

6.3. ACTUALIDAD DE LOS SISTEMAS DE RENTA MÍNIMA UNIVERSAL EN EUROPA

En la mayoría de los estados miembros de la Unión Europea, existe una prestación de último recurso destinada a mitigar el riesgo de insuficiencia o ausencia de ingresos en situaciones en las que el acceso a otras prestaciones se encuentra limitado debido a la falta de empleo o cuando se agota el derecho a otros recursos (Coady, et al., 2021). La implementación de estos esquemas de asistencia varía de un país a otro debido a factores culturales, demográficos, administrativos y objetivos específicos. Como resultado de esta heterogeneidad, resulta difícil categorizar y describir de manera precisa y rigurosa los distintos programas europeos de rentas mínimas, lo que hace que sea complejo hablar de un único modelo dentro de la Unión Europea (Álvarez et al., 2019).

En paralelo a dichos programas sociales, algunos países europeos han experimentado o están llevando a cabo programas piloto respecto a la concepción de renta básica universal. Un ejemplo lo acerca Finlandia, donde se llevó a cabo un programa piloto entre 2017 y 2018, en el que se otorgó una renta básica a un grupo seleccionado de desempleados (Gutiérrez-Solar, 2020). Los resultados del programa fueron mixtos y no se ha implementado a nivel nacional. Otros países europeos, como Suiza, Italia y Francia, también han expresado su interés en investigar la viabilidad de establecer un sistema de renta básica universal (Van Parijs, 2017).

Si hacemos alusión a territorios concretos, Alemania, es uno de los países europeos más involucrados respecto a analizar en implementar políticas de asistencia social de carácter universal. En este sentido, y de acuerdo al pensamiento de Gutiérrez-Solar (2020), en el ámbito de las políticas públicas de protección social en Alemania se pueden identificar diversos modelos de renta básica universal que presentan ciertas diferencias, principalmente en cuanto a: sus destinatarios, la cuantía de la renta, su forma de financiación, su relación con otras medidas de protección económica o su articulación con el sistema de seguridad social. Resumidamente, entre los proyectos más importantes al respecto se pueden destacar el modelo de la renta ciudadana solidaria, el modelo renta básica de Götz Werner y el modelo de renta emancipatoria.

En lo que refiere a España, se están implementando modelos de asistencia social vinculados a mecanismos de renta básica, como el Ingreso Mínimo Vital (IMV), que fue aprobado por el Gobierno español en el Real Decreto-ley 20/2020, de 29 de mayo. Aunque aún se debate la propuesta de una renta básica universal, el IMV es un sistema similar a las rentas mínimas existentes, pero con algunas diferencias importantes. Su objetivo es garantizar un ingreso mínimo a las personas más vulnerables en el país, como ya habíamos comentado anteriormente, pues España implanta principalmente un modelo asistencial que se centra en los sectores más vulnerables y no en la universalidad de su población. Existen algunas críticas por la falta de conexión entre las ayudas de esta naturaleza y la dimensión laboral, desconectando la potencialidad emancipadora y convirtiéndolas en un verdadero vehículo de inclusión.

En cierta forma, y tal como destaca Tena Camporesi (2018), el desarrollo de programas de renta básica universal en Europa está en fase experimental, donde algunos países están implementando programas piloto para evaluar su viabilidad y efectividad. Aunque existe una diversidad de modelos, enfoques y opiniones al respecto, el concepto de renta básica universal ha atraído un interés creciente en los últimos años, permitiendo la irrupción de debates en torno a su implementación en los países europeos. Es crucial destacar que el establecimiento de esquemas de asistencia social universal no es un tema sencillo y que implica desafíos políticos, económicos y sociales significativos; además, el prolijo avance de tecnologías como las Inteligencias Artificiales, aceleran aún más estos debates. Sobre todo, con la proyección plausible de destrucción de grandes capas de empleo por estos avances. A raíz de ellas, emergen nuevas posturas y perspectivas sobre el tema, las que permiten que la discusión siga siendo objeto de un intenso debate tanto en el ámbito académico como en la esfera política y social. No obstante, el hecho de que se estén realizando programas piloto y que se estén discutiendo iniciativas de renta básica universal en diferentes países europeos indica que el concepto ha generado un interés significativo y que existe una necesidad de explorar nuevas formas de protección social y de garantizar el bienestar de los ciudadanos (Merrill, et al., 2021).

6.4. ANÁLISIS COMPARATIVO DE LOS SISTEMAS EUROPEOS DE RENTAS BÁSICAS E INGRESO MÍNIMO VITAL

Centrando la atención en las diversas realidades que rodean la aplicación de rentas básicas en el contexto europeo, la recopilación de datos en lo que se refiere a los distintos países nos expone a la identificación de dos escenarios diferenciados. Por una parte, resulta fundamental tener en consideración que cada uno de los Estados exhibe sus propias particularidades y exigencias en lo que respecta a la ejecución y la accesibilidad a los servicios de asistencia social. Esto se debe en parte a que nos encontramos ante una heterogeneidad en cuanto a los Estados de Bienestar de cada país, como ya se ha mencionado. Por otro lado, como se afirma en el estudio de Airef (2019), hay que tener presente que «en un número muy elevado de casos no hay un criterio específico para fijar el nivel de la prestación, lo que hace que la cuantía dependa en cada momento de una decisión política más que de un criterio social o técnico comúnmente aceptado» (p. 48).

Es importante considerar otro factor relevante sobre la evaluación de las rentas básicas, y es que a pesar de que su finalidad es paliar los efectos de la pobreza o exclusión social, el alcance y la intensidad de la asistencia social pueden variar notablemente entre los distintos países. Esta disparidad se debe, en gran medida, a las diferencias que existen en los costes de vida en cada lugar, tales como el precio de vivienda, alimentación y transporte. En este sentido, por ejemplo, se puede observar que los costes de vida en Finlandia pueden ser sustancialmente más elevados que en España, lo que, a su vez, puede incidir en las cuantías de las prestaciones ofrecidas a través de los servicios de asistencia social en cada Estado.

En primer lugar, y de cara a caracterizar las diferencias mencionadas, podemos destacar particularidades propias de Francia, donde existe una fuerte tradición de asociacionismo entre trabajadores, las cuales se basan en un sistema de seguridad social financiado por las contribuciones tanto de trabajadores como de la patronal, elemento de referencia del modelo bismarckiano de bienestar social, y el que introduce una variable reseñable a la hora de realizar estos cálculos. Con ello, se pretende ejemplificar como la dimensión socioeconómica es compleja, y que elementos concretos de tradición sindical, pueden ejercer una fuerte presión a la hora de los cálculos mínimos de las prestaciones. Es por ello que, desde el año 2009, el gobierno ha llevado a cabo la implementación de una prestación conocida como Renta de Solidaridad Activa (RSA). Como es común en la mayoría de los casos, el destinatario principal de esta ayuda son las personas con ingresos bajos, mayores de 25 años o extranjeros con permiso de residencia. Es preciso destacar que en el caso de las personas que viven solas, el monto mínimo a percibir es de 598,54 euros mensuales, mientras que, para las parejas con dos hijos, la cantidad puede llegar a ser de 1.256,94 euros al mes, como establece su sistema de protección social (Lévy y Schubert, 2013). Sin embargo, es importante tener en cuenta que estas cantidades pueden disminuir en el caso de que se reciban otros tipos de prestaciones, como apoyo a la vivienda o prestaciones familiares, salvo en casos especiales.

En cuanto a Alemania, nuevamente, atendiendo a la tipología de los Estados de Bienestar, pertenece al grupo de los países del modelo de Europa Central o modelo bismarckiano. Se ha constatado que Alemania cuenta con distintos programas de seguridad social que incluyen un subsidio de subsistencia, asistencia a los mayores y personas con capacidad reducida, y beneficios sociales para desempleados. Según un informe de la Autoridad Independiente de Responsabilidad Fiscal (Airef, 2019), este país presenta un fraccionamiento en el sistema de ingresos mínimos entre los distintos niveles de gobierno, lo que se traduce en disparidades regionales. La descentralización provoca que, a nivel regional, las autoridades locales puedan proporcionar sus propias prestaciones, mientras que los requisitos de acceso y la cuantía mínima se establecen a nivel nacional. Entre las medidas de asistencia social que contempla Alemania, se encuentra la «*Regelbedarf*», que cubre los costos de nutrición, higiene personal, equipo doméstico y necesidades personales de la vida diaria. Los costos reales de vivienda y calefacción también están cubiertos en su totalidad, siempre que sean razonables, además, se proporciona seguro de salud y asistencia social. Desde el 1 de enero de 2022, los niveles mínimos de subsistencia «*Regelbedarfe*» varían entre los 285 euros mensuales para niños menores de 6 años hasta los 449 euros para personas que viven solas o familias monoparentales, marcando, sin lugar a duda, una distancia considerable con otros países con menor desarrollo de este tipo de ayudas (Airef, 2019).

En las regiones mediterráneas, se observan diversas iniciativas de protección social, como el «*Reddito di cittadinanza*» (renta de ciudadanía) implementado en Italia en 2019. La cantidad mínima de ingresos que se recibe a través de esta renta básica se ajusta en función de la estructura del hogar, teniendo en cuenta el número de hijos a cargo y la presencia de personas en situación de discapacidad. Aunque las prestaciones no contributivas pueden variar según la región y el municipio, en general, se otorgan después de evaluar el formulario ISEE (*Indicatore della Situazione Economica Equivalente*), que considera la composición del hogar y los ingresos de los miembros de este. Los beneficios que se otorgan a través de esta renta básica se dividen en dos partes: por un lado, una «cuota A» que complementa los ingresos familiares, pudiendo alcanzar hasta 6.000 euros anuales para la Renta Mínima Garantizada o hasta 7.560 euros anuales para la pensión de ciudadanía; y por otro, una «cuota B» destinada a pagar el alquiler o la hipoteca, que no puede superar los 3.360 euros anuales para la Renta de ciudadanía o 1.800 euros anuales para la pensión de ciudadanía. El monto total otorgado no puede exceder los 9.360 euros anuales, con un límite mínimo de 480 euros al año. (Ministero del lavoro e delle politiche social, 2023).

En el marco de la política social italiana, se considera la posibilidad de establecer un compromiso real de empleo, que brinda al beneficiario oportunidades laborales o de capacitación profesional. El beneficio en cuestión es la renta ciudadana, que se encuentra disponible para individuos que cumplen ciertos requisitos. Para ser elegible, es necesario estar desempleado, poseer nacionalidad italiana o extranjera con residencia de al menos 10 años, y contar con ingresos familiares inferiores a los 10.000 euros. Es importante mencionar que solo un miembro de la familia puede solicitar este beneficio. El Estado proporciona la ayuda en una tarjeta de prepago mensualmente, que puede ser utilizada para gastos específicos tales como alimentos, medicamentos, alquiler, hipoteca y servicios domésticos. Esta prestación representa una ayuda sustancial para los hogares más necesitados, cuyo bienestar se ve afectado por la falta de empleo y bajos ingresos (Ministero del lavoro e delle politiche social, 2023).

En el caso particular de España, recientemente el Estado español ha formalizado el establecimiento del Ingreso Mínimo Vital (IMV) a través de la Ley 19/2021, de 20 de diciembre, normativa que deroga al mismo tiempo el Real Decreto-ley 20/2020 el cual estableció el Ingreso Mínimo Vital por primera vez en el país. Esto representa un punto de inflexión en las políticas sociales del Estado español, siendo una iniciativa que constituye un avance en algunas cuestiones —pues anteriormente ya se han desarrollado otras medidas de similar naturaleza, tal como la Renta Mínima Garantizada o de Inserción— frente a la lucha contra la pobreza y la exclusión social, y que tiene como objetivo principal reducir las desigualdades sociales en España.

La otra iniciativa nacional en cuestión de asistencia social son las rentas mínimas de inserción; prestaciones básicas no contributivas orientadas a distintos sectores poblacionales en contexto de vulnerabilidad social. Las medidas tienen carácter descentralizado y se encuentran bajo responsabilidad de las distintas comunidades autónomas. En este sentido y siguiendo a Maestre et al. (2019) se observa una notable heterogeneidad en la aplicación y alcance de estas políticas. Esta fragmentación territorial genera dificultades para evaluar su impacto en el conjunto de la población española. Además de esto, Airef (2021) establece que los problemas de desigualdad territorial y de insuficiencia en la cobertura de la última red que compite a las comunidades autónomas se suman a las tres grandes problemáticas de las prestaciones asistenciales del gobierno central español, como son: la fragmentación, las reducidas cuantías y los vacíos que dejan fuera del sistema a ciertas categorías de la población. Encontrando fuertes desigualdades entre comunidades, en las que destaca el desarrollo avanzado de comunidades como el País Vasco, el cual transita a una fórmula más universalista. Asimismo, para tener una idea de cómo se determina esta prestación, observamos que se hará efectiva en el caso se considera que la persona carece de medios o ingresos suficientes cuando su estimación anual total es inferior a la estimación anual total de la prestación (5.899,60 € anuales). El pago se realizará de manera mensual, siendo el importe básico igual a 491,62 euros mensuales para un único beneficiario incrementándose de consecuencia en el caso existan otros beneficiarios en el núcleo familiar según el Sistema de información Mutua sobre Protección Social. (MISSOC, 2022).

En el contexto de Portugal y en consonancia con los datos presentes en el MISSOC (2022), podemos constatar la existencia de una ayuda conocida como Renta Mínima de Inserción Social. Es por ello por lo que, la cuantía de la prestación social percibida mensualmente está directamente relacionada con la diferencia entre el valor de la Renta Mínima de Inserción Social en función del tamaño de la familia y los ingresos totales del núcleo familiar. De este modo, para una pareja con dos hijos, la cantidad mensual percibida se sitúa en los 512,08 euros, mientras que, para una persona soltera, esta cifra desciende hasta los 189,66 euros al mes. Es importante destacar que la duración de la ayuda está limitada a 12 meses y puede renovarse siempre y cuando se presente una auditoría oficial de ingresos. En caso de que los requisitos para recibir la ayuda cambien, el beneficio puede ser modificado, interrumpido o cancelado. Además, la ayuda puede ser revisada en cualquier momento si la situación financiera o la composición del hogar varían en comparación con la situación anterior.

Teniendo en cuenta los distintos esquemas de bienestar social europeos que se han mencionado anteriormente, procederemos a examinar aquellos países que pertenecen a un régimen de bienestar socialdemócrata, con el fin de obtener una perspectiva más diversa sobre la implementación de las rentas básicas. En particular, nos centraremos en el caso de Finlandia y Dinamarca.

En Finlandia, según lo recopilado en el MISSOC (2022), el nivel de asistencia viene establecido en base a la ley vigente, calculándose en función de los integrantes del hogar, la edad y composición de este. En el año 2022 ascendía a 514,82 euros para una persona que vive sola. Además, se contempla una cantidad adecuada para cubrir otros gastos básicos como vivienda, gastos médicos relevantes y cuidado de menores. Para las familias con hijos menores de 18 años, el importe se reduce en un 5% a partir del 2º hijo y en un 10% por cada hijo a partir del 3º hijo, asimismo, el importe básico es de 1.498,14 € más alojamiento más gastos médicos. Si esta familia no tiene otros ingresos o recursos, entonces recibiría esa cantidad como asistencia social básica. Además, si tienen gastos médicos y de alojamiento razonables, estos gastos se agregarían al importe básico para determinar la cantidad real que recibirán. Cabe destacar, que, a razón de los costes de vida, Finlandia puede parecer que presenta tasas relativamente bajas, pero, como comentábamos anteriormente, a las cuantías líquidas, se presentan complementos en salud y vivienda, lo que refuerza considerablemente la protección social.

En virtud nuevamente de los datos suministrados por MISSOC (2022), Dinamarca es otro país que se encuentra dentro de la categoría de bienestar socialdemócrata y que ofrece una variedad de ayudas sociales para sus ciudadanos. En particular, el acceso a la asistencia social «*kontanthjælp*» está condicionado a los ingresos y la composición familiar del individuo solicitante. La cuantía de la ayuda se determina en función de las circunstancias específicas de cada persona, como la cantidad de hijos menores de 18 años que conviven en su hogar o si está legalmente obligado a mantener a los menores fuera del hogar. Para ilustrar, en el caso de una pareja sin trabajo y con dos hijos menores de 8 y 4 años respectivamente, la cantidad mensual que recibirían a través de la Asistencia Social «*kontanthjælp*» sería de 31.140 coronas danesas, lo que equivale a unos 4.186 euros. Por otro lado, una persona soltera de 35 años que se encuentre en situación de desempleo y sin cargas familiares recibiría 11.716 coronas danesas, equivalentes a 1.575 euros mensuales. Es importante destacar que, aunque estos son los montantes estándar, la cantidad exacta de ayuda que se recibe puede variar en función de los cambios en las circunstancias de cada individuo. Además, el acceso a la asistencia social está sujeto a auditorías oficiales de ingresos y puede ser cancelado o interrumpido si los requisitos de elegibilidad ya no se cumplen.

Por otro lado, se incorpora al análisis Países Bajos, considerado como un modelo «mixto» entre los sistemas liberal y conservador de bienestar social, pues, aunque ningún modelo responde íntegramente a un único paradigma, siempre existe cierta preponderancia. En el caso de Países Bajos, encontramos un cierto equilibrio entre ambos modelos. De esta forma, y como apunta Navarro Ruvalcaba (2006) se caracteriza por tener altos niveles de gasto social, fuerte protección social, universalismo, una gran participación del estado en la economía y una amplia redistribución de la riqueza. En el país en cuestión, en consonancia con la fuente de información suministrada por MISSOC, se observa que la provisión de asistencia social destinada a satisfacer las necesidades básicas se encuentra regulada por las normativas nacionales que han sido estipuladas en el marco legal vigente. Los montos de las prestaciones se encuentran íntimamente vinculados al salario mínimo establecido por ley, el cual se detalla para diferentes grupos poblacionales; tales como parejas casadas o convivientes, progenitores que se desempeñan como únicos proveedores del hogar y aquellas personas que cohabitan con otros individuos en una misma residencia «*kostendelersnorm*».

La asignación de asistencia social se basa en la situación personal y económica del solicitante, incluyendo la edad y la situación de vida, como cohabitación o vivir solo, entre otros factores. Las tarifas estándar para personas mayores de 21 años varían según el estado civil y la situación de convivencia, y oscilan entre el 100% para parejas casadas o convivientes, el 70% para solteros o padres solteros, y el 50% para hogares de dos personas. Los niveles de ingresos mínimos estándar netos mensuales también varían según la situación del hogar, y oscilan entre los 1.495,33 euros al mes para parejas casadas o convivientes con o sin hijos, y los 598,13 euros al mes para hogares constituidos por cuatro personas. Asimismo, se establece una tarifa mensual reducida para personas solteras de 18, 19 o 20 años, que asciende a 258,42 euros. Cabe señalar que no existen límites específicos en cuanto a la duración de la asistencia social, y que los municipios tienen la responsabilidad de llevar a cabo evaluaciones periódicas para determinar la necesidad continua de los solicitantes.

Con el fin de contemplar una exhaustiva y amplia mirada sobre los diferentes paradigmas planteados en la aplicación de mecanismos de rentas básicas y sistemas de protección social en la región Este de Europa, se ha seleccionado a Rumania como caso de estudio, pues presenta características particulares que la diferencias —junto al resto de países del Este— del resto de países de la Unión Europea. En resumidas cuentas, Rumania ha experimentado considerables cambios económicos y sociales en las últimas décadas, incluyendo la transición hacia una economía de mercado y la adhesión a la Unión Europea en 2007, afectando significativamente su estructura y mecanismo de bienestar social nacional, lo que puede proporcionar una perspectiva interesante sobre la implementación de políticas de renta básica en países con contextos socioeconómicos diversos y posibilitar así la realización de estudios comparativos.

En este país, el tipo de renta actual es no contributiva. Las prestaciones varían según el número de personas en la familia. Para una familia de una persona, la fórmula es 0,283 veces el Indicador Social de Referencia (RSI) que es de RON 525,5 (106 euros). Para una familia de cinco personas, la fórmula corresponde a 1,054 veces el RSI. Por ello, en familias de más de cinco personas, la fórmula es 0,073 veces el RSI por persona. La ayuda social se calcula restando la Utilidad Neta del ingreso mínimo garantizado establecido por las autoridades. Si al menos un miembro de la familia trabaja, la ayuda se aumenta en un 15%, otorgado una sola vez. Elemento sumamente interesante, y que se diferencia del común de ayudas estudiadas, pues no es habitual ningún incremento por actividad productiva. Para una pareja sin trabajo y con dos hijos, su ayuda es de 264,4 RON (53,5 euros). Mientras que para una persona desempleada que vive sola, la ayuda es de 78,7 RON (15,92 euros). La ayuda se abona mensualmente y es renovable siempre y cuando se cumplan las condiciones de elegibilidad y no haya cambios en los términos de la ayuda debido al número de veces que se haya renovado. En conclusión, en Rumania los montos otorgados como ayuda social son bastante bajos, lo que plantea la interrogante sobre si son suficientes para garantizar una vida digna a los beneficiarios. Por ende, es necesario evaluar el impacto de la renta actual en la reducción de la pobreza y en la mejora de las condiciones de vida de la población más vulnerable de Rumania.

6.5. EL CASO DE REINO UNIDO

A pesar de que Reino Unido ya no forma parte de la Unión Europea, sigue siendo relevante en el estudio de las rentas básicas en el entorno europeo. De ahí que, según el informe de Airef (2019), se han establecido varios programas con el objetivo de garantizar un ingreso mínimo de especial significación a la población inglesa. Entre estos programas, destaca el Crédito Universal (*Universal Credit*), que fusiona varias prestaciones, incluyendo apoyo a los ingresos, vivienda y costes de los hijos (Cheetham, et. al., 2019).

Para poder recibir el Crédito Universal, se exige cumplir con ciertos requisitos esenciales como residir en el Reino Unido, tener 18 años o más (con algunas excepciones si se tiene entre 16 y 17 años), estar por debajo de la edad de pensión estatal y tener un capital de £16,000 (18173,24 €) o menos en efectivo, ahorros e inversiones. Además, los estudiantes menores de 21 años que estén estudiando cualquier titulación hasta «A level» o su equivalente y no cuenten con el apoyo de sus padres también están incluidos. Considerando una pareja mayor de 25 años y cumpliendo con los requisitos mencionados, recibirían una cantidad de £525.72 al mes (597,59 €) en concepto de ayuda. En el caso de una persona soltera y mayor de 25 años, el monto de ayuda sería de £334.91 (380,78 €) al mes. Sin embargo, es importante tener en cuenta que estos valores son paradigmáticos y que, por tanto, los pagos pueden sufrir variaciones en función de las circunstancias individuales. Si bien, resulta destacable el hecho de contemplar a la población estudiantil como posible beneficiaria, elemento claramente innovador respecto a otras concepciones de distintas medidas adoptadas en otros países.

Es por ello por lo que, y dada la abundante literatura científica producida, el Reino Unido se convierte en un laboratorio social a tener muy en cuenta, tanto en la implementación como en el desarrollo y repercusión de algunas innovaciones, como la reciente fusión de medidas mencionadas. A continuación, presentamos dos figuras con un resumen de la información ya expuesta, organizadas en grupos de países por similitud.

Figura 8. Resumen de datos de políticas de inclusión europeas.
(Países de rentas altas)

	Dinamarca	**Finlandia**	**Francia**	**Alemania**	**Reino Unido**
Denominación	Asistencia social (kontanthjælp)	Asistencia social básica	Renta solidaria activa (RSA)	*Regelbedarf*	Universal credit
¿Cómo se determina?	El umbral mínimo está influido por el número de niños menores de 18 años en el hogar o si la persona está obligada a mantener a los niños fuera del hogar. El monto de la asistencia social se calcula como: 80% de la prestación máxima por desempleo para padres con hijos que viven en Dina-	El nivel de asistencia viene establecido en base a la ley vigente, calculándose en función de los integrantes del hogar, la edad y composición de este.	El destinatario principal de esta ayuda son las personas con ingresos bajos, mayores de 25 años o extranjeros con permiso de residencia.	Cubre los costos de nutrición, higiene personal, equipo doméstico y necesidades personales de la vida diaria.	Los solicitantes deben cumplir con ciertos requisitos esenciales como residir en el Reino Unido, tener 18 años o más (con algunas excepciones si se tiene entre 16 y 17 años), estar por debajo de la edad de pensión estatal y tener un capital de

	Dinamarca	Finlandia	Francia	Alemania	Reino Unido
	marca; 60% de este máximo para personas sin hijos.				£16,000 (18173,24 €) o menos en efectivo, ahorros e inversiones
Ejemplo	a) pareja sin trabajo con dos hijos de 8 y 4 años: recibe 31.140 coronas danesas (4.186 euros) al mes; b) persona soltera de 35 años que está desempleada sin personas a su cargo: recibe la cantidad básica para personas de 30 años o más sin hijos, es decir, 11.716 coronas danesas (1.575 euros) al mes;	a) Persona que vive sola: 514,82 euros al mes; b) Adulto que vive con sus padres. 375,82 € c) Para las familias con hijos menores de 18 años, el importe se reduce en un 5% a partir del 2º hijo y en un 10% por cada hijo a partir del 3º hijo, asimismo, el importe básico 1.498,14 € más alojamiento, más gastos médicos	a) Persona que vive sola: 598,54 euros mensuales; b) Parejas con 2 hijos: 1.256,94 euros.	a) Para niños menores de 6 años: 285euros mensuales b) Personas que viven solas o familias monoparentales: 449 euros mensuales.	a) Persona soltera y mayor de 25 años: £334.91 (380,78 €) al mes; b) Pareja mayor de 25 años: £525.72 al mes (597,59 €).

(Fuente: elaboración propia a partir de los datos en MISSO, 2022).

Figura 9. Resumen de datos de políticas de inclusión europeas (Países de rentas bajas)

	Italia	**España**	**Portugal**	**Países Bajos**	**Rumania**
Denominación	Reddito di cittadinanza	Ingreso Mínimo Vital (IMV)	Renta Mínima de Inserción Social		
¿Cómo se determina?	Se ajusta en función de la estructura del hogar, es necesario estar desempleado, poseer nacionalidad italiana o extranjera con residencia de al menos 10 años, y contar con ingresos familiares inferiores a los 10.000 euros.	Se ajusta en función de la situación familiar, si la persona carece de medios o ingresos suficientes cuando su estimación anual total es inferior a la estimación anual total de la prestación.	La cuantía de la prestación social percibida mensualmente está directamente relacionada con la diferencia entre el valor de la Renta Mínima de Inserción Social en función del tamaño de la familia y los ingresos totales del núcleo familiar.	Los montos de las prestaciones se encuentran íntimamente vinculados al salario mínimo establecido por ley, el cual se detalla para diferentes grupos poblacionales	La renta actual es no contributiva. Las prestaciones varían según el número de personas en la familia.
Ejemplo	a) Hasta 6.000 euros anuales para la Renta Mínima Garantizada o hasta 7.560 euros anuales para la pensión de ciudadanía b) Cuantía destinada al pago de alquiler o hipoteca inferior o	a) En el caso de un beneficiario: importe básico 491,62 euros mensuales; b) Si hay más de un beneficiario en la unidad familiar, el monto se incrementa en consecuencia; c) Si el beneficiario	a) Persona soltera:189,66 euros mensuales; b) Pareja con dos hijos: 512,08 euros mensuales	a) Parejas casadas o convivientes con o sin hijos: 1.495,33 euros al mes; b) Para hogares constituidos por cuatro personas: 598,13 euros	a) Persona que vive sola y desemplead: 78,7 RON mensual (15,92 euros); b) Pareja sin trabajo y 2 hijos: 264,4 RON mensual (53,5 euros).

	Italia	España	Portugal	Países Bajos	Rumania
	igual a 3.360 euros anuales.	es soltero y tiene un grado de invalidez de al menos el 65%, o en el caso de familias monoparentales, la cuantía mensual se incrementa en un 22%.		mensuales; c) Personas solteras de 18, 19 o 20 años: 258,42 euros al mes.	

(Fuente: elaboración propia a partir de los datos en MISSO, 2022).

6.6. IMPACTO DE LA RENTA BÁSICA EN LA POBREZA, LA DESIGUALDAD Y LA MOVILIDAD SOCIAL

La implementación de un sistema de renta básica efectivo y común en Europa podría tener un impacto significativo tanto en la reducción de la pobreza, la desigualdad y la exclusión social como en otras dimensiones *a priori* no tan visibles, pero no menos importantes. La garantía de unos ingresos básicos para todos los ciudadanos, independientemente de su situación laboral o nivel de ingresos, podría proporcionar un nivel aceptable de calidad de vida para el conjunto de la ciudadanía, con todo lo que ello conlleva en términos psicosociales y económicos, lo que nos acercaría más a un modelo universalista, como la Renta Básica Universal, en contraposición a los modelos asistencialistas que hoy imperan en el conjunto de la Unión Europa. Como afirma Standing (2018), «una renta básica incondicional es una política que garantiza una existencia segura y decente a todas las personas» (p. 3) pues más allá del plano moral, existen necesidades materiales básicas con necesidad de ser resueltas que, en caso de no ser tratadas, generan problemas sociales graves, tales como la delincuencia o la falta de aprovechamiento social.

En este sentido, la implementación de un sistema de renta básica también podría contribuir a reducir la estigmatización asociada a la asistencia social y, a su vez, fomentar la participación ciudadana y la solidaridad social necesaria para un correcto desarrollo y clima social. Se han llevado a cabo varios estudios que demuestran los efectos positivos de la renta básica en las dimensiones que hemos tratado y en diferentes contextos (Haagh, 2011). Además, un sistema de renta básica podría fomentar la creatividad, la innovación y el emprendimiento al proporcionar una red de seguridad económica para aquellos que deseen emprender proyectos arriesgados (Van Parijs, 2017) o sin un rendimiento económico dentro de la economía clásica de mercado.

Enfocándonos en el presente, es importante evaluar el impacto de las medidas presentadas en este capítulo. Para hacerlo, podemos utilizar datos que indican el porcentaje de personas en riesgo de pobreza o exclusión social (AROPE). Este término se refiere a personas que viven en condiciones de grave carencia material y social, o que residen en hogares con muy baja intensidad laboral. Al conocer el porcentaje de pobreza de manera anterior a la incorporación de las ayudas planteadas, podemos determinar si estas medidas están teniendo un impacto positivo en la población. Somos conscientes de que no se parte en blanco, y que anteriormente —en la mayoría de los casos— ya existían medidas destinadas a combatir la pobreza y la desigualdad; por lo que esta aproximación nos permite comparar y evaluar si ha existido una mejora en las tasas a raíz de la inclusión de estas medidas.

Tabla 4. Tasa riesgo de pobreza (AROPE)

AÑO	2018	2019	2020	2021
Dinamarca	17,5	17,3	16,8	17,3
Finlandia	16,6	15,4	15,9	14,2
Alemania	18,5	17,3	20,4	21,0
España	27,3	26,2	27,0	27,8
Francia	17,9	18,8	19,3	19,2
Italia	25,7	24,6	24,9	25,2
Países Bajos	16,5	16,5	16,0	16,6
Portugal	21,6	21,1	20,0	22,4
Rumania	38,7	36,1	35,6	34,5
Reino Unido	22,8	–	–	–

Fuente: Datos extraídos de Eurostat (2023).

A partir de la tabla 4 se puede observar una tendencia clara en cuanto al porcentaje de riesgo de pobreza que se da en cada país tratado para realizar la comparativa entre los mismos. Como podemos observar, los porcentajes se mantienen relativamente estables, con pequeñas oscilaciones en la mayoría de los casos. Con el objetivo de contextualizar adecuadamente el análisis de los datos presentados, es necesario realizar una precisión sobre la composición de la muestra. En este sentido, cabe destacar que la tabla contempla la población total, sin establecer diferenciación alguna por género. A su vez, debemos aclarar que lo abordado en esta tabla refleja un punto de partida, pues es fundamental reconocer que la exclusión social abarca diversos aspectos y debe considerarse de manera integral. Por lo tanto, se reitera que estamos ante un punto de partida de análisis de la exclusión, concretamente en su dimensión manifiesta —y medible— de pobreza.

En primer lugar, se contempla que Dinamarca tiene uno de los porcentajes más bajos de riesgo de pobreza en comparación a los otros países de la tabla, con un porcentaje de 17,3% en 2021 y registrando su valor más bajo en 2020, igual a 16,8%, aun así, los porcentajes siguen siendo relativamente estable en comparación con otros países. Pues, como vimos anteriormente, Dinamarca tiene un sistema de bienestar social bastante desarrollado que proporciona servicios de alta calidad. Por otro lado, Finlandia, también obtuvo valores bajos, con un porcentaje del 14,2% en 2021. De manera general, podemos afirmar que, a pesar de que se hayan registrado fluctuaciones entre un año y otro, Finlandia sigue siendo el país que mantuvo menor tasa de riesgo de pobreza de todos los países analizados. Cuestión que destacar, pues como apuntamos anteriormente, era de los que menor montante proporcionaba en términos de líquido, pero, sí cubría necesidades médicas y habitacionales. Evidentemente, estos resultados solo nos permiten una aproximación, pues la realidad económica y financiera de conjunto del país permite mayor o menor presupuesto a las capas más desfavorecidas.

Si nos desplazamos hacia la parte media de Europa, entre los países con un Estado de bienestar que adopta rasgos mixtos, nos encontramos con Países Bajos, que presenta unos valores bastante estables en el tiempo, lo que nos indica que sus políticas de bienestar llegan a abarcar una gran parte de la población consiguiendo mantener los efectos de la pobreza contenidos en el tiempo, aunque no los mejora. De hecho, en 2021 se registra el valor más alto que corresponde a 16,6%, mientras que, en 2018, correspondía a 16,5%. En el caso de su país vecino, Alemania, observamos que presenta unos porcentajes más altos en comparación con Dinamarca, Finlandia y Países Bajos, que corresponde al 21,0% en 2021.

Por otro lado, es posible percibir que ha ido en aumento desde 2018, lo que puede deberse a factores como la desigualdad económica y el aumento del coste de vida. Si bien es cierto, debemos destacar los estragos producidos tanto a nivel económico como social de la COVID19, elemento de suma importancia para evaluar la robustez de los sistemas de lucha contra la pobreza. En este sentido, podemos apuntar como una mayor cuantía no siempre se traduce en mejoras en términos de lucha contra la pobreza. A pesar de esto, sigue teniendo valores relativamente bajos en comparación a los países mediterráneos, de tal manera que, a la hora de compararlos con España, observamos que este último registró una tasa de pobreza del 27,8% en 2021; cifra significativamente más alta que las de Dinamarca, Finlandia y Alemania. Ello nos lleva a la conclusión que sigue existiendo una gran brecha y diferentes velocidades en el espacio europeo.

Continuando con España, podemos apreciar como los valores se han mantenido algo estables a lo largo del tiempo, pues en 2018 se dio un porcentaje del 27,3%, lo cual no indica un aumento brusco en comparación al último año que tenemos a disposición, considerando que la crisis económica no ha acabado de remitir, y solo estamos ante una plausible meseta económica, lo que contribuye de manera significativa a una reducida contención de la tasa de pobreza. Aun así, se consiguió mantener aproximadamente los mismos niveles durante los últimos cuatro años. Probablemente, las ayudas proporcionadas por el gobierno y la implantación del Ingreso Mínimo Vital han contribuido a controlar estos valores y evitar un aumento significativo sobre la tasa de pobreza, más aún, con la crisis sociosanitaria que tuvo lugar a principios de 2020.

Por su parte, Francia, en 2021, registra un porcentaje del 19,2%, valor bastante más alto en comparación al 2018, cuando se encontraba en 17,9%. No obstante, se encuentra en una posición bastante más ventajosa a la hora de compararlo con Italia, que en 2021 tiene un porcentaje de riesgo de pobreza del 25,2%, lo que resulta algo más bajo que en 2018, cuando registró una tasa igual al 25,7% y 24,9% en 2020, es decir, un año después a la puesta en vigor de la renta de ciudadanía, ayuda destinada a paliar los efectos de la crisis causada por el COVID-19 y la emergencia eléctrica de los meses posteriores.

Observando los valores pertenecientes a Portugal, advertimos que en 2021 el porcentaje de riesgo de pobreza asciende a 22,4%, siendo este el valor más alto registrado entre los años analizados, teniendo en cuenta que el año anterior (2020) obtuvo el valor más bajo (20%). Por último, en el caso de Rumania, destaca entre todos los países, ya que es él quien registra los valores más altos en 2021, correspondiente al 34,5%, lo cual es relativamente más bajo en comparación a los valores registrados en años anteriores: en 2018, la tasa de pobreza era del 38,7% tendiendo a la baja en los años sucesivos. En comparación con los otros países, es el único que consiguió seguir esta tendencia y evitar el aumento, aunque debemos tener en cuenta las altas tasas de partida.

Con relación al análisis de datos en el contexto del Reino Unido, cabe destacar que no resulta posible realizar una comparación interanual, ya que la fuente de información utilizada no ofrece datos homogéneos a lo largo del tiempo. Aun así, según el informe publicado por el parlamento de este país en 2022, se afirma que «en general, la pobreza parece haber disminuido al comienzo de la pandemia, debido a una combinación de ingresos medios decrecientes y mayores beneficios. Esta disminución probablemente se revirtió en 2021 y 2022 cuando se retiró el aumento de £20 por semana de Crédito Universal y aumentó el costo de vida. No obstante, se especifica que los datos más recientes para 2020 y 2021 son menos fiables de lo habitual debido a las dificultades para recopilar datos de encuestas durante los bloqueos por coronavirus, por lo que deben tratarse con precaución.» (Parliament of the United Kingdom, 2022).

A modo de breve conclusión, y aunque existen diversas medidas implementadas en Europa para combatir la pobreza y la desigualdad en contexto sumamente diferenciados, es fundamental continuar evaluando su impacto real. Aunque aquí hemos hecho uso principalmente de la tasa de pobreza, existen multitud de otros indicadores —y sistemas basados en estos— que permiten seguir valorando la efectividad real de estas medidas. La tabla presentada muestra que, en muchos casos, las tasas de riesgo de pobreza se mantienen relativamente estables en los últimos años, lo que sugiere que estas medidas podrían no estar siendo suficientes para abordar los desafíos actuales a los que se enfrentan el conjunto de países que forman la Unión Europa. Por lo tanto, es importante continuar evaluando y ajustando las políticas y programas existentes, así como considerar nuevas estrategias para lograr un mayor impacto y reducir la brecha entre los grupos más ricos y los más pobres en Europa. Solo de esta manera podremos avanzar hacia una sociedad más justa y equitativa para todos.

6.7. ALGUNOS RETOS Y OPORTUNIDADES PARA LA RENTA BÁSICA EN EUROPA

Desde finales de los años 80, prácticamente todos los países europeos realizaron una implementación de sistemas de rentas mínimas, dirigidos a individuos que no reciben salarios ni ingresos, y carecen de recursos financieros para cubrir sus necesidades básicas, es decir, enfocadas a personas que se encuentren o estén en alto riesgo de exclusión social. Pero la realidad de estos programas que intentan mitigar la desigualdad social es, que, hasta el día de hoy, continúan planteando desafíos de cara al futuro que no han sido resueltos. En consecuencia, y de acuerdo con lo que afirma Urteaga (2011) resulta imperativo continuar impulsando el movimiento regional orientado a dilucidar los objetivos, estandarizar las reglas y homogeneizar las cuantificaciones inherentes a las diversas prestaciones. No obstante, no podemos soslayar las dificultades que se derivan de este proceso, ya que toda alteración en la financiación de un régimen constante puede acarrear consecuencias perjudiciales para segmentos poblacionales pertenecientes a colectivos particularmente vulnerables, a más cuando las realidades socioeconómicas y las interdependencias regionales —también globales— juegan un papel clave.

Cómo hemos podido apreciar, las realidades dentro de las fronteras europeas se presentan altamente dispares, desde las diferentes tradiciones y cristalizaciones en sistemas de bienestar diversos a las particulares proyecciones de futuro que plantean cada uno de los Estados miembros.

Como se observó mediante algunos casos de países europeos que integran políticas de asistencia social en sus programas de gobierno, la existencia de una renta mínima garantizada pueden ser una herramienta efectiva para mantener estables los niveles de pobreza y exclusión social, pero por lo general presentan poca efectividad a la hora de revertir las tendencias crecientes de desigualdad en amplias capas de las sociedades europeas. De igual forma que hemos mantenido la dificultad de implementación de una política común en el entorno europeo, Perdiz (2010) señala que es un desafío lograr una coordinación más efectiva a nivel regional para impulsar políticas de inclusión social en contexto tan dispares. Por consiguiente, se sigue debatiendo en el Parlamento Europeo la complejidad de adoptar una directiva europea sobre rentas mínimas y la necesidad urgente de iniciativas para fomentar la inclusión social por parte de los Estados miembros. Además, es importante evaluar cómo estas políticas afectan al empleo, educación, salud y participación social, y considerar la sostenibilidad financiera a largo plazo, tanto a nivel nacional como supranacional.

En conclusión, las rentas mínimas son una herramienta importante para combatir la pobreza y la exclusión social en Europa. Sin embargo, es fundamental reconocer cómo ha cambiado el escenario en los últimos años y cómo los cambios sociales han impulsado la evolución de los derechos sociales como conquistas de la ciudadanía. Es crucial que las políticas de rentas mínimas vayan más allá de un enfoque meramente asistencialista, pues, estas mismas, deben ir acompañadas de medidas que promuevan la inclusión laboral y la capacitación para el empleo, permitiendo que estas medidas se conviertan en verdaderos instrumentos de inserción social. Para así, de esta manera, evitar la perpetuación de la dependencia económica y la marginación social.

Además, el rápido avance de las tecnologías basadas en inteligencia artificial plantea un desafío significativo en términos de creación y destrucción de empleo, así como la sostenibilidad de los sistemas de protección social. Ante esta realidad, se requiere un enfoque innovador y proactivo para adaptarse a estos cambios y garantizar que las políticas de protección social se mantengan relevantes y efectivas en el futuro. Por todo ello, la implementación de rentas mínimas, debe considerar los cambios sociales y económicos actuales, promoviendo la inclusión laboral y el empoderamiento efectivo de las personas; y así, lograr avanzar hacia una sociedad más justa, equitativa e inclusiva, donde políticas de la naturaleza como las presentadas en este capítulo, se conviertan en vehículos reales y exhaustivos de inclusión social.

REFERENCIAS BIBLIOGRÁFICAS

Airef. (2019). Rentas mínimas en España: propuestas para la mejora del sistema. https://www.airef.es/wp-content/uploads/RENTA_MINIMA/20190626-ESTUDIO-Rentas-minimas.pdf

Autoridad Independiente de Responsabilidad Fiscal (AIReF). (2021). *Los programas de rentas mínimas en España* (Informe No. 1/2021). Autoridad Independiente de Responsabilidad Fiscal (AIReF). https://www.airef.es/wp-content/uploads/2021/01/Informe_1_2021_Rentas-minimas.pdf

Cheetham, M., Moffatt, S., Addison, M., & Wiseman, A. (2019). Impact of Universal Credit in Northeast England: a qualitative study of claimants and support staff. *BMJ Open, 9*(7), 1-9.

Coady, D., Jahan, S., Shang, B., & Matsumoto, R. (2021). Garanteed Minimum Income Schemes in Europe: Landscape and Design [Esquemas de Renta Mínima Garantizada en Europa: Paisaje y Diseño]. *Fondo Monetario Internacional (IMF), Working Paper*, No. 21/133, 21. https://www.imf.org/en/Publications/WP/Issues/2021/07/02/Guaranteed-Minimum-Income-Schemes-in-Europe-Landscape-and-Design-461341

Esping-Andersen, G. (1990). *The three worlds of welfare capitalism*. Princeton University Press.

Eurostat. (s.f.). At-risk-of-poverty rate by poverty threshold, age and sex-EU-SILC survey [Tabla de datos]. https://ec.europa.eu/eurostat/databrowser/view/ILC_PEPS01N__custom_3337149/bookmark/table?lang=en&bookmarkId=0460cf2c-6a09-4773-be7a-db0513f4db8b

Ferrera, M. (1996). The «Southern» model of welfare in social Europe. *Journal of European Social Policy, 6*(1), 17-37.

Frey, C. B., & Osborne, M. A. (2017). The future of employment: How susceptible are jobs to computerisation? *Technological Forecasting and Social Change, 114*, 254-280.

Gutiérrez-Solar, B. (2020). El debate sobre la renta básica universal fuera de España: experiencias comparadas. *TRABAJO. Revista Iberoamericana De Relaciones Laborales, 38*(1).

Gobierno de Reino Unido. (s.f.). Universal Credit. Recuperado el 31 de marzo de 2023, de https://www.gov.uk/universal-credit/print

Haagh, L. (2011). Basic income, social democracy and control over time. *Policy & Politics, 39*(1), 43-66.

Kennedy A., Danesi, S. (2022). La lucha contra la pobreza, la exclusión social y la discriminación. Fichas temáticas del Parlamento Europeo. https://www.europarl.europa.eu/factsheets/es/sheet/60/la-lucha-contra-la-pobreza-la-exclusion-social-y-la-discriminacion

Lévy, C., & Schubert, K. (2013). *The French welfare system: Key figures & basic principles*. CLEISS.

Merrill, R., Neves, C., & Laín, B. (2021). *Basic income experiments: A critical examination of their goals, contexts, and methods*. Springer Nature.

Ministero del lavoro e delle politiche sociali (2023) https://www.redditodicittadinanza.gov.it/

MISSOC. (2022). Comparative Tables. https://www.missoc.org/ https://www.missoc.org/missoc-database/comparative-tables/results/

Moreno, L. (2001). La «vía media» española del modelo de bienestar mediterráneo. Papers. *Revista de Sociología, 63/64*, 67-82.

Moreno, L., Pino, E. D., Marí-Klose, P., & Moreno Fuentes, F. J. (2014). Los sistemas de bienestar europeos tras la crisis económica.

Ruvalcaba, M.A. (2006). Modelos y regímenes de bienestar social en una perspectiva comparativa Europa, Estados Unidos y América Latina. *Desacatos: Revista de Ciencias Sociales, 21*, 109-134.

Parliament of the United Kingdom. (2022). Poverty in the UK: statistics.

Paz-Báñez, M. A., Aceytuno, M.T., Sánchez-Lopez, C., & Asensio Coto, M. J. (2021). ¿Es posible implantar una Renta Básica Universal en Europa? Revista De Economía Mundial (59). https://doi.org/10.33776/rem.v0i-59.5300

https://commonslibrary.parliament.uk/research-briefings/sn07096/

Perdiz, J. V. (2010). El tratamiento de las rentas mínimas en la Unión Europea. *Revista de Estudios Europeos, 55,* 41-56.

Peris-Cancio, L (2021). Los esquemas de rentas mínimas en Europa y el Ingreso Mínimo Vital (IMV). *Revista Española de Sociología, 30* (2),1-10.

Pestieau, P., & Lefebvre, M. (2018). *The Welfare State in Europe: Economic and Social Perspectives* (2nd ed.). Oxford University Press.

Pierson, C. (1996). *The new politics of the welfare state.* Oxford University Press.

Raventós, D. (2015). *Basic Income: The Material Conditions of Freedom.* Pluto Press.

Rey Pérez, J.L. (2020). Renta básica universal. *EUNOMÍA. Revista en Cultura de la Legalidad* (19), 237-257.

Standing, G. (2018). *LA RENTA BÁSICA: un derecho para todos y para siempre.* Pasado y presente.

Tena, A. (2018). La Renta Básica Universal basada en la evidencia. *Política y Sociedad, 55*(3), 851-871.

Van Parijs, P., & Vanderborght, Y. (2017). *Basic income (A radical proposal for a free society and a sane economy).* Harvard University Press.

Widerquist, K. (2018). *A critical analysis of basic income experiments for researchers, policymakers, and citizens.* New York: Springer International Publishing.

Capítulo VII

La dialéctica entre la renta básica universal y la renta mínima. Una díada compleja

Rosa Raquel Ruiz Trascastro

Luis Miguel Rondón García

7.1. LA UNIVERSALIDAD DE LOS DERECHOS SOCIALES COMO PUNTO DE PARTIDA

La universalidad como derecho social básico en los sistemas de protección social induce a que todos los ciudadanos tengan derecho a recibir unos servicios para atender a sus necesidades básicas con independencia de su origen, género, orientación e identidad sexual, nivel socioeconómico o cualquier otra característica adscriptiva. Es decir, se trata de que los servicios sociales sean accesibles a toda la población en igualdad de condiciones sin distinciones desde la perspectiva de la equidad. Esta premisa es fundamental para garantizar la igualdad de oportunidades y promover la inclusión social en una sociedad avanzada de progreso en tiempo y espacio actuales. Pero la universalidad también es una cuestión que conecta con el valor o tipo de ideal de justicia social, al promover la eliminación de la desigualdad promoviendo una sociedad más justa para todos sus miembros, donde los servicios llegan a todos.

En virtud de los preceptos anteriores, las prestaciones de renta de inserción social como parte de los servicios sociales que son deben estar garantizadas en todos los países y son exigibles, porque hemos evolucionado como sociedad tras siglos de conquistas en cuanto a derechos sociales se refiere. Cabe recordar que la renta básica, junto a los servicios sociales, constituyen uno de los pilares del Estado Social conjuntamente con los sistemas de salud, educación y pensiones, considerándose un patrimonio social irrenunciable al ofrecer cobertura a las necesidades sociales imprescindibles para vivir con dignidad. Sin embargo, uno de sus objetivos esenciales para el que fueron creados: universalizar sus prestaciones básicas a toda la población, no se ha conseguido, por lo que es necesario exigir un compromiso político que garantice la financiación para alcanzar la cobertura de toda la ciudadanía. Por ello, la universalidad de derechos es uno de los mejores instrumentos con los que cuentan las personas y familias para construir un futuro que garantice su bienestar y calidad de vida.

No obstante, y a pesar de que los Servicios Sociales llevan varios decenios desde su implantación, como ocurre con gran parte de la cartera de servicios en general, les falta el reconocimiento del derecho social a reclamarlos, hacerlos legítimos de forma automática como ocurre con los derechos fundamentales, para que puedan emprender el tramo final hacia su consolidación como la cuarta columna del bienestar social, junto a la sanidad o la educación. Precisamente por esta razón, las distintas voces políticas, académicas, están planteando un nuevo modelo para la conversión de la posición jurídica de los ciudadanos ante las prestaciones básicas de los servicios sociales. Hasta este momento en muchos estados los demandantes solicitan una prestación social por encontrarse en situación de exclusión social y obtienen una respuesta fundada a la petición, en función de los parámetros de valoración y los recursos públicos disponibles. De ahí subyace el necesario cambio de paradigma para establecerlo como derecho subjetivo a la obtención de forma inmediata y no objetivo o sujeto a los recursos disponibles delimitados por unos requisitos específicos que dejan al margen a muchas personas que se quedan en el camino por razones burocráticas. En este sentido, se debe fijar una cartera de servicios o prestaciones dirigidas a toda la población sin distinciones que constituyen un derecho básico del ciudadano y una obligación de las administraciones como se establece en las constituciones, así como en las normas internacionales y en los pactos de bienestar. Estos instrumentos deben proporcionarlos los estados para que sean derechos efectivos, poniendo los medios y los presupuestos disponibles que se puedan atender todas las peticiones, garantizando que los derechos sociales de las personas en situación de exclusión social sean reales.

Es de justicia señalar que la renta mínima de inserción ha sido una herramienta eficaz de lucha contra la exclusión social y la pobreza en buena parte de Europa, mejorando las condiciones de vida de muchas personas que no tenían otro vehículo de inclusión, incrementando el número de beneficiarios cada año. Pero las situaciones de exclusión continúan porque aumentan los colectivos en situación de exclusión y las desigualdades sociales. A esto cabe añadir que proliferan nuevas necesidades sociales y en consecuencia sectores de población en situación de exclusión social que antes no tenían estas situaciones y quedan al margen del sistema.

En todo caso, lo esencial es que la relación entre el ciudadano y las administraciones debe articularse en base a la relación: derecho subjetivo del ciudadano obligación de la administración. Lo esencial en esta nueva etapa es que la administración es la responsable de la prestación del servicio que se ha configurado como un derecho del ciudadano y, por tanto, éste puede dirigirse a los servicios sociales exigiendo su prestación. Derecho subjetivo comporta atribuir a su titular una acción frente al sujeto obligado a la prestación. A continuación, la norma debe determinar el exacto alcance del derecho subjetivo, es decir, qué condiciones se requieren para que se reconozca el derecho y a qué prestaciones en concreto se tiene derecho (Tornos y Galán, 2007).

7.2. ¿RENTA SOCIAL BÁSICA O RENTA UNIVERSAL?

A tenor de las inferencias anteriores, la idea en torno a un derecho mínimo vital para las personas en situación de exclusión social fluctúa entre dos posiciones antagónicas: una renta básica o una renta universal. La primera denominada renta básica, consiste en ofertar una prestación asistencial residual, provisional o no periódica, que se otorga en función de unos parámetros de tipo económico y social sujetos a una valoración social que determina si la persona tiene o no derecho a recibirla en función de un baremo establecido. Esta concesión suele ir acompañada de acciones formativas o de inclusión social como deberes de los beneficiarios durante el período que reciben estos ingresos, con las sanciones oportunas en caso de no cumplirlos. La segunda definida como renta básica o universal, por el contrario, implica una prestación periódica de derecho subjetivo, incondicionada, sin contraprestaciones en la concesión de estos recursos públicos, que se disfruta como un derecho por el mero hecho de no recibir ingresos suficientes o de no poder atender a las necesidades básicas, en aras a mejorar la distribución equitativa de la riqueza entre los/as ciudadanos/as. En la presente figura 10 se muestran los principios y características que diferencias ambos modelos de renta (básica y universal):

Figura 10. Diferencia entre la renta básica y la renta universal

DENOMINACIÓN	PRINCIPIOS ESENCIALES	CARACTERÍSTICAS
Renta mínima de inserción	Derecho objetivo y condicionado Acceso restringido Contraprestaciones Bienestar social Libertado formal Exige requisitos formales	Está dirigida a familias en situación e exclusión social sin ingresos suficientes No está dirigida a toda la población Está sujeta a una valoración social en función de unos parámetros La cuantía es reducida No es periódica Atiene a las necesidades más urgente Está asociada al vector del empleo
Renta básica universal	Universalidad Derecho subjetivo e incondicional No exige requisitos Contraprestaciones Bienestar social para todos Libertad real Dignidad	Está dirigida a toda la población en general sin distinguir edades ni características sociodemográficas La cuantía es próxima al salario mínimo Periodicidad Atiende a las necesidades sociales en general Mínimo vital sin tener en cuenta la capacidad de trabajar

Fuente: Elaboración propia.

Se trata de una disyuntiva objeto de discusión en los escenarios y voces de grupos políticos, intelectuales y de alguna medida una demanda de buena parte de la población que considera la necesidad de un mínimo vital para todo el mundo, como precepto de un estado moderno y social. Como indica Van-Parijs (2019), fundador de la Red Europea de la Renta Básica, el caso de una renta básica incondicional se verá particularmente sólido, en tanto que su naturaleza incondicional lo hace más como un fondo de riqueza, que aumenta el poder del más débil en los contextos del empleo, así como en lo familiar, y además evita la estigmatización propia de los ancestros sistemas de beneficencia. De esta forma se puede superar el clásico juicio moral a la persona inactiva o sin ingresos para pasar al estatuto de ciudadano de pleno derecho.

En este orden cabe decir, que en el nuevo escenario que vivimos, ante una era de desigualdad creciente y una situación política dividida, polarizada, cuando las viejas respuestas a los problemas sociales perdurables ya no inspiran confianza, la nueva renta presenta razones para esperar que aún podamos lograr una sociedad equitativa y una economía basada en la justicia social. Tomando como referencia el lenguaje kantiano, la renta básica universal conecta con la idea de una libertad real y de bienestar social para todos, como valores que cimentan la arquitectura de una democracia real. Además, considerar este carácter universal no solo es compatible con una posición kantiana, sino que puede justificarse desde tal posición porque representa una herramienta para realizar concretamente la libertad externa tal como se presenta en la Doctrina del Derecho y por alcanzar el ideal ético de virtuosismo presentado en la Doctrina de la Virtud (Pinzani, 2022).

Por claro está, la asignatura pendiente que subyace en muchos de los debates tiene como telón de fondo la viabilidad económica. Es decir, si los estados pueden hacerse cargo con sus presupuestos de este esfuerzo monetario, olvidando que la inversión social no siempre debe ser rentable *a priori*, porque son derechos y se puede revertir la inversión a la sociedad en su conjunto *a posteriori* desde el momento que las personas tienen los ingresos suficientes en la sociedad de consumo. En sintonía con esta línea, Martinelli & Vanderborght (2022) plantean en su estudio la compatibilidad de la estrategia de inversión social con la provisión de una renta básica incondicional, situándola como un componente clave de un futuro postrabajo, teniendo en cuenta la destrucción del tejido industrial y de muchos sectores económicos de empleo.

Al margen de estos debates inconclusos, cabe indicar, que estas posturas antagónicas pueden convenir puntos sustanciales de acuerdo, y, de hecho, pueden reforzarse entre sí según una lógica de complementariedad institucional. En particular, una renta básica parcial podría mejorar o complementar las funciones clave con una versión democrática y social de la estrategia de inversión social. Al mismo tiempo, podría rescatar la renta básica de las posiciones que lo ven como una propuesta política poco realista e ineficaz a medio plazo. Representa una especie de pacto social, teniendo en cuenta que las bolsas de exclusión social no son sólo cuestiones que afectan a las personas que la sufren, sino que afecta a la sociedad en su conjunto, porque estamos interrelacionados.

Con intención de cerrar el debate y poner orden al estado de la cuestión, se trata de superar la discusión filosófica clásica y abstracta de la libertad individual, incorporando el valor ampliamente compartido por la sociedad, el bienestar social real para todos, junto a la comprensión estrecha de estas medidas de lucha contra la exclusión como una actividad valiosa. La justificación de este argumento se sustenta en la empatía social, el compromiso con las desigualdades y en la revisión de los planteamientos como fundamento ético que reconoce que toda actividad es valiosa en la creación y mantenimiento de normas y hábitos culturales. En consecuencia, la mejor justificación de la renta básica es la inclusión pragmática para una democracia ética.

Con los nuevos avances más recientes de la Europa Social, estos debates son un hecho inexorable a partir de las publicaciones más recientes del último decenio, con interesantes trabajos científicos como: Basic Income: A Radical Proposal for a Free Society and a Sane Economy de los filósofos Philippe van Parijs y Yannick Vanderborght y Basic Income: And How We Can Make It Happen, del economista Guy Standing. Estas publicaciones pretenden indicar nuevas vías de investigación a partir de cuatro puntos cardinales: de argumentación e investigación: la historia y clarificación conceptual; la deseabilidad ética; la viabilidad técnica, económica; la factibilidad política de estas prestaciones.

Retomando el discurso en cuanto al valor de la justicia social y su nueva redefinición entendida como un derecho de los usuarios a disfrutarlo y un deber de los Estados a garantizarlo, la libertad real de los individuos que la componen en una sociedad se concibe como la capacidad de un agente para hacer una elección en ausencia de obstáculos. Es necesario clarificar que la libertad formal consiste en la simple ausencia de restricciones legales o sociales que se imponen por parte de los gobiernos a la sociedad. Pero la libertad real depende de los bienes externos que tenemos que llevar a cabo nuestros proyectos de vida. Si una persona tiene la capacidad de elegir especialmente en ausencia de obstáculos, esto constituye una oportunidad para todos y una igualdad real de resultados y no sólo de acceso. Por tanto, la verdadera libertad de los individuos se mide de acuerdo con el conjunto de oportunidades disponibles para ellos. Para medir la libertad real de los individuos es esencial poder medir el valor bienes externos, es decir, medir y comparar al conjunto de oportunidades que se ofrecen antes de analizar los resultados (Van Parjis, 2005); Sadivan (2018).

7.3. LA RENTA BÁSICA UNIVERSAL COMO DERECHO EFECTIVO PARA GARANTIZAR LA PLENA INCLUSIÓN

Después del debate precedente que fundamenta el porqué de este planteamiento, para situar nuestro objeto de estudio definimos en esencia la renta básica universal como un derecho de percepción de una prestación económica, incondicional y accesible para todos los ciudadanos. Para ello, a nivel global, el Estado debe garantizar a la ciudadanía un monto económico destinado a erradicar la pobreza de la sociedad: el grueso de esta prestación se destinaría a favorecer las rentas más bajas, correspondientes a personas en riesgo de exclusión social o con recursos muy limitados, y desciende gradualmente hasta alcanzar al resto de personas vulnerables de forma progresiva. No obstante, es imposible predecir lo que sucederá si se lleva a la práctica, puesto que no ha sido implantada todavía en ningún país de forma efectiva, y todos los estudios se han realizado basándose en modelos teóricos sin evaluar los resultados ni su viabilidad.

Según lo expuesto nos planteamos el siguiente interrogante. ¿Qué diferencia existe entre la renta mínima clásica y la nueva propuesta de renta universal, también reivindicada como herencia universal? Pues bien, *a priori* ambos conceptos podrían confundirse, pero presentan una divergencia sustancial: mientras que la renta básica sería un derecho incondicional que se concedería automática y gradualmente a toda la población; la renta mínima sería una prestación sujeta al cumplimiento de determinados requisitos (derecho objetivo), como acreditar una situación prolongada de desempleo o la no percepción de otras ayudas. Por tanto, mientras que la renta básica universal es un ingreso que la administración paga a cualquier ciudadano/a, sin tener en cuenta su disponibilidad para trabajar, la unidad familiar u otras características para seleccionar o discriminar a los demandantes de la prestación. La condición esencial para recibir estos ingresos es la incapacidad de atender a las necesidades básicas vitales con los medios propios para llevar a cabo una vida digna. En el sentido opuesto, la renta mínima parte de la idea de la atención al mínimo vital cuando la persona no tiene ingresos suficientes para vivir procedentes del trabajo u otras fuentes análogas.

En suma, como apunta Raventos (2015) la renta universal es un ingreso pagado por el Estado a cada miembro de pleno derecho o residente acreditado de una sociedad sin condiciones, independientemente de su situación laboral, patrimonial, familiar, o social. Se trata de un ingreso mínimo garantizado, una asignación pública monetaria incondicional, que cubre las necesidades básicas de cada individuo, como la vivienda y la alimentación o la vivienda entre otras. En la misma línea Philippe Van Parijs (1995) señala: «La renta básica es un proyecto que se deriva de la idea de que, en una sociedad justa, todo el mundo debe tener suficiente dinero para vivir con dignidad y participar en la vida social y política» (p. 29).

En conclusión, se deduce a partir de este análisis que la renta básica representa el tránsito del derecho objetivo al derecho subjetivo de forma universal. La idea central que subyace es la de reducir la pobreza y la desigualdad social y económica fomentando la creatividad y el emprendimiento en aras a mejorar la calidad de vida de las personas. No obstante, estas elocuentes propuestas todavía son una utopía a corto plazo, porque, aunque ha sido debatida en importantes eventos como la Declaración Universal de los Derechos Humanos Emergentes (2007), en Monterrey, reconociendo este derecho humano emergente, todavía no ha sido consensuada su aplicación a gran escala. Concretamente se establece en esta declaración que: «Todos los seres humanos y las comunidades tienen derecho a vivir en condiciones de dignidad. Este derecho humano fundamental comprende los siguientes derechos: El derecho a la renta básica o ingreso ciudadano universal, que asegura a toda persona, con independencia de su edad, sexo, orientación sexual, estado civil o condición laboral, el derecho a vivir en condiciones materiales de dignidad». A tal fin, se reconoce el derecho a un ingreso monetario periódico incondicional sufragado con reformas fiscales y a cargo de los presupuestos del Estado, como derecho de ciudadanía, a cada miembro residente de la sociedad, independientemente de sus otras fuentes de renta, que sea adecuado para permitirle cubrir sus necesidades básicas.

En el contexto internacional, en el Parlamento Europeo (Kennedy A., Danesi, S, 2022), la Unión Europea ha apuntado en esta dirección con el objetivo de apoyar a los estados miembros en su lucha contra la pobreza, la exclusión social y la discriminación con el fin último de fortalecer la cohesión y el carácter integrador de la sociedad europea para garantizar que todos los ciudadanos tengan acceso a las mismas oportunidades y recursos. Sin duda la implementación de estos programas en Europa continúa siendo un tema relevante en la futura agenda política y social de la región.

7.4. ÚLTIMOS AVANCES. LA PROPUESTA ESPAÑOLA DE RENTA BÁSICA UNIVERSAL

De los argumentos relatados a lo largo de los epígrafes se denota que los poderes públicos tienen que servir como punto de partida para la consecución de una renta básica universal en toda la Europa Social. Se necesita afianzar los pilares básicos en torno al bienestar social que han venido tambaleándose con sucesivas crisis económicas a nivel mundial, que siempre se extienden a los derechos sociales. Es en el marco de las nuevas necesidades sociales de la ciudadanía desde donde tienen que implementar las actuaciones para que las personas puedan ser beneficiarias de una renta básica universal. Estos recursos son necesarios para poder lograr el ansiado bienestar social para todos y paliar las consecuencias de la exclusión social.

Una de las propuestas más interesantes de este nuevo modelo de renta con respecto a la anterior, es que no exige tanta burocracia ni documentación, al no tener unos requisitos de acceso tan restringidos como venía teniendo la renta básica. La idea es que todo ciudadano tenga unos ingresos mínimos vitales independientemente de su renta o capacidad económica, para hacer frente a las necesidades básicas de toda persona.

En el territorio español como ha ocurrido en otros contextos ha habido conatos para la implantación de la Renta Básica Universal. Como punto de partida nos podemos remontar a la iniciativa que se inició en Barcelona en 2017. Esta ciudad fue la primera en lanzar un proyecto de renta básica incluido en el programa de Acciones Innovadoras Urbanas (Urban Innovative Actions) de la Unión Europea en octubre de 2017. B-Income (base de ingresos) trata de garantizar los ingresos de 1000 hogares pobres del distrito del Besós, con suplementos entre 100 y 1676 € por mes. La medida se acompaña de acciones contra la pobreza como bancos de tiempo y el uso de una moneda social. (XVIII Congreso Internacional de Investigadores en Economía Social y Cooperativa, 2023)

Este proyecto piloto consistió en crear una oficina para el diseño de la renta básica universal en 2021, en la que se investigaría conceder durante dos años una prestación de 800 euros al mes por persona (de 300, para los menores de edad) a un grupo de 5.000 personas: la mitad seleccionadas aleatoriamente, y la otra mitad, serían los habitantes de dos municipios enteros, de unos 1.200 habitantes.

Como observamos hay pocas propuestas implementadas de la Renta Básica Universal. Los motivos son diversos: poca o nula conciencia por parte de la clase política para el desarrollo de la Renta Básica; nuevas propuestas para que sea viable económicamente implementarla; resistencia por parte de algunos sectores de recibir esta renta sin una justificación por parte de los receptores. Quizás necesitemos una labor de concienciación social para que sea una reivindicación de primer orden para garantizar los derechos democráticos y sociales de las normas de referencia. Decimos esto, porque la Renta Básica universal garantizaría una vida digna a todas las personas y por ende, necesitamos nuevos marcos teóricos con planteamientos metodológicos firmes, consensuados entre el trinomio: agentes sociales, políticos y la ciudadanía, para la consecución de este instrumento tan poderoso de lucha contra la exclusión social.

Tras este amplio recorrido por los modelos de renta: el tradicional o renta básica y el nuevo o renta universal, destacamos a continuación las dificultades de acceso que han erosionado el modelo anterior: Nos referimos a la denostada burocratización, que viene a reforzar la idea de nuevos enfoques que hagan más efectivos estos derechos.

7.5. DIFICULTADES DE ACCESO A LA RENTA. ALGUNOS SESGOS DERIVADOS DE LA BUROCRATIZACIÓN

De forma neutra y sin el carácter peyorativo que subyace en los tiempos actuales, Weber definió la burocracia como un tipo ideal de organización en la cual sus unidades básicas están constituidas por oficinas ordenadas de una forma jerárquica por medio de reglas, funciones específicas y documentos escritos. Weber constataba ya a principios del siglo XX que la burocracia estaba jugando un papel cada vez más importante en la sociedad moderna. Cabe recordar que el surgimiento de la burocracia había sido consecuencia del proceso de racionalización y, por tanto, tenía un inequívoco sentido de inevitabilidad. Según Weber, las necesidades de administración de las masas la hacen completamente indispensable, y no hay alternativa más racional, independientemente del sistema político-económico imperante.

Pero antes de empezar a profundizar en la burocracia weberiana resulta vital hacer un pequeño paréntesis para explicar una de las más famosas contribuciones del autor. En su nivel más básico, un tipo ideal es una estratagema para definir los rasgos esenciales de los fenómenos sociales. La burocracia es la expresión de un proceso más amplio de racionalización del mundo. Este proceso consistiría en la evolución de las estructuras sociales hacia formas más racionales. Esta evolución, que afectó a todas las áreas de la vida social, se ha manifestado sobre todo en el mundo occidental. Y, por tanto, no podían ser menos los servicios de bienestar social que se ven limitados por esta burocracia, y lo que es peor, de forma en ocasiones marginal con respecto al resto de sistemas de protección social. Nos referimos a la escasa coordinación con los sistemas de empleo, salud, educación que dificultan la gestión diaria. Y el plus añadido que tienen los colectivos en situación de exclusión para gestionar la documentación, sobre todo con la digitalización creciente.

Como decimos, Weber estableció en sus escritos las características de la burocracia típico-ideal y, como ha tenido tantos exégetas, nos encontramos con que hay tantas listas de características como libros han tratado el tema, y son muchas:

– Consiste en una organización continua de funciones (cargos) oficiales limitados por reglas. En este caso, la renta social tiene que ser supervisada por múltiples cargos y funcionarios que dilatan la concesión, aunque la necesidad sea preferente, porque cada cargo tiene un grupo de competencias limitado y se pueden duplicar entre sí.

– Los cargos están organizados de manera jerárquica. Esta jerarquía no siempre obedece a la acción racional limitando la práctica de la evidencia por su rigidez y verticalidad.

– Los cargos llevan aparejados unas cualificaciones técnicas que requieren de preparación o formación específica. Esto *a priori* es así, pero en realidad van rotando continuamente y cuando ya conocen este complejo entramado burocrático se mueven a otro lugar. Además, no siempre son especialistas en temas sociales.

– Los funcionarios que ocupan estos cargos no son propietarios de los mismos y son dueños del material que usan en su trabajo. Pero en ocasiones, los empleados públicos son escasos ante tanta demanda y suelen gestionar estos recursos el personal eventual.

– Todos los actos administrativos están regulados por normas escritas. Estas normas no se adecuan siempre a las características de los usuarios de renta mínima porque cada caso tiene un valor único.

– Los funcionarios ocupan sus cargos tras haber superado un proceso de selección en el que han tenido en cuenta sus capacidades. Sin embargo, estas pruebas selectivas, a pesar de los principios supremos de igualdad, mérito y capacidad, no garantizan unas competencias adquiridas de cara a la práctica social y diaria.

Al margen de los preámbulos apuntados, en sintonía con la teoría weberiana, los términos burocracia y políticas públicas son dos conceptos que están interrelacionados, sobre todo, en el proceso de elaboración de las políticas (Mendieta, 1999). Según esta premisa, las políticas públicas deben tener como objetivo prioritario la erradicación de los sesgos de burocratización, ya que el acceso a los recursos está limitado para los colectivos de alta vulnerabilidad. Hoy en día no es de recibo que sigan sin paliarse las dificultades que existen en la gestión, y más aún, con los avances acontecidos en materia digital e inteligencia artificial.

En otro orden, cabe destacar que uno de los mayores problemas con los que nos encontramos para acceder a la renta es el sesgo de género que padecen las mujeres en pleno siglo XXI. Las mujeres tienen mayores dificultades a la hora de realizar los trámites burocráticos, debido a la menor participación en el mercado laboral con la consecuencia de la pérdida de poder adquisitivo y la consabida brecha digital de género. Aunque son ellas quienes suelen solicitar estas prestaciones, la brecha digital implica dificultades para el acceso en igualdad de condiciones. Diversos estudios nos muestran que las tecnologías están asociadas al hombre y que son propias del género, aunque sean las mujeres las principales demandantes en los Servicios Sociales masculino (Hayes, 2008; Jenson y de Castell, 2010; Kekelis, 2005). Este problema se agrava con las sucesivas crisis económicas que llevamos padeciendo y con la reciente pandemia de COVID-19 ha sido bastante elocuente.

Por todo esto, erradicar los trámites burocráticos para evitar los sesgos de género es tarea *sine qua non* para garantizar que la ciudadanía en general y la mujer en particular puedan acceder a la renta sin los obstáculos de la burocratización existente en nuestro país.

Pero con independencia de las cuestiones de género indicadas, en términos generales, a continuación, explicaremos algunos obstáculos a los que se enfrentan tanto la administración como la ciudadanía, como consecuencia de la burocracia latente en todas las esferas de lo público que dista de la idealización clásica weberiana:

- Los problemas derivados de la brecha digital. La desigualdad entre colectivos tiene un alto impacto ante el difícil acceso a las tecnologías de la información y la comunicación (TIC) entre los grupos sociales más desfavorecidos. Por este motivo, se percibe que estas tecnologías van a producir diferencias en las oportunidades de desarrollo de las poblaciones y establecerá una distancia entre aquellas que tienen o no tienen acceso a las mismas (Camacho, 2005). A esto cabe añadir que los procesos forzosos de digitalización, como ha ocurrido en el sector bancario no siempre tienen el calado deseado, porque en la etapa actual digital, las personas necesitan no sólo el acceso, sino encontrar utilidad al acceso digital, saber cómo utilizarla. El modelo humano de atención a la persona no puede nunca eludirse, porque muchas situaciones de exclusión son dramáticas y tienen detrás muchos malestares que no pueden expresarse con la frialdad de una pantalla.

- Esta brecha es un obstáculo para el acceso a recursos que ofrecen las políticas públicas. Estos colectivos, altamente vulnerables no disponen de los elementos tecnológicos necesarios para poder acceder al sistema de ayudas. Con estos obstáculos la universalidad de la Renta Básica se hace una utopía difícil de alcanzar. Las desigualdades en la sociedad, antes radicadas en estratos y niveles, o bien en distinciones según identidades étnicas o nacionales, es pensada ahora desde la metáfora de la red: «Los incluidos son quienes están conectados; sus otros son los excluidos, quienes ven rotos sus vínculos al quedarse sin trabajo, sin casa, sin conexión.» Por poner un ejemplo. ¿Cómo se transmite a través del teclado que no tiene residencia la persona porque ha tenido un imprevisto y ha tenido que salir de él, aunque aparezca oficialmente en los documentos?

- La población vulnerable tendrá que recurrir a profesionales y organismos que ayuden a realizar estos trámites para acabar en ocasiones en el asistencialismo en su forma más lacerante. La consecuencia inevitable es el colapso de las administraciones haciendo que el personal no pueda dar una respuesta rápida y eficaz a estos colectivos, sin poder dar una atención personalizada por razones de saturación a los más vulnerables.

- Otro de los problemas que tenemos en la actualidad es que la administración que le corresponde tramitar este tipo de recursos no facilita el acceso a sus oficinas para poder realizar este tipo de gestiones. Por tanto, la consecuencia burocrática directa es la sobrecarga de otros profesionales. Un efecto inmediato es el colapso de las entidades, enlenteciendo los procesos naturales de atención social.

- Los profesionales de los Servicios Sociales suelen estar colapsados, estresados, ralentizando los trámites, al tener que atender a colectivos en extrema vulnerabilidad y añadiendo la traba del sesgo de la brecha digital, tales como la falta de certificado digital, firma electrónica, sistema clave, DNI electrónico, etc. Todo ello deriva en un proceso que se va enlenteciendo no pudiendo dar respuestas rápidas y eficaces.

- Actualmente se está creando un sistema informático para la coordinación del trinomio: Administración Estatal, Autonómica y Local, pero de momento es una utopía. Esta falta de coordinación hace que el objeto diana de las intervenciones se vea perjudicada y sea muy difícil acceder a las ayudas y produzca el hartazgo entre la ciudadanía.

Como decimos a tenor de lo expuesto, los colectivos más vulnerables tienen numerosas dificultades para acceder a este tipo de prestaciones. No podemos depender de la buena voluntad del funcionariado. Son imprescindibles unos protocolos y unos recursos más completos para da una respuesta eficaz a las personas más excluidas de la sociedad.

Por último, suele producirse el efecto mateo, en el sentido que la falta de educación social previa, de orientación o redes de apoyo, deriva en que las personas que mejor conocen este recurso social que cuentan con medios o recursos a su alcance, son las que más lo obtienen. En el lado opuesto, las personas que se enfrentan a una telaraña de trámites que no conoce, ni sabe cómo presentar de forma estratégica queda fuera de esta protección social. Incluso los que viven situaciones de exclusión más severa desconocen el alcance de estos derechos.

Sin embargo, no se trata de demonizar la burocracia. Sus ventajas en algunos aspectos como la predictibilidad, la seguridad jurídica y la impermeabilidad frente a injerencias justifican su existencia. Sin ella el estado democrático moderno tal como es concebido hoy no existiría. Es necesario, en honor a la verdad, trazar una línea de demarcación entre aquellos aspectos en los que la burocracia amenaza con convertirse en un sistema invasivo del poder político y aquellos otros en los que resulta eficaz. El mito de que la burocracia es enemiga de la libertad humana ha alcanzado cierta difusión. (Bellido, 2017, p. 5).

7.6. CONCLUSIONES

Los derechos sociales de las personas en situación de exclusión social han ido evolucionando en las últimas décadas. En un principio, se atendían a las necesidades básicas de las personas y familias que carecen de ingresos suficientes, para vincular una prestación de renta mínima que posibilitara puentes hacia el mercado laboral y la deseada inclusión social.

Con el trascurso de los años se están discutiendo nuevas propuestas encaminadas a extender los derechos a una vida digna, a una prestación social sin más, que no implique contrapartidas para toda la ciudadanía extendidas a todas las personas. Bien es verdad, que estos debates todavía son emergentes y no se han consolidado, debido al vaivén entre los derechos de los ciudadanos que son propios y legítimos por el mero hecho de serlos, frente a los debates políticos que siguen considerando estas nuevas propuestas como utópicas o poco factibles económicamente hablando. En los próximos años se resolverá este debate y podremos analizar si las experiencias piloto que se están llevando a cabo de renta universal en países como España son una realidad.

REFERENCIAS BIBLIOGRÁFICAS

Bellido, F. J. (2017). La burocratización del poder político: notas sobre sus consecuencias en las democracias parlamentarias. *Astrolabio: revista internacional de filosofía,* 1-7.

Camacho, K. (2005). La brecha digital. Palabras en juego: enfoques multiculturales sobre las sociedades de la información (61-71). Recuperado de: https://analfatecnicos. net/archivos/96.LaBrechaDigital-PalabrasEnJuego-KenlyCamacho.pdf

Canclini, N. G. (2006). Desiguales y desconectados. *Barcelona: Gedisa.*

Congreso, X., & Soler Tormo, F. V. (2023). La renta básica universal: propuestas para un derecho «por venir». Ciriec.es. Recuperado de: http://ciriec.es/wp-content/uploads/2020/09/COMUN-035-TG-SOLER-ok.pdf

Figuls, J. C. (2023, marzo 12). La renta básica universal: un experimento llevado a cabo en varios países al que el Govern no renuncia. Ediciones EL PAÍS S.L. Recuperado de: https://elpais.com/espana/catalunya/2023-03-12/la-renta-basica-universal-un-experimento-llevado-a-cabo-en-varios-paises-al-que-el-govern-no-renuncia.html

García, J. A. L., Calvo, S. B., & García, R. G. (2022). ¿Sesgo de género en los servicios sociales?: Un análisis utilizando etnografía focalizada. *Cuadernos de trabajo social, 35*(2), 183-194.

Hayes, E. (2008). Girls, gaming, and trajectories of technological expertise. En Yasmin B. Kafai, Carrie Heeter, Jill Denner y Jennifer Y. Sun (Eds.), Beyond Barbie and Mortal Kombat: New perspectives on gender and gaming (pp. 217-229). Cambridge: MIT Press.

James, W. (2000). Pragmatismo. Un hombre nuevo para algunos antiguos modos de pensar. Alianza editorial.

Mendieta, M. V. (1999). El papel de la burocracia en la transición y consolidación de la democracia española: primera aproximación. *Revista Española de Ciencia Política,* 97-125.

Martinelli, L. y Vanderborght, Y. (2022). Renta Básica y Estado de Inversión Social: ¿Hacia el Refuerzo Mutuo? *Revista Europea de Seguridad Social, 24* (1), 40-57.

Van Parijs, P. (2005). Basic income and the political economy of the new Europe. In Citizenship, democracy and justice in the new Europe (pp. 167-180). Routledge.

Van Parijs, P. (2004). Basic income: a simple and powerful idea for the twenty-first century. Politics & Society, 32(1), 7-39.

Savidan, P.(ed.) (2018) Dictionnaire des inégalités et de la justice sociale, Paris, Presses Universitaires de France.

Tornos, J. y Galán, A. (2023). La configuración de los servicios Sociales como servicio público. Derecho subjetivo de los ciudadanos a La prestación del servicio. Ministerio de Trabajo y Asuntos Sociales. Recuperado de: https://www.seg-social.es/wps/wcm/connect/wss/bd843947-38e2-4265-bbe8

Capítulo VIII

Rentas mínimas e ingreso mínimo vital: el caso español

Francisco Cosano Rivas

De lo expresado hasta ahora en los capítulos precedentes se puede extraer la conclusión de la importancia y la necesidad de una efectiva implantación de un sistema de rentas mínimas que posibilite un nivel de ingresos suficiente para aquellas personas en situación de vulnerabilidad, que les permita satisfacer sus necesidades básicas. En epígrafes anteriores se han expuesto algunas iniciativas de carácter local centradas en la implantación de una renta básica universal, las cuales se han circunscrito a un territorio concreto. En este sentido, en los últimos años, en España se ha impulsado la política de rentas mínimas con la puesta en marcha del denominado Ingreso Mínimo Vital (en adelante IMV), que viene a complementar el catálogo de prestaciones encuadradas en las políticas públicas de garantía de ingresos. El IMV se plantea como un nuevo recurso que convive con otras prestaciones encuadradas en el concepto de rentas mínimas, compartiendo con ellas los objetivos generales y destinatarios principales. Este hecho ha de ser entendido, en principio, como un avance en la atención de necesidades básicas de la ciudadanía, especialmente la más vulnerable, pero en su creación y, sobre todo, implantación, se han interpuesto diversos obstáculos y dificultades que han propiciado una defectuosa cobertura de la prestación. En este capítulo se analizará el binomio rentas mínimas-ingreso mínimo vital desde diversos puntos de vista: implicaciones derivadas de su coexistencia, el papel de las administraciones públicas y los efectos en la ciudadanía. Sin embargo, antes nos parece oportuno adentrarnos someramente en una cuestión previa en torno a la cual surge esta prestación: las políticas públicas de garantía de ingresos y su conexión con el sistema público de servicios sociales.

8.1. EL SISTEMA DE GARANTÍA DE INGRESOS MÍNIMOS EN ESPAÑA

Tal denominación se aplica todas aquellas políticas y programas de prestaciones que se ponen en marcha para complementar el sistema de protección social del Estado en los ámbitos de desempleo, familia, vejez e incapacidad, contribuyendo a reducir las situaciones de riesgo y exclusión social (Secretaría de Estado de Servicios Sociales, 2022). Su objetivo último es evitar la pobreza y asegurar un nivel mínimo de vida digna. Este sistema está conformado por un heterogéneo conjunto de prestaciones, principalmente económicas, tales como las pensiones no contributivas, las prestaciones del sistema para la autonomía y atención a la dependencia, prestaciones familiares por hijo a cargo, subsidios varios (por desempleo, para personas con discapacidad…), renta activa de inserción, IMV y los propios programas de rentas mínimas de inserción de las comunidades autónomas, entre otras. Estos programas se acompañan de los correspondientes procesos de intervención social, lo cual significa que no se circunscriben a la mera prestación económica, sino que la actuación de los profesionales de los servicios sociales es parte esencial del sistema dado que el diagnóstico y evaluación de las necesidades sociales que éstos realizan son la garantía de una eficaz gestión de las prestaciones y la base de una adecuada atención de las administraciones públicas a los problemas sociales de la población.

El Estado legisla y actualiza las cuantías económicas de la mayor parte de las prestaciones del sistema, aunque en algunos casos, como en las rentas mínimas de inserción, la responsabilidad recae en las administraciones autonómicas. Esto produce cierta complejidad a la hora de realizar un análisis comparativo del sistema, dado la heterogeneidad no sólo en la denominación de las prestaciones, sino en sus requisitos de acceso y gestión.

Como característica principal, y al tratarse de prestaciones asistenciales, el acceso a estos programas requiere la comprobación de la insuficiencia de recursos, la cual puede presentar diversas modalidades, creándose, por tanto, varios tipos: los denominados ingresos mínimos (prestaciones de cuantía diferencial que completan los ingresos disponibles); prestaciones categoriales de cuantía fija (cuantías económicas fijas); prestaciones económicas condicionadas y selectivas (se perciben por la realización de alguna actividad); y prestaciones discrecionales (su percepción, cuantía y duración depende de decisiones administrativas más o menos reguladas).

Con objeto de tener una visión de conjunto, en la siguiente figura se expone un resumen de las prestaciones de responsabilidad estatal, con indicación de su denominación, cuantía y duración.

Figura 11. Prestaciones del Sistema de Garantía de Ingresos Mínimos en la Administración General del Estado

Denominación	Cuantía	Duración
Pensiones no Contributivas de la Seguridad Social: **- Jubilación** **- Invalidez**	402,38 €/mes	Vitalicia. No está establecida.
Complemento de alquiler de vivienda de Pensión No Contributiva	525 €/año	Vitalicia. No está establecida.
Complementos a mínimos de pensiones contributivas	Para pensionistas a los que el importe de su pensión no alcance las cuantías mínimas, tienen derecho a percibir los complementos correspondientes.	No está establecida
Pensión del seguro obligatorio de vejez e invalidez (SOVI)	Si no existe concurrencia: 441,70 €/mes. Si existe concurrencia: 428,70 €/mes.	Vitalicia
Ingreso Mínimo Vital	Un adulto: 470 €/mes. Un adulto y un menor: 714,29 €/mes. Un adulto y dos menores: 855,27 €/mes.	Mientras duren las circunstancias que dan lugar a su concesión.

Denominación	Cuantía	Duración
	Un adulto y tres o más menores: 996,25 €/mes. Dos adultos: 610,91 €/mes. Dos adultos y un menor: 751,89 €/mes. Dos adultos y dos menores: 892,87 €/mes. Dos adultos y tres menores o más: 1.033,85 €/mes. Tres adultos: 751,89 €/mes. Tres adultos y un menor: 892,87 €/mes. Tres adultos y dos menores: 1.033,85 €/mes. Cuatro adultos: 892,87 €/mes. Cuatro adultos y un menor: 1.033,85 €/mes.	
Promoción de la Autonomía Personal y Atención a la Dependencia	Grado III: 190,13 € Grado II: 84,49 € Grado I: 47,38 € Grado III: 715,07 € Grado II: 426,12 € Grado I: 300 € (cuantías mensuales PEAP: prestación económica de asistencia personal, y PEVS: prestación económica vinculada al servicio). Grado III 387,64 € Grado II 268,79 € Grado I 153 €	Vitalicia

Denominación	Cuantía	Duración
	(Cuantías mensuales PECEF: Prestación económica para cuidados en el entorno familiar).	
Prestaciones de la LISMI	Subsidio de garantía de ingresos mínimos: 149,86 €/mes. Subsidio por ayuda de terceras personas: 58,45 €/mes. Subsidio de Movilidad y compensación por gastos de transporte: 68,80 €/mes.	No está establecida
Pensiones asistenciales	149,86 €/mes	Vitalicia
Prestaciones familiares por hijo a cargo	341,00 €/año (28,41 €/mes), más un 15% por cada hijo o menor acogido a cargo a partir del segundo. 1.000 € por nacimiento o adopción de hijo por familias numerosas, monoparentales y madres con discapacidad.	Mientras duren las circunstancias que dan lugar a su concesión.
Renta Activa de Inserción	451,92 €/mes (80% del IPREM).	11 meses.
Subsidio por desempleo	451,92 €/mes (80% del IPREM).	6 meses (hasta 18 meses en algunos casos).
Subsidio Extraordinario por Desempleo (SED)	451,92 €/mes (80% del IPREM).	180 días.
Programa de Activación para el Empleo (PAE)	451,92 €/mes (80% del IPREM).	6 meses.
Rentas Mínimas de Inserción de las CCAA e IRPF	Las Rentas Mínimas de Inserción de las CCAA están exentas en el IRPF hasta un importe máximo anual conjunto de 1,5 veces el IPREM.	IRPF anual.

Fuente: Secretaría de Estado de Servicios Sociales (2022).

La figura anterior nos muestra claramente que el sistema de garantía de ingresos mínimos está formado por un conglomerado de prestaciones que, en el caso de España, se caracteriza por su baja intensidad protectora. No se trata de un sistema integrado, sino una serie de programas que emanan de diferentes administraciones, lo cual facilita su segmentación. Además, las continuas reformas y modificaciones de las mismas ahondan más en esta dispersión prestacional. De ahí la importancia que adquiere el Sistema Público de Servicios Sociales, como garante de un correcto diagnóstico y aplicación justa de los recursos disponibles.

8.2. EL SISTEMA DE RENTAS MÍNIMAS DE INSERCIÓN EN ESPAÑA

El catálogo de prestaciones estatales expuesto más arriba se ve complementado con las correspondientes al sistema de Rentas Mínimas de Inserción (RMI) de las comunidades y ciudades autónomas. Tiene su origen a finales de la década de los 80 y comienzos de los 90 del siglo pasado y su objetivo es doble: por una parte, garantizar un ingreso mínimo a las personas que acrediten su situación de necesidad y, por otra, favorecer la inserción social de los perceptores. Las prestaciones del RMI reciben diferentes denominaciones en función de la comunidad o ciudad autónoma, tales como salario social básico, ingreso mínimo de inserción, renta garantizada, etcétera. Como parte del Sistema público de Servicios Sociales, son una competencia exclusiva de las comunidades y ciudades autónomas, por lo que cada una de ellas establece diferentes formas de acceso, requisitos exigidos, medidas complementarias su duración o su cuantía, entre otros. Esto es lógico si atendemos a que su construcción ha ido ligada a la evolución de los sistemas públicos de servicios sociales de cada región, y aquí encontramos la respuesta al por qué de las diferencias entre los diferentes modelos de rentas mínimas autonómicas (RMA). Diferencias no sólo en su denominación, sino también en su intensidad, extensión y formas de acceso. Esta realidad ha sido interpretada como una de las principales debilidades del sistema. Así, diversos autores concluyen que el sistema de RMI presenta disfuncionalidades tales como una escasa cobertura, problemas de acceso, limitado gasto público, excesiva centralidad en el empleo, insuficiente abordaje de la «trampa de la pobreza», entre otros (Prieto y de la Rosa, 2023). A modo de resumen ilustrativo de lo mencionado anteriormente, la figura 12 muestra un resumen de los sistemas de rentas mínimas de cada comunidad autónoma.

Figura 12. Sistemas de rentas mínimas de inserción en las comunidades autónomas

Comunidad autónoma	Objeto de la prestación
ANDALUCÍA Renta Mínima de Solidaridad	Renta Mínima de Inserción: se regula como una Prestación económica orientada a la erradicación de la marginación y la desigualdad y a la lucha contra la exclusión social, denominada Renta Mínima de Inserción Social en Andalucía, que deberá incorporar un itinerario a través de un Plan de inclusión sociolaboral. Prestación económica garantizada.
ARAGÓN Ingreso Aragonés de Inserción / Prestación Aragonesa complementaria del IMV	El Ingreso Aragonés de Inserción comprende prestaciones económicas, destinadas a garantizar los recursos mínimos de subsistencia, así como actuaciones dirigidas a lograr la plena integración social, y, en su caso, laboral de los destinatarios. La Prestación Aragonesa Complementaria es una prestación periódica y de derecho subjetivo de naturaleza económica, subsidiaria del IMV y, en su caso, complementaria de cualquier otro ingreso o tipo de recursos o prestaciones a los que tenga derecho la unidad familiar, dirigida a las personas que no dispongan de ingresos suficientes para hacer frente a las necesidades básicas. Prestación garantizada.
PRINCIPADO DE ASTURIAS Salario Social Básico	Prestación económica de garantía de ingresos mínimos, vinculada a la preparación, negociación y suscripción de un programa personalizado de incorporación social. Prestación garantizada.
ISLAS BALEARES Renta Social Garantizada	Prestación periódica dirigida a cubrir las situaciones de vulnerabilidad social derivada de la carencia de recursos económicos de las personas, familias u otros núcleos de convivencia. Sus características son: -Finalista – Subsidiaria del IMV y del resto de prestaciones de la Administración General del Estado

Comunidad autónoma	Objeto de la prestación
	– Derecho subjetivo – Intransferible – Prestación económica no condicionada a la obligación de participar en actividades de inserción social o laboral – Incompatible con el IMV. La RMI coexiste en la Comunidad Autónoma con la Renta Social Garantizada.
CANARIAS Prestación Canaria de Inserción	Prestación para conseguir la inserción social, económica y laboral de la población con especiales dificultades de integración. Proporciona: – Una ayuda económica básica para cubrir necesidades básicas de la vida. Subsidiaria y complementaria de otras ayudas del sistema público de protección social. – Apoyos a la integración social mediante la realización de actividades de inserción. Prestación no garantizada.
CANTABRIA Renta Social Básica	Prestación económica de carácter periódico destinada a hacer efectivo el derecho a la protección social en situación de carencia de recursos económicos, posibilitando a las personas en situación o riesgo de exclusión social la cobertura de sus necesidades básicas, además de hacer efectivo el derecho a la incorporación a la comunidad mediante la participación en convenios de incorporación social. Es subsidiaria y complementaria el IMV y a cualquier otra prestación contributiva o no contributiva. Prestación garantizada.
CASTILLA LA MANCHA Ingreso Mínimo de Solidaridad	Prestación económica destinada a garantizar la inserción social de aquellas personas y unidades familiares que, por carecer de recursos económicos suficientes, no puedan atender sus necesidades básicas.

Comunidad autónoma	Objeto de la prestación
	La percepción del Ingreso Mínimo de Solidaridad llevará aparejado el apoyo personal y la atención individualizada, por parte de los Servicios Sociales, en función de las necesidades del beneficiario y de su familia, además del compromiso de participar en las actividades definidas como necesarias para su inserción social. Prestación garantizada.
CASTILLA Y LEÓN Renta Garantizada de Ciudadanía	Finalidad: proporcionar los medios y apoyos necesarios para atender las necesidades básicas de subsistencia y promover la integración de quienes se encuentren en situación de exclusión social. Se elabora un proyecto individualizado de inserción. Es compatible con el IMV que perciba cualquier miembro de la unidad familiar o de convivencia si la cuantía reconocida de IMV es inferior a la de la renta garantizada. Prestación garantizada.
CATALUÑA Renta garantizada de ciudadanía	Prestación social de naturaleza económica y percepción periódica que se configura como una prestación garantizada de derecho subjetivo y que tiene como finalidad desarrollar la promoción de la persona y su empoderamiento y superar las condiciones que le han llevado a necesitar esta prestación. Consta de dos prestaciones económicas: una prestación garantizada, no condicionada, y una prestación complementaria de activación e inserción, condicionada a seguir un plan de inclusión social o de inserción laboral.
CEUTA Ingreso Mínimo de Inserción Social	Prestación económica periódica, dirigida a cubrir las necesidades de aquellas personas que carezcan de recursos económicos suficientes para hacer frente a los gastos básicos para la supervivencia. Contempla también apoyos personalizados para la inserción laboral y social, y se prestarán a las personas residentes en Ceuta y que así lo soliciten. Prestación garantizada.

Comunidad autónoma	Objeto de la prestación
EXTREMADURA Renta Extremeña Garantizada	Derecho subjetivo. Prestación destinada a asegurar los mínimos de una vida digna a las personas y unidades familiares y a promover la integración laboral y social de quienes se encuentren en situación o riesgo de exclusión social. Se proporciona una renta garantizada dependiendo de la acreditación de circunstancias objetivas de naturaleza económica. Asimismo, se proporciona acceso a los Servicios Sociales de Acompañamiento de la Inclusión como una prestación diferenciada que surge de la intervención social.
GALICIA Renta de Inclusión Social de Galicia	Prestación pública destinada a garantizar recursos económicos de subsistencia a quienes carezcan de ellos, así como a alcanzar progresivamente su autonomía e integración social y laboral mediante el derecho y el deber a participar en procesos personalizados de inserción. Contempla tres tramos: personal y familiar; tramo de inserción; y tramo de transición al empleo. Prestación garantizada.
COMUNIDAD DE MADRID Renta Mínima de Inserción	Se reconocen dos derechos sociales: el derecho a disponer de medios económicos para hacer frente a las necesidades básicas de la vida, y el derecho a recibir apoyos personalizados para su inserción laboral y social. Se establece una relación entre la prestación económica y las actividades de inserción a cada caso individual, de forma personalizada y cambiante en el tiempo, reconociendo que, en ocasiones, la renta mínima deberá concederse sin mayores condicionamientos. Prestación garantizada.
MELILLA Ingreso Melillense de Integración	Prestación periódica de naturaleza económica, con la finalidad de satisfacer las necesidades básicas de la vida contempladas en el artículo 142 del Código Civil. Para su concesión, es necesario suscribir el compromiso de formalizar el preceptivo programa individual de inserción y participar activamente en las medidas que

Comunidad autónoma	Objeto de la prestación
	se contengan en el mismo, propuestas por los técnicos de los Servicios Sociales. Prestación no garantizada.
MURCIA Renta Básica de Inserción	Prestación económica y apoyos personalizados para la inserción laboral y social de los beneficiarios. Se elabora un proyecto individual de inserción. Prestación garantizada.
COMUNIDAD FORAL DE NAVARRA Renta Garantizada	Se contemplan dos actuaciones: prestaciones de garantía de rentas (para cuyo acceso se consideran características de naturaleza económica) y la prestación de servicios de acompañamiento social y de empleo (independientes de la existencia o no del acceso a una prestación económica). Prestación garantizada. A los beneficiarios del IMV, se les completa el importe concedido hasta alcanzar el importe de la Renta Garantizada.
PAÍS VASCO Renta de Garantía de Ingresos	Prestación periódica y de derecho subjetivo de naturaleza económica. Su concesión está vinculada al establecimiento con la persona beneficiaria de un convenio de inclusión activa. Dicha obligación no será exigible a las unidades de convivencia compuestas exclusivamente por personas beneficiarias de pensiones no contributivas. Prestación garantizada. A los beneficiarios del IMV, se les completa el importe concedido hasta alcanzar el importe de la Renta de Garantía de Ingresos.
LA RIOJA Renta de Ciudadanía	Prestación económica periódica, destinada a garantizar la cobertura de las necesidades básicas de las personas en situación o riesgo de exclusión social, así como proporcionarles los medios necesarios para su incorporación social y laboral, en su caso.

Comunidad autónoma	Objeto de la prestación
	Es una prestación condicionada a la suscripción de un proyecto individualizado de inserción. Es compatible con el trabajo realizado por cuenta ajena del solicitante, cuyo importe sea inferior a la cuantía básica de la renta. Prestación garantizada. En caso de percibir IMV y Renta de Ciudadanía, ambas deberán convivir en el tiempo puesto que el IMV no cubre a determinados colectivos que sí atiende la Renta de Ciudadanía.
COMUNIDAD VALENCIANA Renta Valenciana de Inclusión	Prestación económica no condicionada a la obligación de participar en actividades de inclusión social o inserción laboral. Contempla 6 modalidades: – Renta de Garantía de Ingresos Mínimos. – Renta de Garantía de Inclusión Social. – Renta complementaria de ingresos del trabajo o por prestaciones. – Complemento de alquiler de vivienda habitual y derechos energéticos de la renta valenciana de inclusión. – Complemento de cuota hipotecaria que grava la vivienda habitual. – Complemento de derechos energéticos para personas titulares sin gastos de alojamiento de la renta valenciana de inclusión. Prestación garantizada.

Fuente: elaboración propia a partir de Secretaría de Estado de Servicios Sociales, 2022.

Las rentas mínimas autonómicas, desde su creación, han ido extendiéndose de manera constante, con algunas interrupciones como la del año 2012 debido a la contención del gasto de varios gobiernos autónomos. Es a partir de 2015 cuando se intensifica la acción protectora del sistema gracias a los compromisos de mejora de algunas comunidades autónomas que supusieron, entre otras cosas, una ampliación de las rentas mínimas en sus territorios respectivos.

Los diversos periodos de aumento y disminución o estancamiento del número de perceptores de renta mínima en las diferentes comunidades autónomas suelen estar relacionados con las etapas de crecimiento y decrecimiento del desempleo. A modo de ejemplo, el período comprendido entre 2007-2010 se caracterizó por un aumento del desempleo lo que originó un incremento del número de familias con personas sin trabajo, aumentado las prestaciones por desempleo y, paralelamente, las solicitudes de rentas mínimas. Esta relación directa entre las tasas de desempleo y el número de beneficiarios de las rentas mínimas tiene su impacto en la planificación y provisión de estas prestaciones tanto en el contexto autonómico como en el conjunto del país. En suma, esta realidad pone de relieve la importancia de que las políticas de protección de rentas deben partir del análisis del contexto sociolaboral.

8.3. IMPLANTACIÓN DEL INGRESO MÍNIMO VITAL EN ESPAÑA

El panorama prestacional expuesto hasta ahora se ha visto complementado con la puesta en marcha del denominado Ingreso Mínimo Vital. La Ley 19/2021, de 20 de diciembre, por la que se establece el IMV, nace en un contexto difícil. La crisis sanitaria y social ocasionada por la pandemia de la Covid-19 motivó que las autoridades públicas incorporasen esta medida al Sistema de Garantía de Ingresos Mínimos en España. La Ley deja claro en su artículo 2 cuál es su objetivo principal: «configurar el derecho subjetivo a una prestación de naturaleza económica que garantice un nivel mínimo de renta a quienes se encuentren en situación de vulnerabilidad económica». Esta Ley significa un impulso decidido a las políticas de rentas mínimas en nuestro país, caracterizadas por cierta ausencia en la agenda política central desde su creación en los años 80 del siglo pasado hasta 2015. Efectivamente, como hemos visto más arriba, siempre han sido las comunidades autónomas las administraciones en las cuales se encuadraban las prestaciones de rentas mínimas.

A partir de las elecciones generales de 2015, se produjo un cambio cualitativo en la atención a las políticas de garantía asistencial de ingresos, proponiéndose desde los principales partidos políticos diversas medidas tales como la creación de diversas variantes de rentas mínimas o la creación de un complemento salarial fiscal (Arriba y Aguilar-Hendrickson, 2021). Sin embargo, una de las principales medidas de alcance nacional ha sido el IMV. Pero el ámbito territorial (estatal en el IMV y autonómico en las rentas mínimas autonómicas) no es la única diferencia entre unas prestaciones y otras. Así, las rentas mínimas son gestionadas por los servicios sociales, mientras que el IMV se sitúa en el sistema de Seguridad Social. Por otro lado, y siguiendo a Noguera (2019), las rentas mínimas son prestaciones que exigen el cumplimiento de una serie de condiciones que el autor denomina «fuertes», en dos dimensiones: económica y conductual.

La primera variable tiene que ver con el grado de condicionalidad en función de la renta, de tal manera que conforme las prestaciones económicas estén más focalizadas hacia la población con rentas bajas o inferiores al umbral de la pobreza, más exigentes o fuertes son las condiciones de renta que deben cumplirse para ser beneficiario. La segunda variable se refiere al grado de condicionalidad conductual, o grado de compromiso y cumplimiento de una serie de condiciones que se establezcan para optar a la prestación (aceptación de ofertas de empleo, realización de actividades formativas, búsqueda activa de empleo, etc.). Estos condicionantes no se dan en el caso del IMV. En consecuencia, la coexistencia de ambos modelos prestacionales, además de la heterogeneidad de sistemas de rentas mínimas por parte de las diferentes CCAA, ha generado respuestas diversas por parte de éstas en la puesta en marcha del IMV. Así, mientras algunas han aprobado normas para adaptar su sistema de renta mínimas a las nuevas condiciones generadas por el IMV, otras no han puesto en marcha ninguna acción al respecto. De la Rosa y Prieto (2022) nos muestran cómo algunas CCAA no han facilitado el tránsito de los perceptores de rentas mínimas al IMV, mientras que otras han sido más proactivas, haciendo que los servicios sociales comunitarios acompañen a las personas en este proceso, tal y como se ha expuesto en la figura 2.

En cualquier caso, la puesta en marcha del IMV se ha visto influenciada por la coexistencia de sistemas heterogéneos de rentas mínimas gestionados por las CCAA en diversos aspectos. De hecho, tal coexistencia lleva a algunos autores a establecer la hipótesis de que el IMV puede absorber buena parte de las rentas mínimas autonómicas, elevando la baja cobertura en varias comunidades (Arriba y Aguilar-Hendrickson, 2021). En cualquier caso, la puesta en marcha del IMV se ha caracterizado por grandes dificultades en su implantación y gestión, no sólo por las tensiones existentes en el panorama político y social en el momento de su aparición, sino también por suponer la introducción de cambios en la planificación de los sistemas de rentas mínimas autonómicas. Esta situación ha provocado que no se han alcanzado los objetivos inicialmente previstos, incluso en algunos casos se ha producido un efecto contrario al perseguido. Un ejemplo de ello es la supresión de muchas de las prestaciones familiares por hijo a cargo, lo que supone la ampliación de la brecha entre las familias que acceden a la protección para sus hijos a través del IMV y aquellas que cuentan con hijos que acceden a las exenciones, reducciones y deducciones fiscales.

El panorama expuesto es coherente con la afirmación de que la mayoría de las prestaciones sociales que se encuentran a día de hoy vigentes se caracterizan por una inflación normativa y un caos regulador en su desarrollo práctico (Borda, Ávila y Ayala, 2022). La enorme maraña administrativa que se ha creado alrededor del IMV, originada por la existencia de múltiples contextos en los cuales se inserta, es la base de la superposición de normativas, la confusión y las dificultades de acceso a la información, por parte de la población, de esta prestación. Esta situación genera confusión también en los profesionales de las administraciones públicas que se ven forzados, en muchas ocasiones, a resolver situaciones con decisiones *ad hoc*, pudiendo introducir en las mismas apreciaciones subjetivas fuera de la norma, tal y como han mostrado los autores citados en su estudio de campo.

Otro ejemplo del panorama existente antes de la implantación del IMV fue la reivindicación realizada por los profesionales de los servicios sociales, quienes alzaron su voz para poner de manifiesto que esta prestación no debía ser gestionada desde el sistema público de servicios sociales. Las razones son claras: al tratarse de una prestación estatal, la responsabilidad de su gestión debe recaer en la estructura administrativa Seguridad Social. Además, la gestión administrativa de cualquier prestación no es una función de los trabajadores sociales del Sistema Público de Servicios Sociales. Asumir tal competencia iría en contra del rol de estos profesionales, centrado en el análisis científico de las problemáticas sociales y su intervención. Además, la pretensión de que los servicios sociales colaborasen con la Seguridad Social en la gestión del IMV hubiese supuesto un colapso de las atenciones en los centros de Servicios Sociales generales, máxime cuando las oficinas del Instituto Nacional de la Seguridad Social se cerraron, atendiéndose únicamente por vía telefónica o telemática (situación que aún persiste). Precisamente, el actual mecanismo de acceso a la tramitación es un ejemplo claro de cómo la brecha digital impide un correcto acceso a una prestación por parte de la ciudadanía. Múltiples testimonios han puesto de manifiesto las enormes trabas y dificultades existentes en el proceso de tramitación de la prestación (Borda, Ávila y Ayala, 2022).

Otra perspectiva de la implantación del IMV en España la ofrecen los profesionales. En un estudio realizado por Prieto y de la Rosa (2023), se solicitó a un grupo de técnicos de la administración su valoración general sobre la creación del IMV, el balance de la puesta en marcha de la prestación y la convivencia con las rentas mínimas de inserción. Así, los profesionales opinan que el IMV ha resultado positivo para las familias que no percibían ninguna ayuda con anterioridad, pero ha tenido un impacto negativo en familias extensas y aquellas con un mayor nivel de activación laboral. Asimismo, valoran negativamente los efectos de la cronificación de las prestaciones económicas, basándose en que las bajas cuantías no favorecen la promoción personal. Por otro lado, también se valora negativamente la inexistencia de compromisos por parte de los beneficiarios (que sí existen en muchas prestaciones de rentas mínimas). En contraposición, casi la mitad de los profesionales encuestados opina que la prestación económica es esencial para superar situaciones de pobreza muy consolidadas. Asimismo, defienden la idea de que las rentas mínimas de las comunidades autónomas deben convivir con el IMV, como prestaciones complementarias, debiendo existir el doble derecho de acceder a ambas. Ello conllevaría la necesidad de establecer y reforzar los mecanismos de coordinación entre los sistemas públicos de Servicios Sociales y el Instituto Nacional de la Seguridad Social. La propuesta de una gestión unificada de ambas prestaciones, a modo de «ventanilla única» es aludida de manera reiterada.

Con todo esto, resulta imprescindible la definición clara de los roles de todos los profesionales de los servicios sociales y de la Seguridad Social. Los profesionales de los servicios sociales han de desempeñar funciones de acompañamiento (información y orientación) en la tramitación del IMV, además de realizar intervenciones en materia de activación social, inclusión, trabajo comunitario, trabajo en red con otros sistemas como vivienda, salud, empleo..., y con entidades sociales, entre otros. Por otro lado, la Seguridad Social sería el órgano encargado de las tareas de gestión.

8.4. CONCLUSIONES

La implantación del IMV en España, a pesar de las dificultades expresadas y de la dispersión normativa y de gestión de la prestación, ha supuesto en España la creación de una base común en la atención a las situaciones de pobreza, que se complementa con las medidas del sistema de rentas mínimas de las comunidades autónomas, lo cual representa una buena base de partida en la lucha contra la desigualdad y la exclusión social. Desde los servicios sociales, el IMV es considerado una medida adecuada para prevenir situaciones de riesgo de pobreza y un avance importante en materia de derechos sociales. Es muy positivo el reconocimiento de un derecho subjetivo que garantiza un nivel de renta básico. En este contexto, los servicios sociales deben instituirse en el pilar fundamental sobre el que se sustente esta acción protectora, poniendo en valor su capacidad para diagnosticar holísticamente las necesidades de la población y acompañando a ésta en su proceso de mejora y logro del bienestar social.

REFERENCIAS BIBLIOGRÁFICAS

Aguilar, M., Arriba, A. y Moreno, G. (2019): *Sistema de garantía de ingresos mínimos.* Documento de trabajo 4.14. para el VIII Informe FOESSA. www.foessa.es/viii-informe/capitulo4

Arriba, A. y Aguilar, M. (2021). Entre recalibración y continuidad: el contexto del nacimiento del IMV. *Revista Española de Sociología,* 30(2), a46.

Autoridad Independiente de Responsabilidad Fiscal (2019). *Los programas de rentas mínimas en España. Estudio.* Madrid: AIReF.

Borda, R., Ávila, D. y Ayala Rubio, A. (2022). Acompañando desde las trincheras: vivencias tras un año de ingreso mínimo vital. *Política y Sociedad, 59*(2), 1-12.

Castel, R. (2014). Los riesgos de la exclusión social en un contexto de incertidumbre. *Revista Internacional de Sociología, 72*(1extra), 15-24.

García Murcia, J. (ed. lit.) (2022). El ingreso mínimo vital en el sistema español de protección social. Oviedo, KRK.

Ferrera, M. (1996). The «Southern model» of welfare in Social Europe. *Journal of European Social Policy, 6*(1), 17-37.

Muriel, M. y Gutiérrez, M. (2022). El impacto del ingreso mínimo vital en servicios sociales. En Calzada, I. *et. al., Los servicios sociales ante la pandemia. Los aprendizajes de la pandemia,* Madrid, Instituto Nacional de Administración Pública, 77-88.

Noguera, J.A. (2019). La renta básica universal. Un estado de la cuestión. En *VIII Informe FOESSA-Documento de trabajo 6.1.* Cáritas Española-Fundación FOESSA.

Pérez, M., Ávila, D., García, S. y Ayala, A. (2022): Bureaucracy as Border: Barriers to Social Rights in Spain, en D. della Porta y E. Steinhilper, eds. *Contentious Migrant Solidarity Shrinking Spaces and Civil Society Contestation,* Londres, Routledge.

Prieto Lobato, J. M., de la Rosa Gimeno, P. (2023). Convivencia entre IMV y rentas mínimas: balance y propuestas desde los profesionales de la intervención social. *Cuadernos de Trabajo Social, 36*(2), 293-304.

Secretaría de Estado de Servicios Sociales (2022). *El Sistema Público de Servicios Sociales. Informe de rentas mínimas de inserción. Año 2021.* Madrid,

Dirección General de Diversidad Familiar y Servicios Sociales. Ministerio de Derechos Sociales y Agenda 2030.

Zalakaín Hernández, J. (2021). Mecanismos para la prevención de la trampa de la pobreza en los modelos de garantía de rentas. *Cuadernos de Relaciones Laborales, 39*(2), 259-282.

Capítulo IX

Inteligencia artificial e ingreso mínimo. Explorando el uso de la inteligencia artificial en la medición de los ingresos sociales

Arturo Cosano Ramos

José Moreno Jiménez

SUMARIO: 9.1. APROXIMACIÓN CONCEPTUAL. 9.2. INGRESO MÍNIMO E INTELIGENCIA ARTIFICIAL. 9.3. CONCLUSIONES. REFERENCIAS BIBLIOGRÁFICAS.

9.1. APROXIMACIÓN CONCEPTUAL

La exclusión social y la pobreza son un problema que ha existido desde prácticamente el inicio de las civilizaciones. El propio concepto de exclusión social y económica se daría en Europa en la década de los 70, en un contexto de restauración económica y preocupación (Labonté, Hadi y Kauffman, 2011). Este concepto no se refiere a una falta de recursos y servicios, sino que significa la incapacidad de participar con normalidad en la vida diaria, tanto política como social, cultural o económica (Levitas et al., 2007). Es por ello por lo que decíamos que uno de los grandes retos de los gobiernos internacionales. Sin ir más lejos, las propias Naciones Unidas en su agenda 2030 para el desarrollo sostenible tiene la reducción de la pobreza como uno de los objetivos. Con el paso del tiempo, los estados han tratado de paliar esta exclusión en tanto que quieren dar a sus ciudadanos una mejor calidad de vida (Naciones Unidas, 2015).

De las medidas más interesantes que se están tomando de cara a erradicar esta problemática y que hoy en día fundamentan el sistema de ayudas a las personas en riesgo y en exclusión social y económica son los servicios y las prestaciones. Las prestaciones sociales son una herramienta para paliar las situaciones de pobreza severa y la exclusión social. Estas herramientas se conocen como rentas sociales, y hay de diversos tipos. No vamos a entrar demasiado en este aspecto, pero sí que debemos definirlas de cara a homogeneizar el concepto. Por un lado, existe la Renta Básica Universal (en adelante RBU) es un aporte de dinero mensual a todas las personas que les permita vivir con dignidad (Gorjón, 2019). Si bien el resto de las opciones de rentas también supone una reestructuración fiscal, este ejemplo es el más complejo de llevar a cabo, no solo en el ámbito económico sino en el social. Pero en este capítulo trataremos la Renta Mínima (en adelante RM) más que la RBM, sobre todo porque es la fórmula que han adoptado los países a la hora de hablar de renta social.

Como se ha mantenido en los párrafos precedentes, la RM se basa también un aporte económico, pero solo disponible para aquellas personas que se encuentren en una situación de pobreza y están sujetas a una contraprestación cómo por ejemplo búsqueda de empleo. Es decir, es una ayuda periódica a personas en riesgo de exclusión de cara a que puedan hacer frente a las necesidades básicas, pero tiene una serie de requisitos y contraprestaciones (Frey y Osborne, 2016; Arntz et al., 2016; Acemoglu y Restrepo; 2018) Si bien los elementos tradicionales no han servido adecuadamente para solucionar esta problemática, en España se han ido configurando otra serie de mecanismos en contraposición del sistema no homogéneo que existía antes. Cómo resultado se ha instaurado lo que se conoce como «Ingreso Mínimo Vital» (en adelante IMV).

La medición de este umbral es compleja, y en ella juegan toda una serie de factores. Normalmente se utiliza, tal y cómo describe Gorjón (2019) la escala de la OCDE, la cual asigna una serie de valores que, sin embargo, no están exentos de fallas. Por ejemplo, si en una familia existen varios miembros que obtienen ingresos y se supera el umbral, no pueden acceder a dicha renta, pero, aunque se supere dicho umbral, al ser un grupo familiar alto no es suficiente para vivir de forma digna. Esto genera otra serie de preguntas que entran a formar parte del debate con relación a sí habría que existir alguna diferencia de prestación entre personas, ya que la casuística individual puede condicionar el nivel monetario que es necesario para salir de esa situación de exclusión.

Conocemos que la administración se demora alrededor de seis meses en conceder el IMV desde que se solicita hasta que se resuelve, un tiempo que para muchos beneficiarios se convierte en un problema. Esto no sucede solo en el caso de la tramitación de estas ayudas, sino que sucede con otra serie de procesos administrativos como puede ser el caso de la dependencia. Esto conlleva a que las listas de esperas sean largas por muchos factores, uno de ellos la burocratización del sistema (Suárez, 2023). Por ello, creemos que toda herramienta que facilite el trabajo a los profesionales es un instrumento que merece la pena estudiar. Ese es el caso de la Inteligencia Artificial, la cual exploraremos a lo largo de este capítulo como mecanismo de medición y automatización del sistema.

9.2. INGRESO MÍNIMO E INTELIGENCIA ARTIFICIAL

El objetivo de este capítulo es discernir en qué medida la IA puede ser aplicada para facilitar la medición de la RM de cara a que los organismos públicos utilicen este tipo de sistemas para agilizar el trabajo y reducir la carga de los profesionales ante los enormes avances que presenta de cara a la gestión y agilidad en la concesión de estos derechos sociales. Si bien veremos algunos ejemplos prácticos, debemos aclarar que el uso de las IA, aunque perfeccionado en los últimos años, no es garantía de un trabajo perfecto, ya que requerirá de la supervisión de un profesional que asegure el buen uso de los datos. Es un tema complicado, y que tiene diferentes ramas de estudio, desde la puramente matemática, hasta la jurista. A lo largo del contenido nos centraremos en el apartado meramente descriptivo, estudiando la información existente y aventurándonos en unas recomendaciones de cara a su uso, del que estamos convencidos puede ser de gran utilidad.

En esta línea, determinar la medición de la RM es un trabajo complejo debido a las múltiples variables que pueden influir en su cálculo y al hecho de que la renta mínima puede variar según el contexto y las políticas específicas de cada país o región. En primer lugar, la definición de renta mínima puede variar según el contexto. Por ejemplo, algunos países pueden considerar la renta mínima como el nivel de ingresos necesario para satisfacer las necesidades básicas, mientras que otros pueden definirla como un nivel de ingresos que garantice una vida digna. Esta falta de uniformidad en la definición de la renta mínima puede dificultar su medición y comparación entre diferentes países (Gorjón, 2019; García y Sánchez, 2019). Además, el cálculo de la renta mínima puede verse influenciado por una variedad de factores, como el costo de vida en una determinada región, el nivel de ingresos de la población, el tamaño de la familia, el acceso a servicios públicos y la disponibilidad de empleo. Estos factores pueden cambiar con el tiempo y entre diferentes regiones, lo que complica aún más la medición de la renta mínima (Santos y Sanz, 2001).

Por tanto, aunque la exclusión social es un concepto complejo y multifacético que puede ser difícil de medir y cuantificar de manera precisa, la dificultad para calcular la exclusión social radica en gran parte en la falta de consenso sobre lo que constituye la exclusión social y en la variedad de factores que pueden contribuir a ella. Existen diferentes enfoques para medir la exclusión social, desde la perspectiva económica, política, cultural y social. Algunos enfoques se basan en la medición de variables objetivas, como el ingreso, la educación y el acceso a servicios básicos, mientras que otros se basan en variables subjetivas, como la percepción de discriminación, marginación y aislamiento social. Además, las mediciones de exclusión social pueden ser difíciles de comparar entre diferentes contextos y culturas, ya que las experiencias y expectativas de exclusión social pueden variar ampliamente según el contexto socioeconómico y cultural (Silver y Miller, 2003; Byrne, 2005; Peris, 2021; Subirats et al., 2004).

Otro desafío importante en la medición de la renta mínima es la determinación de quiénes son elegibles para recibirla. En algunos casos, las políticas de renta mínima pueden estar dirigidas sólo a ciertos grupos de población, como los desempleados, las personas con discapacidades o los padres solteros. La definición precisa de los criterios de elegibilidad y la identificación de las personas que cumplen con esos criterios puede ser un desafío significativo (Seguridad Social, 2023). Asimismo, es importante tener en cuenta que la renta mínima no es necesariamente una solución sostenible para abordar la pobreza y la desigualdad. La implementación de políticas efectivas de renta mínima puede requerir un compromiso político y financiero significativo, así como una combinación de medidas complementarias para abordar las causas subyacentes de la pobreza y la exclusión social (Gorjón, 2019).

A pesar de estas dificultades, existen diferentes herramientas y métodos que se utilizan para medir la exclusión social. Algunas de estas herramientas incluyen encuestas de opinión, análisis estadísticos de datos secundarios, estudios cualitativos y la observación participante. Un ejemplo de esto es la metodología de 35 indicadores del Índice Sintético de Exclusión Social (FOESSA, 2019). Además, también existen formas basadas en predictivos cómo la elaborada por Santos y Sanz (2001), la cual contribuía a establecer un sistema de RMI, más justo y eficaz, a la vez que ayudaba a rentabilizar los recursos existentes. Sin embargo, la forma de medir la exclusión social es todavía un campo en el que los investigadores no se ponen de acuerdo, afirmando que se necesitan más herramientas para ello (Pirani, 2011; Bramley y Bailey, 2018; Gingrich y Ligthman, 2015).

Sea como fuere, consideramos que, dentro de lo que puede ofrecer la IA, sabiendo que en los próximos años el panorama puede transformarse de forma imprevisible, hay algunos aspectos que son de gran utilidad para la Administración de cara a afrontar la medición del, por ejemplo, IMV. Estas son el aprendizaje automático y el aprendizaje profundo. Por un lado, el aprendizaje automático es una rama clave de la inteligencia artificial, que utiliza algoritmos que pueden aprender sin necesidad de programación explícita. Se entrena un modelo con datos de entrada, y este aprende de ellos para realizar predicciones o tomar decisiones. Por ejemplo, para que un algoritmo pueda identificar lo que deseamos, debe ser entrenado con muchos datos referentes a ello (Russel y Norvig, 2004). Por otro lado, el Deep Learning es un subcampo del aprendizaje automático que se basa en redes neuronales, similares al sistema nervioso humano. Estas redes neuronales aprenden de manera jerarquizada, comenzando por aprender conceptos básicos y avanzando hacia conceptos más abstractos a medida que se agregan más niveles. Con cada nivel agregado, la información aprendida se vuelve más compleja y abstracta, lo que resulta en algoritmos que pueden ser utilizados (Schmidhuber, 2014).

En definitiva, observamos que se trata de una cuestión de una enorme complejidad. Sin embargo, las nuevas tecnologías abren todo un abanico de posibilidades en cuanto a la solución de problemas se refiere. Estamos hablando de medir y predecir la distribución de los ingresos mediante herramientas cómo la Inteligencia Artificial (en adelante IA). De forma muy breve vamos a definir lo que es la IA: una simulación de la inteligencia humana que utiliza *software* para desarrollarse (Pascual, 2019), aunque la National Security Commision on Artificial Intelligence o NASCAI, definía la IA cómo un «conjunto de tecnologías que combinan los datos, los algoritmos y el poder computacional» (NASCAI, 2021: 2). Sea como fuere, es innegable que la IA está presente en gran parte de las actividades que realizamos, y todo apunta con el avance tecnológico, que cada año que pasa tendrá más presencia que el anterior (Zhongmei, 2020). De hecho, debido al incremento en la popularidad de esta herramienta, estamos asistiendo a como la inteligencia artificial está siendo objeto de experimentos en cuanto a su capacidad para automatizar diversas tareas.

En este sentido, el estudio realizado por Vela-Jiménez y Sianes (2021) profundizaba en las formas de medición de la exclusión social que los autores han ido elaborando a lo largo del tiempo, sin embargo, ni siquiera entre las más recientes se encontraba el uso de la IA. La tecnología de IA se ha desarrollado rápidamente y se ha hecho muy popular en diferentes ámbitos, tanto en el económico, cómo el sanitario y el social (Comisión Europea, 2018). Su uso ha acelerado, por ejemplo, en el desarrollo de las Fintech (mejora y automatización de la entrega y uso de servicios financieros), impulsando a las instituciones financieras a reducir costes, gestionar riesgos, mejorar la calidad del servicio y aumentar los beneficios mediante el uso de la IA y el aprendizaje automático.

Si nos remontamos a algunos antecedentes, en la década de 1960, la Estadística Bayesiana se hizo famosa como uno de los algoritmos de aprendizaje automático y se ha utilizado ampliamente en finanzas desde entonces. La popularidad de la Teoría Bayesiana en finanzas se debe a su aplicación en auditoría, donde los auditores confiaban antes en el conocimiento y la experiencia profesionales. Sin embargo, los modelos bayesianos proporcionan una probabilidad objetiva y racional a los auditores, lo que permite realizar evaluaciones más precisas y reducir los juicios erróneos causados por las emociones personales (Sorensen, 1969; Xie, 2019).

De hecho, con la creciente influencia de la IA, como hemos comprobado anteriormente, la automatización de determinadas tareas puede ser de gran ayuda para mejorar la eficiencia en el trabajo. Por ejemplo, muchos de los estudios existentes se decantan por el impacto de la innovación de la IA en la economía de cara a comprobar si reduce la demanda de mano de obra. Mientras algunos argumentan que la IA ayudará a los humanos a ser más productivos, otros se refieren a ella como «innovación asistida por inteligencia» en lugar de IA, tratando esta siempre de forma complementaria a algunos trabajos. Al delegar ciertas tareas repetitivas y monótonas a sistemas automatizados, los trabajadores pueden enfocarse en actividades que requieren otras habilidades que las máquinas no pueden asumir (Korinek y Stiglitz, 2017).

A esto cabe añadir una de las capacidades que más destacan a la hora de relacionar el trabajo de los investigadores sociales y el uso de IA es el gran manejo y procesamiento de datos que esta última puede asumir, de forma rápida y precisa, lo que puede mejorar la calidad de los resultados en diferentes áreas. Asimismo, para dar un nombre a la colaboración entre personas y máquinas en el lugar de trabajo se usa el término «cobotización», pues es la tendencia en la que la IA y los trabajadores humanos convergen para mejorar la eficiencia y la productividad, en consecuencia, las tareas más repetitivas quedan en las manos de estas herramientas mientras que los humanos pueden dedicarse a tareas más complejas y creativas (Túñez López, 2021).

En las primeras etapas de la cooperación entre la IA y la industria financiera, la atención se centró en reducir la carga de trabajo de los profesionales financieros mediante la potencia de cálculo de los ordenadores. Los sistemas expertos, que son sistemas de inteligencia basados en el conocimiento, se utilizaron en el sector financiero en los años 80 para predecir las tendencias del mercado y ofrecer planes financieros personalizados. Un sistema experto suele constar de seis componentes: base de conocimientos, base de datos, motor de inferencia, facilidad de explicación, adquisición de conocimientos e interfaz de usuario.

Los Sistemas Expertos basados en reglas fueron planteados por Hodgkinson y Walker (2003) para ayudar a las instituciones financieras a tomar decisiones sobre las solicitudes de crédito para préstamos corporativos, mientras que Shue et al. (2009) establecieron un sistema que contiene una base de conocimiento de dominio y una base de conocimiento operativo para clasificar a las empresas cotizadas en el mercado de valores de Taiwán. Además, Janulevicius y Goranin (2013) elaboraron otro sistema de gestión de riesgos para ayudar a las medianas y pequeñas empresas a resolver el problema del acceso limitado a análisis profesionales de seguridad de datos debido a la escasez de fondos.

Esto es factible en cierto punto siempre y cuando haya datos suficientes como para que sean procesados por la IA. En este sentido, la minería de datos es ampliamente utilizada en una variedad de campos (Hun y Shen, 2016). Con la creciente importancia de los grandes datos, la minería de datos está ganando cada vez más atención, y es gracias al desarrollo de la tecnología de minería de datos y de la informática, el número de datos disponibles está creciendo rápidamente. Entre los métodos habituales de minería de datos se incluyen el aprendizaje de reglas de asociación, el análisis de conglomerados, la clasificación, la secuencia, la detección de desviación, la predicción, la minería de patrones de similitud y la regresión. (Han y Kamber, 2001; Liu y Lee, 2014).

Por todo ello, cuando hablamos de ciencias sociales debemos tener en cuenta de que se trabaja con una cantidad de datos enorme. Por ello, la IA puede ser una herramienta muy interesante para la recogida y procesamiento de dichos datos, algo que desde el Instituto de Ingeniería del Conocimiento (2021) ya se está trabajando de cara a la toma de decisiones mediante IA. En este sentido, el big data y el cloud computing, unidos a, por supuesto, la IA, desencadenan una serie de procesos mucho más complejos y, según se mire, útiles que las tradicionales formas tecnológicas de las que se valía la Administración Pública. La necesidad de capital humano especializado en la materia conlleva una profesionalización, pero a la vez permite toda una serie de mejoras de las que hablaremos más adelante, sin embargo, tenemos que aclarar que la utilidad de la IA es todavía algo que está en desarrollo, y no podemos adelantar lo que dentro de unos años esta revolución podría conllevar.

Si tenemos este principio cómo algo básico, podemos recoger las dimensiones que tradicionalmente justifican la exclusión social como son los ingresos, privación material, alojamiento, participación política, salud y discapacidad, seguridad, apoyo social, acceso a los servicios, educación… (Halleröd y Larsson, 2008; Ribeiro et al., 2018; Vela-Jiménez y Sianes, 2021) y utilizar las herramientas que la IA nos ofrece para realizar una automatización de dichas mediciones. Aunque como decíamos la IA no se ha utilizado todo lo que se podría en el ámbito social, hay autores que están explorando el progreso que la IA está haciendo en áreas cómo el trabajo social (López et al., 2020; Wilkerson et al., 2020). A esto se le está dando el nombre de e-social work (Castillo, 2017; Chan y Holosko, 2017; López Peláez et al., 2018), una forma de incorporar la IA dentro de los programas y servicios sociales para que el trabajador tenga un refuerzo de cara al bienestar del usuario.

Un buen ejemplo de ello es el uso que se está realizando desde la Administración Pública de la IA, así como desde ámbitos de la empresa privada. Es evidente que la tecnología está transformando las formas en las que se trabaja en diversos aspectos de la sociedad. En este sentido, y tal y como decíamos, las instituciones públicas y políticas están empezando a darse cuenta de su impacto y están trabajando en la regulación de la IA en la Administración Pública para fomentar la inversión en I+D+I. La Comisión Europea y la Estrategia Española de I+D+I en Inteligencia Artificial han publicado documentos que subrayan la necesidad de adaptarse a esta nueva tecnología y asegurar que los marcos normativos sean coherentes con los valores y derechos fundamentales. Por ello, la aplicación de la IA en el sector administrativo es una de las prioridades en ambos documentos (Artificial Intelligence for Europe, 2018; Miranzo, 2020).

Para una correcta implantación de la IA en la contratación pública es esencial tener datos de calidad que permitan un procesado efectivo de las solicitudes o criterios a potenciar en base a contratos ya ejecutados o adjudicados. La disponibilidad de datos relevantes y utilizables por un sistema de IA es fundamental para maximizar los resultados en el análisis. La falta de datos adecuados puede ampliar la distancia operativa entre administraciones que han digitalizado sus procesos y las que no lo han hecho. Además, la utilización de datos no oficiales por la IA puede plantear problemas adicionales incluso en las administraciones con datos digitales suficientes (Sánchez, 2019).

A pesar de que hay diferentes tipos de algoritmos que posibilitan que la IA realice sus funciones, uno de los más interesantes son los algoritmos predictivos. Estos se basan en el análisis de un gran número de datos para determinar una decisión que puede servir para la Administración a la hora de realizar una tarea (Fernández, 2022). En suma, la falta de personal se puede contrarrestar mediante el uso de las tecnologías que se ponen al servicio de la Administración Pública, la cual debe modernizarse para dar respuesta a las necesidades sociales y así hacer frente al limbo burocrático al que se enfrentan muchas personas.

Un ejemplo de esto a lo que nos referimos es la escala SISO, una herramienta elaborada durante los años 2017, 2018 y 2019 por académicos y profesionales, la cual se basa en una serie de ámbitos: vitales, personales y sociodemográficos, con sus respectivas variables (Raya y Real, 2020). El uso de esta herramienta ha dado enormes cantidades de datos que los recientes estudios han reflejado cómo una efectiva forma de medir la exclusión social, pero también que es útil para realizar intervenciones.Raya, Trujillo y Carbonero, 2021).

De tal manera que, siguiendo a Corvanal (2019) un ejemplo claro de esta interacción es el caso de «Promotea», un proyecto para la selección de pacientes en el ámbito de la salud que utiliza la automatización, diagnóstico inteligente y predicción para potenciar diferentes actividades y seleccionar 32 casos prioritarios en 2 minutos, disminuyendo de manera considerable el tiempo necesario para realizar la misma tarea por parte de una persona. Teniendo en cuenta la interacción entre automatización de tareas mediante algoritmos complejos y seres humanos, concluimos que utilizando de manera correcta la inteligencia artificial en el trabajo obtenemos una mayor claridad y precisión en la búsqueda de soluciones y en la forma de alcanzarlas. Pues, puede aumentar la productividad de los trabajadores en tareas más complejas o que han sido postergadas.

Refiriéndonos a las Rentas, la IA podría utilizarse para motorizar los gastos de los beneficiarios y ajustar los pagos en consecuencia. Hemos visto con anterioridad la complejidad de establecer una cuantía de estas Rentas y los actores que participan en la adjudicación de una prestación.

Como decimos, con la IA se podría realizar una medición automatizada gracias a la recolección de datos precisos que establecería unas cuantías según el lugar en el que se encuadre a la persona o unidad familiar que se está estudiando. Si bien este tema es de relevancia para el entramado económico y social, no son demasiados los investigadores que han prestado atención a la IA como forma de medición de las rentas, aunque con el auge del uso de estos sistemas en diferentes aspectos de la vida, cada vez es mayor el interés de los investigadores sobre el tema, sobre todo por lo que supondría para el ahorro en gastos de gestión, algo sobre lo que ya se han quejado las entidades locales (Epdata, 2021).

Tal y como podemos observar en la siguiente figura, hay un alto número de solicitudes, de las cuales 60.237 están pendientes de trámite y 18.638 en proceso. Este número de solicitudes es alto, y significan familias y personas que no están recibiendo la ayuda porque el proceso administrativo es lento, debido al alto número de demanda.

Figura 13. Número de tramitaciones en el año 2021

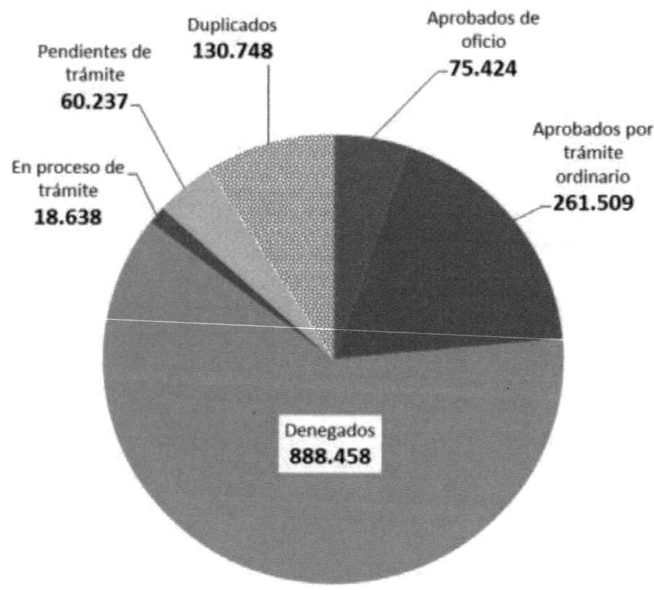

Fuente: Bienestar Social, 2021.

Pero para ello se han de requerir una serie de normas, tal y como se están elaborando sobre todo en el apartado del procesamiento y predicción de datos de ámbito jurídico (De la Sierra, 2020). El nuevo sistema que trae las nuevas formas tecnológicas implica que se elaboren normas para su uso, ya que la IA no cuenta con normas específicas, sin embargo, su uso así lo requiere. Por ejemplo, existen precedentes del uso de IA a la hora de elaborar el bono social en el recibo de la luz en el año 2019, sin embargo, su uso no fue transparente y esto conlleva a que se produzcan más problemas que beneficios. En este caso en específico, la Administración declaró que el algoritmo utilizado estaba bajo propiedad intelectual. En este sentido, la Ley 39/2015, de 1 de octubre, del Procedimiento Administrativo Común de las Administraciones Públicas y la Ley 40/2015, de 1 de octubre, de Régimen Jurídico del Sector Público, ya mencionan la automatización de procedimientos con el objetivo de «garantizar los derechos y garantías de los interesados» (Padilla, 2019: 99).

En suma, la implementación de algoritmos inteligentes es modular y escalable, lo que permite diseñar desde los más simples hasta los más avanzados para resolver o automatizar procedimientos sencillos o complejos. Por poner otro ejemplo, en el Ayuntamiento de Manzanares se decidió automatizar el procedimiento de devolución del Impuesto sobre vehículos de tracción mecánica (IVTM) en casos de baja definitiva o temporal por sustracción o robo de un vehículo, ya que las solicitudes se acumulan en marzo y no se pueden resolver hasta julio. La aplicación de un modelo de IA básico pero eficiente permite una resolución más rápida y eficiente del procedimiento. Los datos necesarios para resolver el procedimiento son fáciles de comprobar, como el pago de la liquidación y la cuota, la baja del vehículo y su fecha, que se encuentran en distintas bases de datos.

Antes de continuar, es importante destacar que el Ayuntamiento de Manzanares cuenta con una aplicación web *ad hoc* para la gestión de parte de sus procesos, lo que permite diseñar algoritmos personalizados para solucionar tareas y mejorar la eficiencia en la tramitación de los expedientes. El algoritmo creado en el Ayuntamiento de Manzanares utiliza como input el número de liquidación, comprueba los datos y resuelve si debe concederse la devolución y, en su caso, el importe a devolver (Padilla, 2019).

Según esta línea discursiva, en un amplio estudio realizado por Microsoft y EY (2020) se llegó a la conclusión de la que IA podía resolver problemas complejos de cara a facilitar el trabajo en los servicios públicos. Los principales argumentos eran que esta herramienta permitía mayor flexibilidad principalmente porque se trataba de un mecanismo que puede operar 24 horas al día los 7 días de la semana, gracias a la automatización inteligente. Por todo esto la encuesta realizada por esta organización reflejó que la IA estaba aportando valor en diferentes aspectos. Como se indica en la figura siguiente, vemos que la IA se contempla como una herramienta de valor medio para los encuestados, principalmente para optimizar procesos.

Figura 14. Medición del valor de la IA en el Sector Público

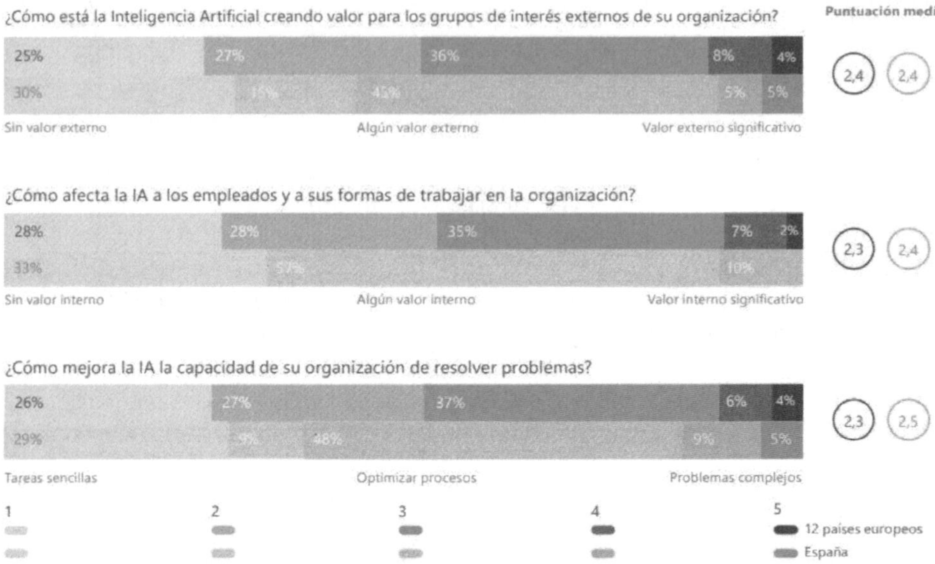

Fuente: Microsoft y EY, 2020.

Continuando con esta idea, podemos aventurarnos, guiados por la literatura, a afirmar que sería de enorme utilidad para motorizar los gastos de los beneficiarios y ajustar los pagos en consecuencia. Sin embargo, la implementación de la renta mínima es una cuestión social y política que involucra muchos factores más allá de la tecnología. La renta mínima es un término polisémico en muchos países y sus implicaciones son objeto de intenso debate, ya que las constantes y profundas transformaciones que va imponiendo la utilización de la IA en distintos ámbitos sociales, pero sobre todo en lo que respecta al mundo laboral produce que se analicen y debatan de forma más continua políticas orientadas a contrarrestar posibles efectos negativos del uso de estas tecnologías innovadoras.

En este sentido, como bien señala Martin Ford (2015), la creciente tecnologización presenta a los economistas la necesidad de enfrentarse a la posibilidad de que las máquinas destruyan los trabajos y generen una alta tasa de desempleo a largo plazo. La inteligencia artificial demuestra su capacidad para sustituir a los trabajadores humanos en áreas que anteriormente se consideraban no susceptibles de informatización. Es así como el futuro del empleo se enfrenta a una transformación sin precedentes, impulsada por el vertiginoso crecimiento en la capacidad de procesamiento informático y la amplia difusión de la Inteligencia Artificial (Bruun, E.P., & Duka, A., 2018). En consecuencia, sin las medidas necesarias para contrarrestarlo, este fenómeno podría generar niveles de desempleo sin precedentes con resultados sociales catastróficos.

Si bien es cierto que, en distintos casos, como veremos más adelante, el uso de la IA puede ser perjudicial, la literatura científica concuerda en el discurso de que su automatización puede llegar a generar beneficios para la sociedad y el mundo del trabajo. Como afirman Diestra Quinto et al (2021),

> «el uso de la IA en la toma de decisiones organizacionales sigue siendo una de las principales aplicaciones (Cao et al., 2021), dado que crea nueva información y predicciones a partir de grandes conjuntos de datos para la resolución de problemas, especialmente de algoritmos de aprendizaje automático (Von Krogh, 2018). Según un informe reciente del MIT Sloan Management Review y Boston Consulting Group, el 57 % de las empresas encuestadas prueba la IA y el 59 % poseen una estrategia de IA (Ransbotham et al., 2020). Esto genera nuevas áreas de aplicación, como cambiar la forma y perspectiva en que las organizaciones toman decisiones (Aaldering y Song, 2020)» (pp. 53-54).

Asimismo, desde nuestra posición, creemos que su uso puede expandirse a distintas áreas en las que todavía no se está implementado del todo, como es el caso de las ciencias sociales, pues nuestro objetivo es dar importancia a ciertas herramientas que complementen de manera favorable el trabajo de los investigadores sociales. Al mismo tiempo, resulta crucial para adaptarnos a los tiempos, a la vez de tener una mirada crítica frente al uso de tal herramienta, debemos tener presente sus potenciales y así aprovechar de las ventajas que nos ofrece. Profundizando más sobre este tema, como sostienen Estrada Carrera, Loor Zambrano y Viteri Rade (2022), entre las ventajas más destacables identificamos «aumento de la producción, de la calidad de los productos, precisión en el proceso, disminución de los costos de producción y la reducción de los márgenes de error y de riesgos para el humano» (p. 1).

Siguiendo en este orden lógico de ideas, otros autores añaden que, por el contrario, existen unas desventajas que creemos oportuno tener en cuenta. Como señala Duran Mendoza (2021) entre las limitaciones más comunes observamos la ausencia en la disponibilidad de los datos, la ausencia de profesionales preparados y el coste y tiempo de implementación de los proyectos de IA. Es en este mismo escenario que entendemos que, de alguna manera, se generan unos desafíos en términos de desigualdades sociales y laborales a la hora de implementar la IA. En este sentido, «el mercado laboral exige, cada vez más, una fuerza laboral preparada, con habilidades digitales y creativas, que sepa adaptarse a los cambios tecnológicos. Y esa adaptación resulta clave, ya que las competencias de hoy, probablemente, sean obsoletas en pocos años (International Labour Organization, 2019, p. 18, citado en Corvanal, 2019)» (p. 47).

En palabras de Santoni de Sio, F. et al. (2021), «la medida en que la IA conducirá a una gran pérdida neta de empleo o más bien a una reestructuración del empleo es muy debatida.» (p. 3). Desde una perspectiva social, se debe tener en cuenta que las políticas que se establezcan para proteger o crear puestos laborales solo tendrán un efecto temporal y moderador sobre la pérdida de estos. Si se quiere asegurar de que la innovación tecnológica permita beneficios sociales y que las vidas de las personas sean cada vez más largas y saludables, se debería adoptar una política que permita un control eficaz sobre el ritmo de sustitución del trabajo humano remunerado, resultando fundamental complementarlas con una garantía de ingreso básico universal. (Hughes, J. 2014).

Las estrategias de renta básica pueden ser interpretadas como una aceptación del desempleo tecnológico y una realidad inevitable como resultado del avance tecnológico. (Filippo Santoni et. al., 2021). A partir de este contexto son diversas las voces que se alzan tanto a favor como en contra de implementar una política social de distribución de ingresos para amortiguar o bien contrarrestar las dinámicas distorsivas en términos de pérdida de empleo. Uno de los magnates tecnológicos que se posiciona a favor de la medida social es Bill Gates. El dueño de Microsoft opina que servirá para aliviar la desigualdad y compensar los costes sociales de la robotización. «Hay una buena posibilidad de que terminemos con una renta básica universal debido a la automatización», comentó Elon Musk en una entrevista en 2016 a la CNBC. Defensor de la política social, el experto en tecnología declaró en el acto de presentación del Tesla Bot que «hay una buena posibilidad de que terminemos con una renta básica universal debido a la automatización».

En consonancia con estas últimas perspectivas, Zuckerberg sostuvo en el año 2019 que «debemos tener una sociedad que mida el progreso no sólo por indicadores económicos como el PIB, sino por cuántos de nosotros tenemos un papel que consideramos significativo. Debemos explorar ideas como la renta básica universal para asegurarnos de que todos tengan un cojín para probar nuevas ideas».

Sin embargo, pueden observarse algunos puntos de vista más reservados e incluso contrarios a considerar las rentas básicas universales como medida que combata los síntomas nocivos de la innovación tecnológica en el mercado laboral. A diferencia de sugerir únicamente la implementación de una renta básica universal como forma de compensación para aquellos que resulten perjudicados durante la transición al empleo sustentado en la IA.

Otros autores proponen una reflexión más profunda acerca de la relación entre estos dos fenómenos. Tal es el caso de Filippo Santoni de Siocon y su enfoque de Renovación Responsable. Al observar que con la implementación de una renta básica universal la libertad del individuo puede verse amenazada en términos de elección de empleo, considera que es vital adoptar un cambio significativo en la comprensión teórica de la tendencia tecnológica y económica actual, esforzándose por lograr un proceso tecnológico y de innovación más inclusivo y colaborativo, para que los beneficios de la tecnología y la innovación puedan ser más ampliamente compartidos y no se produzcan desigualdades en el acceso a ellos. (Filippo Santoni de Sio, et al., 2021).

Sin embargo, no hablamos de una suplantación de la persona por la máquina. Si bien muchos de los procesos podrán ser automatizados, esto no implica que la persona pierda su puesto de trabajo, sino más bien que se reestructure la forma en la que se trabaja. Siempre existirá un factor humano que tome las decisiones y controle el proceso, aunque por supuesto, si repercutirá en la disminución del trabajo para el profesional.

Por tanto, resulta esencial no solo aprovechar las oportunidades que nos ofrece la automatización por medio de la IA, sino también acompañar y preparar a los trabajadores y la sociedad en su cambio hacia una nueva realidad laboral, promoviendo el aprendizaje y la formación continua y el desarrollo de habilidades necesarias para hacer frente a los cambios tecnológicos. No obstante, entendemos que tanto el proceso de adaptación como el de automatización y de entreno de la inteligencia artificial conlleva tiempo y preparación, un desafío considerable a la hora de poder implementar esta herramienta en concordancia con la tarea de clasificar la población en cuanto al implemento de una renta mínima. Pudiendo generar un claro paradigma de desfase, donde sectores desfavorecidos y ámbitos concretos pueden perder validez frente a la automatización de tareas cognoscibles, causando una necesidad crucial de medidas como la RB, la RM o el IMV.

9.3. CONCLUSIONES

Terminamos este capítulo reflexionando acerca de la revolución que supone la implementación de la IA en nuestras vidas, una revolución que puede tener un impacto más profundo y a más largo plazo en el futuro del trabajo que las revoluciones industriales anteriores (Brynjolfsson y MacAfee, 2014; Ford, 2015). La IA permite automatizar no solo las tareas físicas repetitivas, sino potencialmente cualquier tarea que pueda descomponerse, incluidas tareas más complejas como conducir, así como muchas actividades mentales que durante mucho tiempo se pensó que no estaban abiertas a la automatización, como la contabilidad, la planificación, la investigación jurídica o el diagnóstico médico (Ford, 2015).

En suma, la elaboración de este capítulo tenía como objetivo discernir si la IA podía servir como herramienta a la hora de realizar la medición de las RM. Basándonos en ello, hemos podido observar, mediante la revisión de la literatura existente, que la IA resulta de enorme ayuda a la hora del pronóstico, diagnóstico y procesado de datos, lo que podría significar una ayuda muy grande al sistema de las administraciones públicas. No obstante, queda todavía mucho por investigar al respecto, pues las IA no son procesadores sin ningún tipo de error. Aunque creemos que la implementación de la renta mínima y la IA están correlacionadas y que la IA puede ser utilizada para analizar y predecir la distribución de ingresos y determinar las necesidades de cada individuo para recibir la renta mínima, aún queda camino por recorrer para que las IA sean completamente eficaces y, sobre todo, realicen lo que las distingue de un ser humano, la comprensión fuera de todo el entramado de datos que ofrece el sistema.

En este sentido, la relevancia del juicio emitido por el *software* de IA varía dependiendo del caso. En algunos casos, el juicio computacional no implica una decisión administrativa final, sino que debe ser combinado con otros factores y criterios jurídicos y administrativos para tomar una decisión final. En otros casos, la integridad de la decisión administrativa recae en un algoritmo y se requieren mayores garantías jurídicas para su funcionamiento. En cualquier caso, la transparencia, responsabilidad e igualdad son importantes en la regulación de la IA.

Es importante considerar si hay un filtro humano y hasta qué punto tiene la capacidad de revisar la decisión informática (Miranzo, 2020). Hemos podido observar en estudios como el de Microsoft y EY (2020), que la adopción de la IA por parte de la Administración Pública permitiría procesos más flexibles para, tanto trabajadores como usuarios, además de una personalización del servicio y una mejor detección de errores y fraudes.

El proceso que se ha de seguir para lograr un buen uso de la IA a la hora de realizar la medición de la RM sería: primero recolectar la información existente (ingresos, datos demográficos, y otros elementos relevantes), después procesar esos datos para que no existan errores que puedan confundir a la IA.

Una vez hecho este paso, hay que escoger o crear un algoritmo de cálculo, lo que implica que debe existir un conocimiento profesionalizado. Después hay que entrenar a eso algoritmo con información para que aprenda a realizar un proceso automático, por lo que hay que realizar varios testeos y modificar el algoritmo. Una vez aplicado, se puede efectuar una predicción de los grupos que pueden ser beneficiados con la RM. Esto puede incluir el análisis de datos de ingresos, de declaraciones de impuestos, programas de beneficios del gobierno y otras fuentes para identificar a quienes pueden ser elegibles para un ingreso mínimo. Además, los modelos predictivos para identificar a quienes corren el riesgo de caer por debajo del umbral de ingresos mínimos, en función de factores como la pérdida de empleo, problemas de salud u otros eventos de la vida.

Todo lo expuesto con anterioridad puede impulsar que las administraciones lleguen de manera proactiva a aquellos que puedan necesitar asistencia antes de que caigan en la pobreza. Sumado a esto, las administraciones pueden optimizar la asignación de recursos para los programas de ingresos mínimos, al identificar las intervenciones más efectivas para diferentes grupos de personas. Por ejemplo, la IA se puede usar para analizar datos demográficos y socioeconómicos para determinar qué tipos de programas son más efectivos para diferentes segmentos de la población, como desempleados, discapacitados o ancianos.

En general, el uso de la IA en la medición de la renta mínima puede ayudar a las administraciones a orientar de forma más eficaz sus recursos hacia quienes más los necesitan, y a desarrollar programas más eficientes y efectivos que puedan mejorar la vida de los ciudadanos. Sin embargo, es importante asegurarse de que la IA se utilice de manera ética y transparente, y que no tenga consecuencias negativas no deseadas. (Red Iberoamericana de Protección de Datos, 2019; Davenport y Redman, 2022).

Lo que queremos decir con todo ello, es que la IA supone un apoyo que reduce la carga de trabajo de los profesionales, permitiendo realizar tareas con una precisión mayor. Es por ello que creemos que su uso puede facilitar y perfeccionar la tarea del profesional a la hora de gestionar las RM, por ejemplo, pero siempre bajo la supervisión de los profesionales que son los que tienen la última palabra en la decisión. Ningún programa o *software* puede suplantar el juicio de un ser humano. En definitiva, la IA es una herramienta de apoyo clave que ahorra tiempo y recursos, pero siempre la decisión ha de estar supeditada al profesional encargado. Se requiere, asimismo, mayor investigación sobre el tema en cuanto vemos la importancia que tiene en el aspecto socioeconómico, además de pruebas de implementación para testear como funcionaría en los países en los que ya se realizan las RM.

En definitiva, la IA supone un cambio de paradigma a nivel social, económico y laboral. El desarrollo a corto y medio plazo es muy complejo de predefinir, pero sin duda su papel a la hora de servir a la Administración es indudable. Sin embargo, existen lagunas en el sentido académico cuando estudiamos cómo la IA puede servir para medir fenómenos sociales como la exclusión social y la pobreza. Asimismo, hay poca información sobre el uso de algoritmos para su uso desde la Administración, aunque es evidente que estos llevan utilizándose desde hace bastante tiempo más desde el ámbito privado que desde el público. No así es en el caso del estudio de la RM, la cual ofrece una amplia variedad de estudios que exploran el concepto y la aplicación de la RM en algunos países. A pesar de ello, y necesitando mayor profundización en el tema, existe consenso entre los autores en afirmar que el uso de las nuevas tecnologías es de gran utilidad a la hora de realizar cuestiones relacionadas con el análisis de datos, siempre y cuando tengan un supervisor que tome la decisión final, como sería en el caso de la distribución de las RM (Faccia, Yousif y Ahmad, 2019; Deep, Yadav y Chopra, 2020).

REFERENCIAS BIBLIOGRÁFICAS

Acemoglu, D., & Restrepo, P. (2018). The race between man and machine: Implications of technology for growth, fac-tor shares, and employment. *American Economic Review*, 108(6), 1488-1542.

Arntz, M., Gregory, T., & Zierahn, U. (2016). The risk of auto-mation for jobs in OECD countries. OECD Social, Employ-ment and Migration Working Papers (189). Paris: OECD Publishing.

Bollain, J., y Raventós, D. (2018). La Renta Básica Incondicional ante las limitaciones de las Rentas Mínimas. Lan harrema-nak: *Revista de relaciones laborales* (40), 5.

Bramley, G., & Bailey, N. (Eds.). (2018). Poverty and social exclusion in the UK: The dimensions of disadvantage (Vol. 2). Bristol University Press.

Brynjolfsson, E. y McAfee, A. (2014). *The second machine age: Work, progress, and prosperity in a time of brilliant technologies.* EE. UU, New Directions.

Bienestar Social. (2021). El Gobierno reduce la lista de espera del Ingreso Mínimo Vital y aumentan las resoluciones positivas, pero se mantienen los problemas de fondo. https://aavvmadrid.org/noticias/se-reduce-la-lista--de-espera-del-ingreso-minimo-vital-y-aumentan-las-resoluciones-positivas-pero-se-mantienen-los-problemas-de-fondo/

Corvalan, J. G. (2019). El impacto de la Inteligencia Artificial en el trabajo. Revista de Direito Econômico e Socioambiental, 10(1), 35-51. https://revistas.pucsp.br/index.php/RDESA/article/view/38071/23336

Davenport, T. y Redman, T. (2022). Artificial intelligence is quietly improving the management of data, including its quality, accessibility, and security. *MITSloan Management Review.* https://sloanreview.mit.edu/article/how-ai-is-improving-data-management/

De La Rica, S., y Gorjón, L. (2019). Assessing the impact of a minimum income scheme: the Basque Country case. *SERIEs,* 1-30.

De la Sierra, S. (2020). Inteligencia artificial y justicia administrativa: una aproximación desde la teoría del control de la Administración Pública. *Revista General de Derecho Administrativo,* 53.

Deep, G., Yadav, A. y Chopra, R. (2020). Artificial intelligence and effective governance: A review, critique and research agenda. *Sustainable Futures,* 2. https://doi.org/10.1016/j.sftr.2019.100004

Diestra Quinto, N.M., Cordova Villodas, A.J., Caruajulca Montero, CP, Esquivel Cueva, D.L., & Nina Vera, S.A. (2021). *La inteligencia artificial y la toma de decisiones gerenciales.* Revista de Investigación Valor Agregado, 8(1), 52-69. https://revistas.upeu.edu.pe/index.php/ri_va/article/view/1631/1914

Duran, G. C. (2021). La inteligencia como tecnología para el desarrollo de las organizaciones. Repositorio Instituciona UMNG. Universidad Militar Nueva Granada. http://hdl.handle.net/10654/41193

Estrada Carrera, F. M. L., Loor Zambrano, H. Y., & Viteri Rade, L. Y. (2022). Reemplazo de personal humano por inteligencia artificial: ventajas y desventajas. *Revista Investigación y Negocios,* 15(25), 31-38. http://www.scielo.org.bo/scielo.php?script=sci_arttext&pid=S2521-27372022000100004&lng=es&tlng=es

Faccia, A., Yousif, M. y Ahmad, S. (2019). Integrated clouf financial accounting cycle: How artificial intelligence, Blockchain, and XBRL will change the accounting, fiscal and auditing practices. *3rd International Conference on Cloud and Big Data computing*: 31-37.

Fernández, B. (2022). La incidencia de la inteligencia artificial y los medios propios en la tramitación y resolución de los procedimientos administrativos. En Ortega, E. y Pastor, F. *Administrativo 2022*. Valencia, Tirant lo Blanch.

FOESSA. (2019). Informe sobre exclusión y desarrollo social en España. Madrid, Fundación FOESSA.

Ford, M. (2015). *Rise of the Robots: Technology and the Threat of a Jobless Future*. Basic Books.

Frazer, H. y Marlier, E. (2016). *Minimum income schemes in Europe. A study of national policies*. European Social Policy Network. Bruselas, Comisión Europea.

Frey, C. B., y Osborne, M. A. (2017). The future of employ-ment: how susceptible are jobs to computerisation? *Technological forecasting and social change*, 114, 254-280.

Galean, A., Gorjon, L. y Vega-Bayo, A. (2019). The Impact of Contributive Benefits on Job Finding. ISEAK Working Paper.

García, B., y Sánchez, M.C. (2019). Medición de la pobreza subjetiva en España y su localización espacial. *Revista Española de Investigaciones Sociológicas*, 165: 88-99.

Gorjón, L. (2019). Renta Básica universal y Renta Mínima: ¿soluciones para el futuro? *ICE*, 911.

Gingrich, L.G., & Lightman, N. (2015). The empirical measurement of a theoretical concept: Tracing social exclusion among racial minority and migrant groups in Canada. *Social Inclusion*, 3(4), 98-111.

Halleröd B., Larsson D. (2008). Poverty, welfare problems and social exclusion. *International Journal Social Welfare*,17: 15-25.

Han, J.y Kamber, M. (2001). Data mining concepts and techniques. Beijin, Mechanical Industry Press.

Haushofer, J., y Shapiro, J. (2013). Household Response to Income Change: Evidence from an Unconditional Cash Transfer Program Kenya. Abdul Latif Jameel Poverty Ac-tion Lab, MIT, Cambridge, MA.

Hughes, J. (2014). *A Strategic Opening for a Basic Income Guarantee in the Global Crisis Being Created by AI, Robots, Desktop Manufacturing and BioMedicine*. Journal of Ethics and Emerging Technologies, 24(1), 45-61. https://doi.org/10.55613/jeet.v24i1.12

Korinek, A. y Stiglitz, J. (2017). «Artificial Intelligence and its implications for income distribution and unemployment». En Agrawal, A., Gans, J. y Goldfarb, A. *The Economics of Artificial Intelligence: An Agenda*. Chicago, University of Chicago Press.

Microsoft y EY. (2020). Inteligencia Artificial en el Sector Público. España. Perspectivas europeas para 2020 y años siguientes. https://info.microsoft.com/rs/157-GQE-382/images/ES-CNTNT-eBook-SRGCM3981-v2.pdf

Miranzo, J. (2020). Inteligencia Artificial y contratación pública. En Martín, I. y Moreno, J.A. *Administración Electrónica, Transparencia y Contratación Pública*, Madrid: Iustel.

Moreno, L.F. y Villanueva, L.J. (2021). El uso de medios electrónicos en el procedimiento administrativo de elaboración de normas y big data e inteligencia artificial para la toma de decisiones. En Moreno, L.F., Gallo, W.I. y Lima, V.C. *Tecnología, Administración Pública y Regulación*. Colombia, Universidad Externado de Colombia.

Labonté R., Hadi A., Kauffmann X.E. (2011). Indicators of Social Exclusion and Inclusion: A Critical and Comparative Analysis of the Literature. Volume 2 Population Health. Ottawa, Improvement Research Network.

Levitas R., Pantazis C., Fahmy E., Gordon D., Lloyd E., Patsios D. (2007). The Multi-Dimensional Analysis of Social Exclusion. Bristol, University of Bristol.

Ley 39/2015, de 1 de octubre, del Procedimiento Administrativo Común de las Administraciones Públicas. *BOE*, 236, de 02/10/2015. Disponible en: BOE-A-2015-10565.

Ley 40/2015, de 1 de octubre, de Régimen Jurídico del Sector Público. *BOE*, 236 de 02/10/205. Disponible en: BOE-A-2015-10566.

Liu, N. y Lee, K. (2010). An intelligent business advisor system for stock investment. Expert Systems, 14(3): 129-139.

López, B., Bermudez, L.M., & Pascual, J. (2020). Buena prdctica: SisVAT-COVIDI9 sistema de vigilancia y alerta temprana en el sistema Asturiano de servicios sociales. http://bit.ly/SisVAT-COVID19

Padilla, P. (2019). Inteligencia artificial y Administración Pública. Posibilidades y aplicación de modelos básicos en el procedimiento administrativo. Revista El Consultor de los Ayuntamientos, 10: 96-104.

Pascual, J. A. (2019). Inteligencia artificial: Qué es, cómo funciona y para qué se utiliza en la actualidad. Computer Hoy. https://computerhoy.com/reportajes/tecnologia/inteligencia-artificial-469917

Peris, L. (2021). Los esquemas de rentas mínimas en Europa y el Ingreso Mínimo Viral. *Revista Española de Sociología,* 30(2): 1-10.

Pirani E. (2011). Evaluating contemporary social exclusion in Europe: A hierarchical latent class approach. *Qualitative, Quantitative,* 47: 923-941. doi: 10.1007/s11135-011-9574-2.

Pombo, C., Gupta, R., & Stankovic, M. (2018). Quieres automatizar un servicio social con inteligencia artificial? 4 consideraciones clave. BID Mejorando Vidas. Recuperado de: https://blogs.iadb.org/conocimiento-abierto/es/servicio-social-con-inteligencia-artificial/

Raya, E., Trujillo, M. y Carbonero, D. (2021). Using Big Data to manage Social Inclusion Programs. *Journal of Sociology and Social Welfare,* 48(3): 74-98.

Raya, E. y Real, M.J. (2020). Diseño e implementación de la escala SISO de medición de las situaciones de dificultad social. Herramienta para el diagnóstico en Trabajo Social. Alternativas. *Cuadernos de Trabajo Social,* 27: 45-69.

Red Iberoamericana de Protección de Datos. (2019). General Recommendations for the Processing of Personal Data in Artificial Intelligence. https://www.redipd.org/sites/default/files/2020-02/guide-general-recommendations-processing-personal-data-ai.pdf

Ribeiro A.I., Launay L., Guillaume E., Launoy G., Barros H. (2018). The Portuguese version of the European deprivation index: Development and association with all-cause mortality. *PLoS ONE,* 13. doi: 10.1371/journal.pone.0208320.

Russell, S. y Norvig, P. (2004). *Inteligencia Artificial. Un enfoque moderno.* Madrid, Pearson Educación.

Sánchez, A. (2019). Data-driven and digital procurement governance: Revisiting two well-known elephant tales. http://dx.doi.org/10.2139/ssrn.3440552

Santoni de Sio, F., Almeida, T., & van den Hoven, J. (2021). *The Future of Work: Freedom, Justice, and Capital in the Age of Artificial Intelligence. Critical Review of International Social and Political Philosophy*. Advance online publication. https://doi.org/10.1080/13698230.2021.2008204

Schmidhuber, J. (2014). Deep learning in Neural Networks: An overview. *Neural Networks*, 61: 85-117.

Seguridad Social. (2023). Ingreso Mínimo Vital. Recuperado de: https://www.seg-social.es/wps/portal/wss/internet/Trabajadores/Prestaciones-PensionesTrabajadores/65850d68-8d06-4645-bde7-05374ee42ac7

Silver, H., Miller, S. (2003). Social Exclusión. *Indicators*, 2(2): 5-21.

Suárez, A. (2023). ¿Cuánto tardan en decirte si te dan el Ingreso Mínimo Vital? La información. Recuperado de: https://www.lainformacion.com/economia-negocios-y-finanzas/cuanto-tiempo-tarda-seguridad-social-conceder-ingreso-minimo-vital/2885032/#:~:text=%C2%BFCu%C3%A1nto%20tarda%20la%20Seguridad%20Social,meses%20para%20resolver%20la%20petici%C3%B3n

Subirats, J., Riba, C., Giménez, L., Obradors, A., Giménez, M., Queralt, D., Bottos, P., y Rapoport, A. (2004). Pobreza y exclusión social. Un análisis de la realidad española y europea. Colección Estudios Sociales, 16. Barcelona, Fundación La Caixa.

Sun, Q., y Kamber, M. (2016). The application of data mining in the era of big data. *Electronic Technology and Software Engineering*, 6: 204.

Tena, A. (2018). La Renta Básica Universal basada en la evidencia/ Universal Basic Income based on evidence. *Política y Sociedad*, 55(3), 851-872.

Túñez López, J. M. (2021). Tendencias e impacto de la inteligencia artificial en comunicación: cobotización, gig economy, co-creación y gobernanza. Fonseca, *Journal of Communication*, 22, 5-225. https://doi.org/10.14201/fjc-v22-25766

Villareal, J. (1996*). La exclusión social. Buenos aires*. Norma.

Wilkerson, D. A., Wolfe-Taylor, S. N., Deck, C. K., Wahler, E. A., & Davis, T. S. (2020). *Social Work Education*, 39(8): 1137-1145.

Xie, M. (2019). Development of Artificial Intelligence and Effects on Financial System. *Journal of Physics: Conference Series*, 1187(3).

Zhongmei, L., Yu-Che, H., & Cui, B. (2020). A study for application research of 5G data acquisition and testing. *5th IEEE International Conference on Big Data Analytics*, Xiamen, China.

Anexos

Desafíos estructurales de la renta universal desde la perspectiva de los participantes

LUIS MIGUEL RONDÓN GARCÍA

JOSÉ MORENO JIMÉNEZ

SUMARIO: INTRODUCCIÓN. DESCRIPCIÓN DE LA INVESTIGACIÓN: SUJETOS PARTICIPANTES, POBLACIÓN Y MUESTRA. EXPLORANDO EL IMPACTO DEL INGRESO MÍNIMO VITAL DESDE DIVERSOS ÁNGULOS. ANÁLISIS DE LOS RESULTADOS. CATEGORÍA ESTRUCTURAL. CATEGORÍA SOCIOLABORAL. CATEGORÍA FAMILIAR. CATEGORÍA INSTITUCIONAL. PROPUESTAS DE LOS PARTICIPANTES PARA MEJORAR LA CALIDAD DE ESTAS PRESTACIONES. SÍNTESIS FINAL: EL PAPEL INTEGRAL DEL INGRESO MÍNIMO VITAL EN LA SOCIEDAD.

INTRODUCCIÓN

Para cerrar, presentamos a continuación un anexo resultado de la investigación cualitativa llevada a cabo por el grupo de investigación de renta mínima y universal del cual emana esta obra, en relación a la percepción de los actores de la renta social sobre la utilidad de esta prestación.

Se trata de un análisis cualitativo realizado con la técnica de las entrevistas triangulares, siendo los sujetos participantes tres sectores de la población diana objeto de este estudio: tres usuarios beneficiarios de la renta mínima; tres técnicos que ejercen su actividad en la gestión de las prestaciones y tres personas directivas. Cada uno de estos elementos son representativo de los principales parámetros de los sectores de población que representan, para poder analizar el tema de forma comparativa en relación a los principales vértices que representan esta realidad. De esta manera, el discurso producido en los grupos triangulares es sustancialmente distinto del que se produce en las entrevistas personales u otras técnicas de investigación. En este caso específico, sirven para conocer los puntos de vista y las expectativas de aquellas personas que representan nuevas tendencias o liderazgo de una temática concreta como es la renta mínima. Así, el grupo triangular ocupa con su discurso un espacio inestable entre un yo narrativo (espacio del adentro) y el otro/otros (espacio del afuera).

Los objetivos o el para qué de esta investigación son diversos, destacando esencialmente tres:

1) Establecer las percepciones que tienen los actores implicados sobre los problemas que afectan a la gestión del IMV, así como de las posibles soluciones y de las posibilidades que se ofrecen.

2) Determinar el grado de valoración que tienen los participantes en torno al ingreso mínimo vital y las demandas de cambio que se presentan.

3) Explorar las actitudes hacia las distintas medidas o actuaciones concretas previstas en el IMV de cara a la inclusión social, la valoración de las mismas, motivaciones y los obstáculos para su implicación.

En lo esencial el enfoque de la investigación se ha centrado en una perspectiva multifacética que involucra a diversas partes interesadas, desde los beneficiarios directos hasta los técnicos y directivos encargados de administrar estas ayudas. Para el análisis, se han realizado tanto entrevistas semiestructuradas como construcciones de historias de vida. A lo largo de los siguientes epígrafes se exponen los resultados y se construyen los argumentos procedentes de los relatos de las entrevistas y del análisis de los resultados, en aras a proporcionar transferencia social en los distintos agentes implicados en la renta social, con las aportaciones que aporta la práctica social empírica.

En este sentido, a título ilustrativo, en los epígrafes sucesivos exploramos a fondo las complejas dinámicas y desafíos que rodean la implementación y gestión del Ingreso Mínimo Vital (IMV) en España, que pueden ser extrapolables al resto de territorios, infiriendo las ideas en la realidad social. Todo ello a partir de un conjunto de relatos directos de usuarios, técnicos y responsable de implementación del IMV, las cuales nos han permitido transitar en las subjetividades propias de los usuarios, tomando conciencia de cómo se configura la realidad de los perfiles, sus contextos previos y como estos han sido transformando la realidad social gracias a esta política de inclusión social que dura ya varios decenios.

De esta manera podemos ordenar algunos elementos claves en los siguientes apartados, en los que, de manera lógica, intentaremos ir sintetizando cada uno de los aspectos que aparecen como claves en nuestra investigación y que pueden servir de referencia en las futuras medidas de política social que se establezcan al efecto.

DESCRIPCIÓN DE LA INVESTIGACIÓN: SUJETOS PARTICIPANTES, POBLACIÓN Y MUESTRA

A continuación, describimos las características de los sujetos participantes en la citada investigación a modo general. A partir de aquí, en los resultados se analizan las trayectorias discursivas y se comparan los puntos de vista de las tres partes que confluyen en la crítica de la situación actual y las propuestas de mejora. Describimos el papel de cada sector y el porqué de su elección de cada grupo de sujetos, así como los criterios de elegibilidad. Con ello, nos alejamos de las caracterizaciones más reduccionistas que a menudo delimitan los perfiles con unas coordenadas meramente económicas y espaciales. Aunque no cabe un desarrollo completo de esta cuestión en este capítulo, hemos querido introducir dicha puntualización como totalmente indispensable.

Participantes usuarios. Comenzamos adentrándonos en las experiencias y percepciones de los beneficiarios del IMV, individuos que a menudo se enfrentan a una economía precaria y a una realidad social difícil de vulnerabilidad que con el tiempo puede derivar en exclusión severa e incluso en marginación social. A través de sus testimonios, hemos obtenido una visión propia de cómo perciben la utilidad y la efectividad de esta medida de lucha contra la exclusión social en sus vidas cotidianas, las estrategias que emplean para gestionar estas ayudas, las dificultades burocráticas y obstáculos en el camino de los procesos de solicitud de las prestaciones sociales hasta llegar a percibirlas.

Cabe considerar que los participantes en las entrevistas representan una amplia diversidad en términos de sus características sociodemográficas. En la muestra, se incluyen tanto mujeres como hombres, con edades que abarcan desde los 23 hasta los 59 años. Además, se engloban diferentes estados civiles, incluyendo personas solteras, en pareja y separadas, lo que enriquece la variedad de perspectivas. Asimismo, se ha determinado la ubicación geográfica de los entrevistados, identificando perfiles tanto rurales como urbanos, lo que agrega una dimensión adicional a las experiencias compartidas. En cuanto al nivel de instrucción, la muestra abarca desde personas con estudios primarios hasta aquellos con formación universitaria para ofrecer una gama amplia de antecedentes educativos.

Para profundizar en la comprensión de las experiencias individuales, se han seleccionado dos perfiles específicos para este capítulo procedente de las historias de vida. Uno de ellos es una mujer de 34 años, en pareja, con educación secundaria, empleo y beneficiaria del IMV. El otro perfil es una mujer de 59 años, con educación primaria, sin empleo y también recibiendo el IMV. Estas dos historias de vida se explorarán en detalle, lo que permitirá analizar las características psicosociales de los participantes y comprender sus perspectivas de vida de manera más completa.

Dentro de este marco, y como ya hemos comentado, en nuestra investigación hemos encontrado una amplia diversidad en los beneficiarios del IMV, más allá de los clásicos sectores de exclusión social que existen en el imaginario social, porque la exclusión se extiende a buena parte de los sectores de población. Esto, demuestra que el programa está diseñado para abordar una variedad de necesidades y situaciones socioeconómicas, apareciendo como una política ampliamente transversal teniendo en cuenta los nuevos colectivos en situación de pobreza que emergen, más allá de los clásicos. No obstante, como se ha indicado, hemos elegido a tres personas que representan las categorías más frecuentes en los beneficiarios en función de la edad, situación social, laboral, familiar, con equidad de género.

Participantes técnicos. También damos voz a los técnicos de los Servicios Sociales, quienes desempeñan un papel fundamental en la implementación del IMV al tratarse del profesional que ejerce como puerta de entrada y el principal recurso que atiende a estas personas. Pues, estos profesionales se sitúan en la primera línea de acción interactuando directamente con los beneficiarios y gestionando sus solicitudes en un escenario complejo de amplia gestión y procedimientos. Esta práctica social les permite conocer la realidad de primera mano y en definitiva una experiencia pragmática del rostro social de la exclusión.

En esta misma línea, los profesionales han compartido con nosotros sus experiencias desde una visión profunda, holística, de las complejidades y desafíos a los que se enfrentan en su labor diaria, incluyendo las tensiones inherentes a las estructuras burocráticas superiores, o los contextos complejos en los que desarrollan la gestión y la atención. Cabe añadir, que la selección de profesionales con dilatadas trayectorias profesionales garantiza que nuestras conclusiones se basen en una sólida experiencia práctica Es por ello por lo que, la variedad de perfiles involucrados en esta investigación ha sido fundamental para capturar una comprensión holística de los aspectos que conlleva la aplicación del IMV y sus implicaciones en diversos contextos o situaciones.

En términos generales, sus testimonios subrayan de forma reiterativa las numerosas dificultades estructurales, burocráticas, desde dentro de los propios servicios debido a la rigidez de los requisitos y la excesiva documentación que no se ha visto reducida con la digitalización. A esto se suma la imposibilidad de atender con el tiempo necesario y de forma individualizada a cada caso ante la gran demanda acumulada que exige inmediatez y pragmatismo. Sin duda, el principal hándicap que refieren en sus relatos es la hiperburocratización de los procesos y la falta de comunicación con el resto de partes implicadas que forman parte del proceso para resolver incluso casos de baja complejidad. Sucede pues, que la burocratización impide realizar más trabajo directo de seguimiento y evaluación, al centrarse la tarea básicamente en la gestión diaria. Se denota entonces la necesidad de aumentar el número de profesionales de atención directa con experiencia y continuidad, que desarrollen planes individualizados con cada una de las personas para lograr el deseado objetivo final de inclusión social. Recordemos que cada ser humano tiene un valor único y que cada problemática social tiene su propia naturaleza. Porque no se trata de cuestiones cuantitativas (número de beneficiarios, profesionales) sino también cualitativas en cuanto a la atención (grado de motivación, nivel de inclusión social, etc.).

Participantes Directivos. Los directivos se enfrentan a la encrucijada de resolver problemas de forma rápida en un mundo complejo y en proceso de cambio continuo. Por esto, hemos abordado la perspectiva de los directivos, de aquellos responsables de tomar decisiones estratégicas y promover los recursos para el IMV de cara a la implementación de las políticas en los servicios sociales. Su visión nos facilita una comprensión más amplia de las cuestiones estructurales y desafíos en la implementación de este programa, en un contexto socioeconómico que influye en su eficacia y eficiencia, con una posición difícil, entendida en lenguaje weberiano como a caballo entre el técnico y el político, con líneas complejas de articular que requieren respuestas pragmáticas fundamentadas en la inmediatez, ante la compleja realidad triangular articulada entre la realidad/política/acción social.

En lo esencial, como en el caso de los técnicos, hemos contado con directivos y cargos de responsabilidad política que no solo han tenido la labor de gestionar los recursos sociales y aplicar las medidas correspondientes.

Algunos los perfiles entrevistados tienen entre sus funciones la labor de diseño y materialización de las políticas que conforman el Ingreso Mínimo Vital. Para atender a esta cuestión, se ha podido entrevistar a participantes concretos con una dilatada trayectoria profesional en el diseño y propuestas de medidas de la misma naturaleza. De esta forma, las conclusiones extraídas en este capítulo integran todo el acervo de años de experiencia, no solo en la gestión, sino también en su propio desarrollo.

Como es bien conocido, los directivos que gestionan los recursos, promueven y revisan las normativas relacionadas con el IMV y proporcionan una visión más amplia en cuanto a su implementación. Aunque, si bien es cierto, que a la hora de valorar el desarrollo de las normativas —tanto estatuarias como procedimentales— se arrojan diferentes percepciones, en ocasiones, antagónicas encontrando diferentes posiciones, unas bastante más optimistas que otras. Casi todos demandan una mayor participación en la toma de decisiones y son escépticos en cuando a los avances que se producen tanto normativos como los derivados de la digitalización. De ahí, se deduce un cierto síndrome de burnout o personal quemado, por la frustración inherente al no poder dar siempre las respuestas deseadas a las necesidades sociales que atienden y también por la insuficiencia de estos recursos sociales que son limitados. En este punto coinciden en buena medida con el perfil de los profesionales, la necesidad de articular el binomio necesidades-recursos sociales.

Por otro lado, existe un cierto consenso por parte de los actores anteriores al señalar que el IMV representa un salvavidas en medio de una economía precaria ante los abrumadores ciclos de crisis. Los testimonios recogidos resaltan cómo este programa les permite cubrir necesidades básicas, como el pago de facturas y alquileres, y cómo sirve como un incentivo para buscar empleo y mejorar su situación económica tanto a corto como a largo plazo. Sin embargo, las barreras de acceso una vez más se destacan como obstáculos significativos.

Otro punto en común, se refiere a las dificultades de acceso al IMV, el cual se presenta complejo dado la complejidad de contextos existentes, y ante la excesiva falta de flexibilidad de procesos online automatizados. Esto pone de relieve la urgente necesidad de mejorar la gestión digitalizada y la comunicación para que más personas puedan beneficiarse de este programa, sin asumir costes de externos —como gestorías— que en ocasiones no pueden enfrentar personas en situación de vulnerabilidad con carencias sociales. En la esencia de esta idea existe también coincidencia con el perfil de los técnicos.

EXPLORANDO EL IMPACTO DEL INGRESO MÍNIMO VITAL DESDE DIVERSOS ÁNGULOS. ANÁLISIS DE LOS RESULTADOS

En este apartado se pretende dar cuenta del análisis de los resultados del estudio en rasgos generales con intención clarificadora. Desde una perspectiva más general, comenzamos realizando un breve resumen de las diferentes perspectivas que hemos encontrado a lo largo de nuestras múltiples entrevistas. Profundizaremos en la complejidad de la implementación y gestión del Ingreso Mínimo Vital (IMV), examinando las experiencias y perspectivas de una variedad de los actores ya descritos a través de testimonios reveladores y del análisis de los discursos procedentes de los relatos. Para comentar se indican y definen las categorías de análisis que agrupan la información obtenida. Son las siguientes:

- Categoría estructural: Se refiere a los conceptos tipológicos alrededor de la renta social y a la estructura de las distintas partes que son reconocidas como un todo tal cómo está organizado este sistema de prestaciones sociales.
- Categoría sociolaboral. Se desarrollan las ideas en torno a las trayectorias de inclusión social, tomando como referencia el empleo como eje de las actuaciones y la empleabilidad que se proporciona.
- Categoría familiar. Se explican las necesidades, circunstancias sociales familiares y otras carencias que dificultan la inclusión social de los beneficiarios.
- Categoría institucional. En esta categoría se explican los aspectos institucionales relativos a la organización, planificación y gestión de estas ayudas.

Todas estas categorías en realidad son un conglomerado que implica un todo interrelacionado, porque todos ellos factores exclusores interdependientes en la trayectoria de las personas y los destinatarios grupos titulares de derecho del ingreso mínimo vital.

CATEGORÍA ESTRUCTURAL

En la investigación hemos explorado en profundidad la implementación y gestión del IMV en el contexto español en general desde una visión cualitativa para analizar esta compleja realidad social apoyada en el conocimiento que proporcionan los sujetos participantes de esta acción, para comprender la dimensión de los desafíos estructurales a los que se enfrenta. Todo esto teniendo en cuenta la segmentación social que se produce cuando ciertos individuos o grupos son sistemáticamente excluidos de los procesos de incorporación social, de los recursos sociales, oportunidades y derechos que son fundamentales en una sociedad. Esto implica la implementación de políticas sociales y de empleo más inclusivas, aplicadas a la práctica y desarrollo normativo para proteger los derechos y la dignidad de todos los individuos que sean permeables a todos los grupos sociales.

En relación a esta problemática, en el análisis de las entrevistas destaca de forma más que evidente la urgencia de abordar los desafíos estructurales que contribuyen a la pobreza y la exclusión social en España —especialmente damnificada— y en Europa en general. La falta de empleo, la precariedad laboral, la carencia de acceso a una instrucción adaptada —o recursos de cómo relacionarse con la administración— e incluso la falta de formación, así como la discriminación en el mercado laboral, son factores clave que perpetúan la exclusión social. Junto a esto, la dificultad de acceso al empleo estable en algunos sectores concretos excluidos del mercado laboral (personas mayores, mujeres, personas inmigrantes, en situación de discapacidad) es el vector fundamental que contribuye a la pobreza y a la exclusión social.

Los hechos descritos, subrayan la necesidad de implementar políticas integrales que aborden estos desafíos desde múltiples ángulos, huyendo de medidas que se restringen al mero ámbito económico y que no contemplan otras dimensiones ni las relaciones entre ellas. En virtud de estos argumentos, las acciones de empleo deben fomentar un acompañamiento individualizado adecuando los perfiles a las demandas de empleo, con un seguimiento continuado de las distintas trayectorias de inclusión social de cada persona beneficiaria. Decimos esto porque es un perfil distinto de empleabilidad una persona de 45 años al de una de 30 o una mujer frente a un hombre debido a la rigidez del mercado de trabajo.

A lo largo de las entrevistas, se mencionan con ahínco los desafíos estructurales en los procedimientos y en la implementación del IMV, como la falta de coordinación entre los niveles de la administración y la alta complejidad de la mayoría de los procesos. Estos obstáculos afectan tanto a los beneficiarios como a los técnicos encargados de gestionar el programa, que cada vez soportan una carga creciente de labores complejas y lentas a desarrollar. Esta burocracia no atiende a criterios racionales, dejando en ocasiones, a personas fuera del sistema y a los profesionales con una sensación de frustración al no poder atender las demandas.

En definitiva, hemos constatado que los técnicos encargados de gestionar el IMV se enfrentan a una serie de desafíos tanto estructurales como subjetivos en su labor. Desde una perspectiva estructural, ante la enorme demanda creciente en multitud de situaciones viven un verdadero estancamiento, no encontrando salidas a problemas que, con una buena coordinación, no resultarían tan complejos. Además, la complicación intrínseca de los procesos administrativos —incluso en las situaciones en las que los organismos se coordinan— son obstáculos significativos que dificultan la implementación del IMV, ralentizando de manera exacerbada cualquier paso burocrático necesario para el efectivo y eficiente desarrollo del trabajo, convirtiéndose llegar a percibir la prestación en una vorágine que dura largos meses. Esta citada falta de coordinación se ilustra en los testimonios de los técnicos, cuando afirman que en España existen 17 sistemas de servicios sociales debido a los avanzados procesos de descentralización y transferencia. Esto sin duda hace aún más difícil la uniformidad en la aplicación de este programa. Además, los procesos generan demoras y dificultades adicionales que soportan los técnicos y que sufren los beneficiarios, los cuales se suelen encontrar en situaciones con grandes carencias sociales, lo que angustia aún más a estos usuarios e incluso desmotiva en la senda de la inclusión. No podemos olvidar que cada mes deben realizar el pago de los gastos del hogar, progenie, necesidades básicas y los meses de demora acrecientan el déficit económico de las familias.

Desde otro ángulo, como posible medida de mejora los técnicos subrayan la necesidad de colaboración en red inter e intrainstitucional entre el Estado, las entidades privadas y los servicios sociales, para abordar los desafíos de manera efectiva, con mayor conexión e implicación de las empresas del mercado de trabajo. También enfatizan la importancia de una mayor colaboración entre los servicios sociales y los servicios de empleo para facilitar la inclusión laboral de los beneficiarios del IMV.

> *«A veces tienen alta, bajas, y lo piden. Hay familias con hijos menores o igual que tienen escasas habilidades o uno o los dos. Generalmente los dos cónyuges. Porque, bueno, tenemos familias que son usuarios, nosotros tenemos familias que son usuarios nuestros (…) pero no están inscritos con ellos.» «A veces tenemos que pedir favores personales para que les den una cita en la seguridad social, y porque conocemos a (…) si no sería imposible…»* (p. 7).

También relatan los técnicos desde una perspectiva más subjetiva su malestar en la atención social a los usuarios que enfrentan múltiples barreras para acceder al IMV debido a los problemas sociales o pluses de exclusión que tienen algunas personas más allá de la dimensión económico-laboral. Estos casos requieren una intervención social adicional con un programa de apoyo específico que facilite resolver los problemas sociales que dificultan el camino hacia la inclusión. Algunos beneficiarios pueden tener problemas relacionados con las adicciones, la falta de habilidades sociales y la violencia familiar entre otros problemas sociales, como se menciona en la siguiente cita:

> «*Generalmente me encuentro también con problemas de alcoholismo, problemas de organizaciones, que están colocados en el tiempo. Suspensiones de desempleo estructural, porque son personas que llevan años sin trabajar. Trabajan en el campo, trabajan en el campo, trabajan en el campo en el campo en el que no tienen una estabilidad. Son personas que antes trabajaban en el campo sin una estabilidad*».

Todas estas cuestiones unidas a los desajustes mencionados, dificultan gravemente la labor de los técnicos y responsables en implementar este tipo de medidas por razones obvias.

En esta misma línea, se destaca que la pobreza a menudo se transmite de generación en generación, lo que denominan como heredar el carné de pobre. De ahí se deduce la existencia de ciclos de pobreza que son difíciles de romper, desvelando una pobreza estructural enquistada que necesitaría planes que contemplaran más dimensiones, como reclaman técnicos y también las personas responsables de los servicios sociales. Esto hace que las familias se conviertan en poli demandantes y que existan en un mismo núcleo familiar varias personas sin ingresos o en situación de exclusión.

Recapitulando, podemos apuntar que el IMV se enfrenta a importantes desafíos de cara al futuro. Estos desafíos incluyen los procesos administrativos, las barreras individuales de los beneficiarios y la necesidad de un abordaje integral del programa. Por lo tanto, se plantea que superar estas carencias resulta vital para garantizar que el IMV cumpla su objetivo de apoyar a quienes más lo necesitan y sean realmente efectivos para evitar el denominado como efecto mateo. Nos referimos a la paradoja de que disfruten más los recursos sociales de inclusión quienes tienen más información, facilidad de acceso y posibilidades de éxito, en lugar de los que precisamente necesitan más ayuda o apoyo social al quedar fuera por las razones apuntadas.

CATEGORÍA SOCIOLABORAL

Cómo hemos destacado en la categoría anterior, uno de los elementos que emergen con mayor fuerza a lo largo de todas las entrevistas es la inserción laboral, convirtiéndose en el eje central de todos los discursos. Se resalta la importancia de vincular el IMV a la inserción socio laboral para lograr una mejora económica a medio y largo plazo. Muchas de estas personas tienen dificultades cuando terminan los periodos de prestaciones para acceder al mercado de trabajo en condiciones de igualdad. Se planea entonces que vivimos en una sociedad del trabajo exclusora con ciertos sectores de población, que busca un perfil de hombre altamente cualificado, joven y sin discapacidad. No olvidemos que estos sectores están protegidos por las medidas de acción positiva y a veces sólo encuentran empleo de esta forma incentivada.

Una fórmula que sugieren los entrevistados para mejorar la situación, es dotar de mayor importancia a crear empleo y proyectos de innovación social más inclusivos. Es un objetivo que siempre está presente pero nunca cubre las expectativas. Se destaca que, sin inserción laboral, no hay inserción social, al tratarse del principal vector. Esto subraya la necesidad de que el IMV esté vinculado a programas de inserción laboral efectivos que permiten estabilidad laboral más allá de los contratos precarios y temporales subvencionados de forma específica, que pueden dar lugar de forma contraproducente a la pobreza laboral cuando se accede con bajos salarios de forma temporal.

No obstante, existe un grado de acuerdo en los testimonios al resaltar el impacto significativo del empleo en la mejora de la situación económica en paralelo a otras dimensiones, tanto en la emocional como en la subjetividad propia y en el contexto de los beneficiarios. Insisten en reflejar que el trabajo actúa como un estabilizador vital en medio de una economía precaria, permitiéndoles cubrir necesidades básicas y actuar como un incentivo para mejorar su situación vital a pesar de las carencias indicadas.

De esta manera, la necesidad de inclusión laboral es sin lugar a dudas un punto clave. Se concibe la inclusión laboral como un paso fundamental para superar la pobreza y la exclusión social tanto a medio como a largo plazo. Este argumento se apoya en relatos como este:

> *«Generalmente me encuentro también con problemas de alcoholismo, problemas de organizaciones, que están colocados en el tiempo. Suspensiones de desempleo estructural, porque son personas que llevan años sin trabajar. Trabajan en el campo, en el que no tienen una estabilidad.»* (p. 8).

Sin embargo, se mencionan con fervor las barreras de acceso y la falta de información, dando lugar a vacíos entre las administraciones porque los Servicios Sociales necesitan trabajar en red con otros sistemas y con el tejido industrial estos objetivos. Aquí se sitúa otro de los puntos flojos que limitan el impacto de esta medida con eficacia.

CATEGORÍA FAMILIAR

Un elemento recurrente en todas las entrevistas mantenidas con beneficiarios del IMV es la importancia del apoyo y las redes familiares, porque construyen vínculos y los lazos necesarios durante todo proceso de inserción que se precie. Las entrevistas revelan la complejidad de la situación de los beneficiarios del IMV y la importancia del papel de la familia en este contexto. Otro elemento reflejado es la distancia abismal subjetiva que manifiestan los y las entrevistadas que existiría con su situación actual —independientemente del IMV— sin el apoyo familiar. Se refuerza la idea del modelo familista de bienestar o residual imperante en nuestro país, que continúa cumpliendo funciones sociales bien definidas de apoyo económico a la progenie, aunque estas funciones comienzan a erosionarse con los cambios en los modelos y funciones familiares que vislumbran en la presente centuria. Se constituyen así las familias como paraguas que protege de la exclusión social y su papel es determinante de cara al apoyo económico y emocional de las personas en situación de exclusión social.

En habidas cuentas, en función de lo planteado en el marco de la implementación del IMV, se subrayan las experiencias y perspectivas de una variedad de actores involucrados y sus familiares directos. Los testimonios de los beneficiarios despuntan algunos aspectos positivos, al expresar cómo este programa no solo brinda apoyo económico directo, porque complementa esa función básica mejorando el entorno del usuario, el cual, en ocasiones, se compone de diferentes generaciones que no siempre son convivientes. Es por ello, que no se puede contemplar a los beneficiarios como individuos aislados, sino como elementos que se integran en sistemas sociales de apoyo como el sistema familiar, los grupos secundarios, etc. En todo caso, estas redes actúan como salvaguarda hasta que llegan ayudas como el IMV, el cual, en no pocas ocasiones, presenta retrasos de meses hasta su concesión o percepción en manos de los beneficiarios.

Debe señalarse que la incertidumbre que señalan está en el medio plazo, porque como hemos inferido las familias están viviendo una multiformidad inusitada y se desconoce si seguirá cumpliendo con las funciones de apoyo en un futuro incierto. De ahí se prevé un mayor protagonismo institucional que ocupará el papel que hasta ahora están llevando a cabo las familias y, por tanto, es previsible un mayor desarrollo del ingreso mínimo vital por parte de las administraciones públicas.

A modo de síntesis, el IMV adquiere protagonismo como una herramienta vital que complementa este apoyo familiar y contribuye a mejorar la calidad de vida de las personas en situaciones de vulnerabilidad económica, apareciendo a menudo como un elemento adicional, y no percibido como una solución integral. Pero claro está, no es la panacea y necesita ciertos avances, cambios para lograr un impacto social más efectivo.

CATEGORÍA INSTITUCIONAL

Como hemos apuntado en la categoría estructural, un elemento que aparece claramente demarcado por todos los actores, en especial los técnicos, es la falta de coordinación entre los departamentos de la administración pública y los servicios sociales, es un desafío fundamental para la implementación de políticas de renta eficaces. Esta coordinación es la pieza angular a todos los testimonios de los técnicos que gestionan el IMV, los cuales reflejan la impetuosa necesidad de solucionar este problema concreto mediante el trabajo integrado y en red. Estos testimonios arrojan luz sobre varios aspectos clave:

> *«Sí, lo cobré. La renta esa la cobré en el dos mil dieciséis. Diecisiete, dieciséis, diecisiete, creo que fue. La renta esa mínima.»* (p. 1).

> *«Bueno, yo también echaba mi bolsa y antes de la pandemia y todo eso yo he trabajado en los colegios (…) Ahora mi hija también la ha echado»* (p. 3).

PROPUESTAS DE LOS PARTICIPANTES PARA MEJORAR LA CALIDAD DE ESTAS PRESTACIONES

En las entrevistas también se ha indagado a los sujetos participantes en la gestión y dirección del IMV, en relación a las propuestas y sugerencias de mejora de la eficacia de esta herramienta de inclusión social. Pues bien, algunas propuestas clave mantenidas tanto por técnicos como por responsables de la administración son las siguientes:

- **Simplificación de los procesos**: Simplificar y agilizar los procesos de solicitud y evaluación del IMV es esencial para que más personas puedan acceder a esta prestación. La burocracia y la complejidad pueden ser barreras significativas, por lo que se deben implementar medidas para hacer que el proceso sea más accesible y comprensible. La digitalización sigue siendo una falacia que no resulta del todo útil.

- **Inclusión Social Integral**: Se debe abordar no solo la falta de ingresos, sino también los factores subyacentes que perpetúan la pobreza y la exclusión social, como la discriminación laboral —y de otros tipos— la falta de acceso a la educación —sobre todo en personas mayores— y la formación profesional, entre otras necesidades sociales.

- **Participación del Sector Privado**: Involucrar al sector empresarial en la generación de empleo y en programas de inclusión social es esencial. La creación de empleo sostenible es un componente clave para salir de la situación de exclusión social. Destacan que es una responsabilidad de toda la sociedad y no sólo de los Servicios Sociales el compromiso y responsabilidad social de las empresas.

- **Apoyo técnico permanente**: Proporcionar un apoyo continuo a los beneficiarios con un seguimiento continuo por parte de los profesionales del IMV a medida que buscan empleo y mejoran su situación económica es más que necesario. Esto puede incluir capacitación, asesoramiento social, educativo y programas de inserción laboral.

- **Monitoreo y Evaluación**: Realizar una evaluación exhaustiva tanto de los programas como el IMV cualitativa y cuantitativa para analizar su impacto y trasferencia, es imprescindible para garantizar su eficacia y realizar ajustes cuando sea necesario.

- **Fomentar la investigación.** Es necesaria más investigación aplicada para averiguar sobre el terreno el nivel de satisfacción de los destinatarios y producir nuevas ideas de mejora.

SÍNTESIS FINAL: EL PAPEL INTEGRAL DEL INGRESO MÍNIMO VITAL EN LA SOCIEDAD

Para concluir con este capítulo, destacamos que el Ingreso Mínimo Vital subyace como un medio vital de la lucha contra la pobreza y la exclusión social pero no siempre consigue los fines que se persiguen en su propia esencia, es decir, la inclusión social plena. Tampoco su necesario papel a la hora de facilitar las potencialidades de las personas cuando finalizan la intervención en los distintos programas sociales. No obstante, los testimonios resaltan que estas prestaciones permiten a los beneficiarios centrarse en la búsqueda de empleo —cubriendo los gastos que la búsqueda implica— y mejorar su situación económica y psicológica al menos en el corto plazo. Por ello, suelen entrar a una puerta giratoria en los Servicios Sociales de la que nunca llegan a desvincularse del todo. Queda pendiente como siempre el largo plazo, porque cuando finalizan los programas siguen siendo miembros de la sociedad en edad productiva.

Pero por otro parte, se denota que la renta mínima de inserción social puede desempeñar un papel importante en la mejora de la calidad de vida de las personas en situaciones precarias, apareciendo como una medida que ayuda a amortizar dimensiones vitales de los usuarios, pero no siempre son optimizados los recursos como se debería. Y no sólo se trata de una cuestión de presupuestos para estas medidas, también de hacerlas más eficaces.

En otro orden, se enfatiza la importancia en la adecuación de las normativas con altura de miras. Pero claro está, esto entraña ciertas dificultades si lo pensamos con perspectiva, pues, en realidad las políticas sociales suelen ser a corto plazo y no siempre tienen un proyecto de futuro coherente y coordinado. Es por ello que, los testimonios recogidos de los responsables demandan más estudios de necesidades que aborden todos los factores sociales generadores de exclusión social. En definitiva, más investigación, innovación, supervisión y ética en las instituciones.

Para finalizar, los participantes han resaltado en el impacto social de la pandemia en estos colectivos en situación de exclusión. La incidencia de la pandemia de COVID-19 se refleja claramente en los testimonios proporcionados. Sin duda, la pandemia de COVID-19 ha tenido un impacto en la pérdida de empleo y ha aumentado la necesidad de programas como el IMV, al representar una especie de laboratorio que ha puesto en evidencia los déficits y carencias que existen ante situaciones de crisis o adversas. Se destaca una vez más, que estas medidas han servido de amortiguador a la difícil situación a la que se han enfrentado las personas y familias durante este traumático período. La pérdida de empleo y la precariedad laboral que ha provocado la COVID-19, son temas recurrentes en las experiencias y perspectivas tanto de los beneficiarios como de los técnicos que gestionan el Ingreso Mínimo Vital.

Bien es verdad que el contexto pandémico impulsó la aprobación de estas medidas y aceleró la necesidad de conclusión de algunos anclajes que hubieran necesitado más desarrollo. A su vez, en los testimonios de las profesiones encontramos el requerimiento sobre la actualización de algunas medidas para adecuarse al nuevo contexto, del cual, algunos mantienen que no se ha superado las secuelas de la crisis sanitaria. Es decir, esta situación de crisis puede ser una oportunidad para redefinir un nuevo modelo de atención social en estas situaciones y un nuevo modelo social de bienestar.

A modo de conclusión, este análisis ha proporcionado una visión comprensiva de los relatos de los diferentes perfiles sobre la implementación y gestión del Ingreso Mínimo Vital. Para que el IMV alcance su máximo potencial es necesario un enfoque colaborativo para lograr una inclusión social sostenible en sintonía con los objetivos de la Agenda 2030 y una mejora significativa en la calidad de vida de las personas en situación de vulnerabilidad, que va más allá, al extenderse a nuevos colectivos y personas además de los ya indicados.

Solo de esta manera se podrá aspirar a una verdadera configuración de un vehículo que permita abordar la pobreza estructural que sufren importantes capas de la población. La implementación efectiva del Ingreso Mínimo Vital representa un paso acertado y necesario en esta dirección, pero se requiere un esfuerzo continuo y colaborativo para lograr un cambio duradero, también económico. El cual, se realizaría con mayor celeridad, si se escuchara a todas las partes implicadas como ha pretendido el estudio que le da cuerpo a estas reflexiones.

En última instancia, hemos intentado ofrecer una visión completa y enriquecedora de la implementación y gestión del Ingreso Mínimo Vital rescatando todos los puntos de vista —a menudo coincidentes y algunas veces contrarios— para describir con la mayor precisión posible las subjetividades vividas en torno a la implantación y desarrollo del IMV. Para así, lograr un cambio significativo en la vida de las personas en situación de vulnerabilidad, a las que el IMV ha supuesto un salvavidas momentáneo en mitad de una tempestad que se perpetúa.

Es suma, esta visión holística, se presenta altamente dificultosa en la posibilidad de lograr un cambio sostenible en la lucha contra la pobreza y la exclusión social. Es vital constituir una visión que supere la tendencia compartimental actual. Esto a su vez requiere un esfuerzo continuo y colaborativo para abordar los desafíos estructurales y coyunturales para lograr una tendencia de cambio que conduzca hacia un paradigma socialmente más justo.

Para completar este capítulo, con intención clarificadora, representamos en adelante un diagrama de Sankey, con algunas de las categorías con mayor entrelazamiento en un análisis de co-ocurrencias. De esta manera, y como podemos observar en el flujo de interrelaciones entre las categorías del diagrama, se ofrece una visión de cómo conectan los distintos elementos a lo largo del proceso —y el contexto— de la gestión y la adquisición del Ingreso Mínimo Vital (IMV) en España. Si atendemos a la primera categoría: «Carga de trabajo en trabajadores sociales» se refleja cómo está directamente vinculada a la «Ineficiencia por parte de la administración,». Esto sugiere que un aumento en la carga de trabajo de los profesionales que atienden se traduce en la percepción de una administración menos eficiente.

Esta ineficiencia administrativa, a su vez, conduce a una «Valoración negativa del IMV,» lo que significa que los problemas administrativos generan una percepción negativa del programa, generando una temprana sensación de insatisfacción de los usuarios de la ayuda, lo que, unido a contextos complejos, agrava aún más si cabe la percepción del proceso de adquisición de la ayuda. Desde esta valoración negativa, surgen dos problemas adicionales: la «dificultad de acceso a ayudas» y la «falta de comunicación con la administración.», lo cual, no hace más que constatar cómo la percepción negativa contribuye a la idea de que acceder al IMV es complicado y que la comunicación con la administración es altamente insatisfactoria. A su vez, la «Dificultad de acceso a ayudas» se conecta con la «Cuantía IMV insuficiente,» junto con la «Ayuda externa para realizar trámites,» y las «Condiciones de acceso a ayudas». Esto implica que las dificultades en el acceso están relacionadas con la insuficiencia de la cuantía percibida.

Todo ello, puede procurar el desaliento para intentar acceder a tales ayudas, es por ello por lo que, la necesidad de ayuda externa y las condiciones restrictivas suponen un claro freno en muchos de los usuarios. También, la «Falta de comunicación con la administración» se enlaza con el «Desconocimiento de procedimientos,» lo que, a su vez, se relaciona con «Plazos muy dilatados en la percepción de la ayuda.» Reforzando y constatando como se desarrolla la percepción del acceso al IMV de manera totalmente ineficiente; pudiendo dar lugar a que, si el contexto no es de extrema necesidad, no se decida acceder a la prestación por las variadas trabas burocráticas que se perciben del proceso.

Finalmente, podemos visualizar cómo emergen categorías que describen el difícil contexto que da lugar a seguir con el proceso, incluso con la percepción de complejidad, y por supuesto, con ayuda externa —como refleja otra de las categorías—; así como la «Precariedad laboral,» las «Cargas familiares» y los «problemas económicos.» Debido al contexto descrito, los largos plazos para recibir la ayuda pueden influir en una valoración parcialmente negativa del IMV.

En resumen, estas interconexiones ilustran cómo los diversos elementos descritos a lo largo del capítulo se influyen mutuamente y pueden tener un impacto en las percepciones y condiciones de los beneficiarios del IMV en la figura número 15:

Figura 15. Diagrama de Sankey para categorias cualitativas

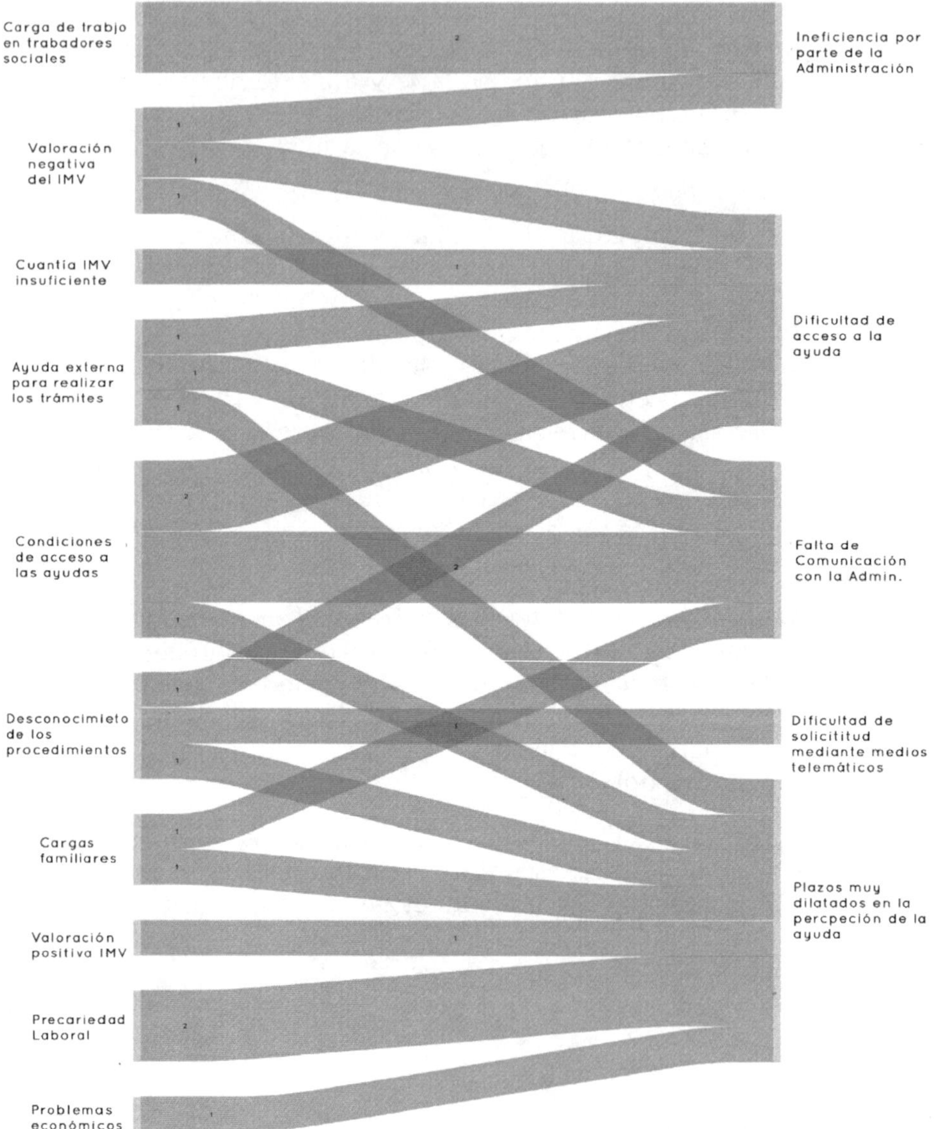

Fuente: Elaboración propia.

Glosario de términos

Bienestar social. Es un valor de la sociedad constituido por los estados sociales que promueve la participación en la calidad de vida de las personas en una sociedad y que hacen que su existencia.

Estado Social. Estado democrático y de derecho en el cual los poderes públicos asumen una posición activa prestacional con la finalidad de garantizar la igualdad de oportunidades de todas las personas. Se asocia con el modelo de Estado de Bienestar.

Estado postsocial. Se trata de un Estado que abandona su papel interventor en la economía para pasar a cumplir un rol garante en el nuevo escenario social.

Exclusión social. Se refiere a la imposibilidad de gozar de los derechos sociales y a la capacidad personal de hacer frente a las obligaciones propias, en el riesgo de verse relegado de forma duradera al estatus de persona demandante de los sistemas de protección social. Este concepto no se refiere a una falta de recursos y servicios, sino que significa la incapacidad de participar con normalidad en la vida diaria, tanto política como social, cultural o económica.

Feminización de la pobreza. Tendencia al aumento de la incidencia y prevalencia de la pobreza entre las mujeres frente a los hombres como resultado de una discriminación estructural que afecta a la vida de las mujeres y se refleja en bajos salarios, pensiones y prestaciones sociales.

Igualdad de oportunidades. Es un concepto que se refiere a construir una sociedad justa que ofrece los mecanismos necesarios para que todas las personas alcancen unos niveles aceptables de bienestar social y puedan disfrutar de sus derechos sociales en igualdad de condiciones con el resto de personas o grupos de la sociedad.

Inclusión social. Es el proceso impulsado para mejorar las oportunidades y la dignidad de las personas que se encuentra en situación de desventaja social para la plena participación en una sociedad más justa y equitativa.

Integración social. Se refiere al conjunto de acciones dirigidas a prevenir y/o solventar las situaciones de exclusión social, promoviendo la igualdad de oportunidades y condiciones de dignidad a las personas y colectivos, mediante intervenciones profesionales especializadas.

Inteligencia artificial. Es un programa de computación diseñado para realizar determinadas operaciones que se consideran propias de la inteligencia humana. Se refiere a la simulación de procesos de inteligencia humana por parte de sistemas informáticos. Estos sistemas están diseñados para realizar tareas que normalmente requieren la capacidad de razonar, aprender, planificar, reconocer patrones y tomar decisiones, entre otras funciones.

Marginación social. Situación social y económica severa derivada de la ausencia de acceso a los recursos sociales.

Necesidad social. Estado de carencia para satisfacer las aspiraciones humanas.

Pobreza. Existen varias nociones según el pensamiento social de cada época cuando se entendía como algo ilegítimo. De forma general puede entenderse como un término asociado a la idea de carencia social. No debe confundirse como sinónimo de exclusión social.

Promoción social. Es un concepto que persigue la construcción de un sistema de acciones dirigidas a fomentar la movilidad social de personas y colectivos para el reconocimiento de derechos sociales y mejora de su situación social.

Política Social. Conjunto de medidas legales implementadas por los estados para mejorar la calidad de vida.

Renta básica. Asignación monetaria pública incondicional para toda la población como derecho de ciudadanía. Esta política social implica el pago de una cantidad de dinero periódico, en efectivo y a título individual. La renta básica es un sistema de transferencia de ingresos en el que este pago tiene como objetivo garantizar un nivel mínimo de sustento económico para las personas, independientemente de situación laboral o económica. Algunos/as autores/as lo definen como sinónimo de renta universal.

Renta universal. Se trata de un ingreso pagado por el Estado a cada miembro de la sociedad o residente acreditado, con independencia de la situación social, patrimonial o económica, sin condiciones para garantizar una vida digna a toda la ciudadanía. La renta universal busca proporcionar un colchón financiero a todas las personas, promover la igualdad económica y simplificar los sistemas de bienestar social y asistencia pública.

Renta mínima. Es un tipo de prestación sujeta al cumplimiento de determinados requisitos (derecho objetivo), como acreditar una situación prolongada de desempleo o la no percepción de otras ayudas.

Servicios Sociales. Instrumentos de política social de los que disponen individuos, grupos o comunidades para satisfacer las necesidades sociales y aumentar los niveles tanto de bienestar social como de calidad de vida.

Universalidad. Implica que todos los seres humanos tienen los mismos derechos sociales simplemente por el mero hecho de ser ciudadanos, independientemente de donde vivan y quienes sean, así como de su situación o características.

Notas bibliográficas de las autoras y de los autores

Luis Miguel Rondón García

Licenciado y Doctor en Sociología, Diplomado en Trabajo Social. Tiene dos sexenios de investigación y cinco secciones de investigación. 26 años como docente grado, posgrado y doctorado en cuatro universidades (Universidad de Castilla-La Mancha, Granada, Málaga y UNED). Coordinador del Grupo de Investigación PAIDI denominado Conflictos, Familias e Intervención Social (PAIDI). Cuenta con múltiples publicaciones en revistas indexadas de alto impacto nacionales e internacionales. Ganador del premio nacional de investigación 2019 de la Sociedad Española de Geriatría y Gerontología. Ha dirigido proyectos de investigación en convocatorias competitivas y de transferencia a través de contratos de investigación. Ha ocupado cargos académicos como Vicedecano, coordinador del área de conocimiento y relaciones internacionales en dos universidades españolas. Ha participado en el asesoramiento en la Junta de Andalucía en diversas materias (Servicios Sociales, Bienestar Social, Innovación y Transferencia) y en la Agencia AVAP. Actualmente es Director de la Cátedra I+D+I para la Prevención de la Dependencia de la Universidad de Málaga.

Carmen Romo Parra

Es profesora titular del área de Trabajo Social y Servicios Sociales del Departamento de Psicología Social, Trabajo Social y Servicios Sociales y Antropología Social de la Universidad de Málaga. Es integrante del Seminario de Estudios Interdisciplinarios de la Mujer de la Universidad de Málaga desde 1990. Cuenta con un sexenio de investigación y participa en proyectos de investigación de carácter autonómico, nacional y europeo, de los que han resultado múltiples publicaciones científicas.

Silvia Escobar Fuentes

Graduada en Trabajo Social. Contratada postdoctoral por la Universidad de Málaga. Doctora en Ciencias Jurídicas y Sociales. Posteriormente, becaria predoctoral por el plan propio de investigación de la Universidad de Málaga de 2018 a 2022. Ha realizado estancias de investigación en diversas universidades europeas. Sus líneas de investigación están centradas en las áreas de juventud, género, feminismo y en expresiones culturales. Cuenta con publicaciones en revistas indexadas de alto impacto en estas temáticas.

Francisco Cosano Rivas

Titulado en Trabajo Social y Doctor en Ciencias Sociales. Es profesor Titular en la Facultad de Estudios Sociales y del Trabajo (Grado en Trabajo Social). También ocupa el cargo de Secretario Académico de la Facultad desde hace más de una década. Tiene una amplia trayectoria de varias décadas como docente y cuenta con números publicaciones indexadas y amplia experiencia investigadora.

Pere Mercadé-Melé

Profesor Titular del Departamento de Ciencias Aplicadas Economía de la Universidad de Málaga, España. Sus líneas de investigación incluyen la imagen del destino, el comportamiento turístico, la sostenibilidad, desarrollo, desarrollo económico y responsabilidad social empresarial gestión. Sus estudios han sido publicados en revistas revisadas por pares como Perspectivas de gestión turística, Revista de economía empresarial y Gestión, Journal of Vacation Marketing, Agronegocios, Asia Pacífico, Revista de Investigación en Turismo, Investigación en Recreación Turística, entre otras.

Jesús Barreal Pernas

Es profesor de Estadística en el Departamento de Finanzas y Economía y Estadística Actuarial de la Universidad Complutense de Madrid. Se especializa en estadística espacial y econometría, y sus intereses de investigación incluyen el desarrollo económico, el turismo español y los incendios forestales y su impacto económico. Sus contribuciones han sido publicadas en revistas revisadas por pares como Forest Policy and Economics, Economía agrícola y de recursos, sistemas forestales, bosques, incendios, ciudades, Revista de Investigación Regional y Marketing Turístico de Vacaciones.

Francisco Manuel Morales Rodríguez

Tiene una licenciatura y un doctorado. en Psicología, Licenciada en Ciencias del Trabajo, es Catedrático de la Universidad de Granada y activo en investigación. Coordina y participa en Proyectos de Innovación en Educación, Formación y Empleo. Ha publicado varios libros y artículos en revistas académicas especializadas, además de colaborar como árbitro en revistas y congresos. Actualmente investiga sobre la diversidad afectivosexual y de género. y ha coordinado el proyecto de innovación avanzada «Transversal Educación para las Diversidades Afectivo-Sexuales, de Género y Corporales». Ha sido galardonado con uno de los nueve Premios de Investigación de la Fundación General de la Universidad de Málaga. Ha recibido el premio William James por Innovación Psicopedagógica de la Asociación Científica Internacional de Psicopedagogía.

José David Gutiérrez Sánchez

José David Gutiérrez Sánchez es Trabajador Social y Doctor en Sociología por la Universidad de Sevilla. Es Profesor Ayudante Doctor en el Departamento de Psicología Social, Trabajo Social y Servicios Sociales y Antropología social de la Universidad de Málaga. En la actualidad participa en proyectos de investigación I+D+i con el Centro Superior de Investigaciones Científicas (CSIC), donde estudia la movilidad de jóvenes en España y Europa. Entre sus líneas de investigación es posible señalar: migraciones, menores extranjeros no acompañados, exclusión social y pueblo gitano.

Almudena Macías León

Almudena Macías León es Licenciada en Psicología y Doctora en Trabajo Social y Servicios Sociales por la Universidad Pública de Navarra. En la actualidad es profesora Ayudante Doctora en el Departamento de Psicología Social, Trabajo Social y servicios sociales y Antropología social de la Universidad de Málaga. Ha sido investigadora visitante en la Escuela de Política y Sociología de la Universidad de Londres (Birkbeck College) y en la Facultad de Sociología y Trabajo Social de la Universidad Babes-Bolyai (Rumanía). Sus intereses de investigación incluyen la migración internacional, la minoría étnica gitana, los procesos de exclusión social y las políticas sociales.

Rosa Raquel Ruiz Trascastro

Graduada en Trabajo Social. Doctora en Trabajo Social por la Universidad de Murcia. Cuenta con una amplia experiencia docente y profesional. Durante 15 años como docente en la Universidad de Málaga en el Grado de Trabajo Social y Profesora-tutora en la UNED. También ha ejercido como trabajadora social en diversos ámbitos de intervención un total de 20 años.

Ha participado en proyectos de investigación y en publicaciones relacionadas con el ámbito de los Servicios Sociales y la Intervención Social. Actualmente es miembro de la Junta Directiva del Colegio Oficial de Trabajo Social de Málaga.

Arturo Cosano Ramos

En la actualidad es máster en Sociología y Doctorando en Ciencias Jurídicas y Sociales por la Universidad de Málaga. La línea de investigación sobre la que versan sus trabajos son envejecimiento, nuevas tecnologías, dependencia y exclusión social. Es técnico de investigación de la Cátedra I +D+i para la prevención de la dependencia y colabora también en otros proyectos sobre envejecimiento y sobre nuevas tecnologías.

Índice de figuras, tablas y apéndices

FIGURAS

TABLAS

APÉNDICES